白 皓 ◎ 主编

XINSHIDAIXIANGCUNZHENXING
ANLIXUANBIAN WENHUAPIAN

新时代乡村振兴案例选编 文化篇

中共中央党校出版社

图书在版编目（CIP）数据

新时代乡村振兴案例选编．文化篇/白皓主编．--北京：中共中央党校出版社，2024.4
ISBN 978-7-5035-7677-5

Ⅰ.①新… Ⅱ.①白… Ⅲ.①农村-社会主义建设-案例-中国②农村文化-文化事业-建设-案例-中国 Ⅳ.①F320.3②G127

中国国家版本馆CIP数据核字（2024）第053475号

新时代乡村振兴案例选编·文化篇

策划统筹	冯　研
责任编辑	李俊可　魏晋茹
责任印制	陈梦楠
责任校对	马　晶
出版发行	中共中央党校出版社
地　　址	北京市海淀区长春桥路6号
电　　话	（010）68922815（总编室）　　（010）68922233（发行部）
传　　真	（010）68922814
经　　销	全国新华书店
印　　刷	北京中科印刷有限公司
开　　本	710毫米×1000毫米　1/16
字　　数	216千字
印　　张	15.25
版　　次	2024年4月第1版　　2024年4月第1次印刷
定　　价	45.00元

微　信　ID：中共中央党校出版社　　邮　箱：zydxcbs2018@163.com

版权所有·侵权必究
如有印装质量问题，请与本社发行部联系调换

前　言

民族要复兴，乡村必振兴。习近平总书记在党的二十大报告中强调，要"加快建设农业强国，扎实推动乡村产业、人才、文化、生态、组织振兴"，为全面推进乡村振兴提供了重要指引。乡村振兴，既要塑形，也要铸魂。文化振兴是乡村振兴的重要基石，是乡村发展内生动力的重要源泉，是乡村振兴的"根"与"魂"。大力推进乡村文化振兴，是新时代新征程坚定文化自信、赓续文化根脉、创新传承发展的底蕴所在，是践行习近平文化思想的生动实践，也是推进中国式现代化的必然要求。

2018年3月，习近平总书记参加第十三届全国人大一次会议山东代表团审议时，要求山东充分发挥农业大省优势，打造乡村振兴的齐鲁样板。同年6月，习近平总书记在山东考察时又强调，扎实实施乡村振兴战略，打造乡村振兴的齐鲁样板。山东是文化大省、农业大省，历来高度重视乡村文化振兴工作，坚持以习近平新时代中国特色社会主义思想为指导，赋予山东传统文化新的生命力和创造力。泱泱齐风，悠悠鲁韵，孕育出璀璨的乡村文化。近年来，山东以社会主义核心价值观引领农村思想道德建设，培育文明乡风、良好家风、淳朴民风；深入挖掘乡村文化资源，注重保护传统村落和乡村特色风貌，建强各类乡村文化阵地；培育乡村文化人才，尊重农民主体地位和首创精神，健全引才育才机制；发展乡村文化产业，大力推动文化"两创"，以"山东手造"振兴传统工艺、助力农民增收，乡村文化振兴不断取得新成效。北辛文化、龙山文化、大汶口遗址挖掘保护、探源溯流，工笔牡丹、稻田画作、达尼油画惟妙惟肖、呼之欲出，章丘梆子、鲁南柳琴曲韵悠扬、如痴如醉，黑陶、草编、柳编拙雅古朴、率真自然，陶瓷、琉璃、丝织巧夺天工、精美绝伦，陵阳桂花节、石榴文化节热闹非凡、满城芬芳。从泰山、尼山到蒙山、崂山，从古运河畔到黄海之滨，山东16个地市，处处有开放包容的乡村舞台，处处可见坚守传承的乡村艺人，各具特色的乡村文化历久弥新，焕发出勃勃生机。

为充分展现新时代乡村文化振兴山东生动实践，聚焦乡村文化振兴路径探索和实践，中共山东省委党校（山东行政学院）联合省内各级党校，组织优秀师资，深入基层一线，聚焦鲜活经验，精心筛选既具典型性又具现实性的案例进行开发，经过扎实调研、不断修改打磨，编写形成《新时代乡村振兴案例选编·文化篇》教材。由于水平能力有限，书中不免有疏误之处，敬请广大读者批评指正，以便日后修改完善。

编　者

2023年11月

目录 CONTENTS

看大戏，过半年，游石匣
——济南市章丘区石匣村乡村文化振兴的实践探索…………（ 1 ）

"农"墨"文"彩：小山村的大蝶变
——青岛市黄岛区张家楼达尼画家村文化振兴的实践探索……（ 16 ）

因时因地制宜，助力文化振兴
——淄博市桓台县乡村文化振兴的实践探索…………………（ 30 ）

串起石榴文化价值链
——枣庄"小石榴"带动大产业……………………………（ 44 ）

依托黄河入海，助推文化振兴
——东营市垦利区乡村文化振兴的实践探索…………………（ 56 ）

解码朱旺村乡村振兴中的红色精神
——莱州市城港路街道朱旺村乡村文化振兴的实践探索………（ 71 ）

"和美"之道
——莱州市金仓街道仓南村乡村文化振兴的实践探索…………（ 86 ）

增强四力，文化振兴
——青州市王坟镇乡村文化振兴经验范式探析………………（100）

"文化育人"，传承文明基因，赋能乡村振兴
——济宁市石桥镇乡村文化振兴的实践探索…………………（114）

1

整体规划、多元并举,推动乡村文化振兴
——泰安市泰安区王林坡村乡村文化振兴的实践探索……(126)

树立文明新风 为乡村振兴注入精神动能
——荣成市"志愿信用"的文明实践探索……(142)

打造陵阳"三大文化"产业 助推乡村振兴发展
——莒县陵阳街村文化培育发展新优势的实践探索……(155)

从冬枣产业到冬枣文化的蝶变之路
——沾化乡村文化振兴的实践探索……(166)

以"文化先行",赋能乡村治理,促进乡村振兴
——齐河县乡村文化振兴的实践探索……(182)

铸牢中华民族共同体意识 与乡村文化振兴同频共振
——莘县张鲁回族镇乡村文化振兴的实践探索……(196)

乡村文化振兴的代村实践
——兰陵县代村党建引领乡村文化振兴的实践探索……(207)

荷锄弄丹青 农家翰墨香
——巨野县推进乡村特色文化产业发展的实践探索……(221)

看大戏，过半年，游石匣*

——济南市章丘区石匣村乡村文化振兴的实践探索

【摘要】 习近平总书记强调："推动乡村振兴，既要塑形，也要铸魂。"作为润物无声的文化，在乡村振兴战略中具有极其重要的地位和作用。近年来，济南市章丘区石匣村坚持保护与开发相结合，充分挖掘古村落资源优势，以"乡村振兴戏剧节"为平台，积极探索多元化发展模式，通过提升基础设施、改善环境面貌，发展特色产业、打造文旅品牌等，在保护传承非物质文化遗产与推进乡村振兴上双向发力，让古韵乡村焕发新生机，谱写出宜居宜业和美乡村发展新篇章。

【关键词】 乡村振兴　传统文化　戏剧

一、背景情况

石匣村位于济南市章丘区官庄街道南部山区，面积 10 平方千米，现有 2268 人、798 户，党员 78 名。石匣立庄悠久，是春秋时期齐国的边防要塞，自然资源和人文资源十分丰富。近年来，石匣村深入挖掘山水文化资源，积极践行"两山"理念，坚持以文塑旅、以旅兴文，连续五年举办石匣村"过半年暨乡村振兴戏剧节"活动，累计吸引各地游客 30 余万人次，推动南部山区文旅融合发展。石匣村先后被评为"国家级 AAA 级景区""中国传统村落""乡村文化建设样板村"，成为中国戏剧文学永久颁奖地，章丘梆子戏剧博物馆被评为"山东省首批乡村

---

* 本案例由中共山东省委党校（山东行政学院）文史教研部副教授赵荣耀，山东省济南市章丘区委宣传部孟凡庚撰写。

博物馆"。

石匣村位于济南市章丘区官庄街道的最南端,隔九顶山与莱芜区茶业口镇的上龙子村相邻,齐长城横亘村南。石闸村四面环山,一条小溪自西向东穿村而过。民居依河两侧分布在狭长的山谷中。其峡谷悠长,灵岩高耸,梯田纵横,是典型的鲁中山泉林田风貌区。村内的森林覆盖率高达95%以上,空气负氧离子含量极高,是名副其实的章丘"绿肺"、避暑胜地。石匣的泉水资源非常丰富,瀛汶河纵穿村庄而过,有凉水泉、圣水泉、神仙泉、凤凰泉等80余处泉眼。其中以凉水泉最负盛名,它是瀛汶河的主要源头,水质清澈、甘甜可口,常年喷涌、四季不竭,水量为石匣村诸泉之首。最奇特的当属"滴水泉",泉水从悬崖石缝中渗出,每至夏日,犹如水帘,每至冬寒,又成冰瀑。其中36处泉水汇为一道瀛汶溪水,连着十几条溪水,蜿蜒奔涌下山,穿越官庄街道山区长城岭,流经莱芜区茶业口镇曲折南流,纳入嵬石河,最终流入雪野水库。

石匣村有24座石桥,翼然立于清澈的溪流之上。石桥多修建于清末民国时期,目前保存完好的有13座,其中以古石匣桥、石匣大桥最具特色。古石匣桥为单孔双层石板桥,长2.3米、宽3.5米、高5.5米。石匣一建村就有这座桥,距今已有上千年的历史,是石匣村最古老的一座桥。桥两岸是高堰陡崖,河床距桥面5.5米,是石匣桥梁离河床最高的一座桥。石匣大桥是其中最大的一座桥,为砌碹石拱桥,桥长12米、宽8.1米、高4.5米。桥北一对石狮蹲踞村口,威武雄壮。大桥石栏,精雕细錾,青石板块镶嵌于石墩之中,美观大方,固若金汤。

拥有2000多年历史的石匣村,村落生态古朴,村中大多数房屋还保留着历史原貌,乡土气息浓郁。村内古迹众多,有"三山三关、六岭七寨、十里九庙、二十四桥"之说,村庄遍布古关古寨古长城、古道古洞古梯田、古戏古坊古手艺、古墓古碑古遗址等诸多古迹。石匣村的石头曾被垒在山脊梁上筑起齐国长城,蜿蜒起伏,护住了一方平安。这里曾是齐国关防重地,相峪关、黄石关、九顶关呈拱卫之势,六岭七寨十分壮观。村里的戏台就是古时的"官地",曾是齐军安营扎寨的地方。明清时期,随着河北、山西移民的迁入,石匣村人丁兴旺,最多时有将近6000人。

石匣村是章丘梆子发祥地,也是章丘梆子剧团的根据地。章丘梆子至今已有500多年的历史,又名山东吼、章丘讴、靠山梆子,源于山陕梆子,明朝时随山西移民传入章丘,在当地语言民俗、章丘秧歌、民间音乐等艺术形式的影响下,发生了很大的变化,于是人们把这种变化了的梆子腔称为章丘梆子。2016年,章丘梆子被评为山东省第四批省级非物质文化遗产项目。

石匣村内建有全国唯一的宣传章丘梆子戏曲的章丘梆子博物馆,馆内共有三个主题,陈列着梆子发展渊源介绍、曲目谱系、传承任务和保存超过百年的戏服,这些"老行头"诉说着章丘梆子流传至今的脉络。博物馆从历史渊源、传承发展、大师风范、梨园精粹等方面,全面展示了章丘梆子的文化底蕴。2022年11月,章丘梆子戏剧博物馆入选山东省首批乡村(社区)博物馆。

石匣村有农历六月二十"过半年"习俗。每年的农历六月二十,人们杀羊祭祀龙王神,祈求下半年风调雨顺、五谷丰登。在石匣村,"过半年"少不了的三件事,头一件便是唱大戏,二是吃伏羊,三是赏美景。"过半年"唱大戏,人们俗称为"唱热戏"。"热戏"开场时,终日劳作在田间地头的农民们会放下锄头、穿上戏袍,精选老剧目,用扎实的唱功、绝佳的演技,唱响古老的韵味。"吃伏羊"自然也是石匣村的老习俗,以往,因生活物质匮乏,每逢半年节,乡里乡亲便三五一组、七八一家拼凑钱财或劳力,共享伏羊美食,逐渐形成了一种乡情"攒文化","攒个羊"也就流传下来。"吃得肚儿圆,再把梆子看"。"在喧天的锣鼓声中,故乡的老戏就开场了。唱戏的演员就是本村的乡亲,昨天还摸着锄头的二大爷、四婶、老六爷爷……今天只要登了台,随着漫天的锣鼓、盈耳的丝弦,一个个忠孝节义、哀怨缠绵的故事就登场上演了。演员在台上唱得有板有眼、淋漓尽致,台下的老乡听得如痴如醉、乐在其中……"石匣村的于永将回忆娓娓道来。

2018年前，石匣村大多数年轻人外出务工，村内多是留守的老人、妇女和儿童。据石匣村党支部书记景华称，当时石匣村全村760余户中有360户贫困，村集体收入只有四五万元，村子发展的阻力很大。为尽快振兴石匣村，外出创业有成的景华毅然返乡出任村党支部书记，带领全村群众在中国戏剧文学学会的指导和帮助下开始了深入挖掘村庄文化资源、以戏剧赋能乡村振兴的尝试。

二、主要做法

2018年12月，在外经商的景华回村担任党支部书记后，坚持保护与开发相结合，打出了"看大戏、吃伏羊、过半年"的文化名片，充分挖掘古村落资源优势，积极探索多元化发展模式，通过提升基础设施、改善环境面貌，发展特色产业、打造文旅品牌等，在保护传统古村落与推进乡村振兴上双向发力，村内休闲农家乐、民宿、沿街摊店、特色农产品销售等系列旅游产业链条应运而生。

（一）党群齐心，打造美丽乡村

乡村要振兴，环境是底色，改善人居环境、建设生态宜居和美乡村是实施乡村振兴战略的重要任务，也是广大农民的深切期盼。栽下梧桐树，引得凤凰来。提升农村环境，打造生态宜居美丽乡村，在充分挖掘乡村自然资源和历史资源的基础上，发展乡村旅游，既是把"诗与远方"带到身边，更是将好日子带到眼前。

2018年景华担任石匣村党支部书记，开展的第一项重要工作就是积极响应街道党工委党建引领的号召计划，依托得天独厚的山水资源，开展村庄景区化建设。

进行景区化建设，村容村貌整洁美丽是首要条件。当时石匣村还是一个积贫积弱的穷山村，公共设施不齐全，人居环境也不理想。村口的河道是个天然的垃圾场，村民们用小推车把家里的建筑垃圾、生活垃圾直接倾倒在里面。违章建筑、泥泞小道，都严重影响着村容村貌。然而石匣村却无力支付外请施工队对村落进行大规模修整的工程费用。面对这种情况，时任村党支部书记的景华决定，由党员带着群众干，义务出工，一分钱不拿，一定要啃下农村人居环境综合整治这块"硬骨头"！他在全体村民代表大会上说："六七十年代的石匣人，用大锤和铁钎开山凿石，义务修通了石匣通往田家柳和文祖的公路。如今，我们新时代的石匣人，更要继续发挥逢山开路的'石匣力量'，带动村级发展迈上新台阶！"

2018年以来，全村党员带领群众共300余人积极参与村庄环境整治。石匣村是瀛汶河源头，村里的河道原本应是醒目一景，长年累月却积攒了不少垃圾，不但有碍观瞻，还堵塞了汛期本应通畅的水流。村里一致决定先从河道开始，清脏治乱。没有专业工具，党员群众就用最原始的肩扛手抬的方式，清理河道3千米，清运河道内垃圾3000余方，整修河堰900多米，还原了"清泉石上流"的模样。

在环境初步干净整洁的基础上，党员带领群众又"趁热打铁"，继续开展绿化美化和基础设施建设，改变乱搭乱建、脏乱差环境。经过三年的不懈努力，全村共拆除违建140余处，垒砌石墙4000余方；绿化5300平方米，栽植冬青球755棵、扶芳藤球986棵、月季花5020棵、迎春1600棵、西府海棠390棵；新建停车场一处、街心休闲广场一处。桎梏发展的"匣子壳"一点点被打破，石匣村重新开始焕发生机。

现在的石匣村，在党员带着群众干中，发生了翻天覆地的变化：道路更好走了、河道更干净了、村庄绿意更浓了……在环境面貌的一天天变化中，村民提振了"精气神"，村里树立了"新风尚"，群众幸福感大大提升。

（二）修复改造，让传统村居"活起来"

一栋栋乡间民居，承载着乡情乡愁，也承载着悠悠历史和传统文化。中央一号文件提出实施"拯救老屋行动",旨在让一批沉寂多年的老屋重新"醒来",成为乡村产业振兴的重要载体、文化振兴的有机平台。

近年来,由于人口大量外流,石匣村很多老宅破旧不堪,有些房屋甚至成了危房。这些民居都是宝贵遗产,只有想办法让其"活起来",才能让文化传承"活下去"不变色。

石匣村立足于"望得见山、看得见水、记得住乡愁"的理念,充分发挥村"两委"班子的主心骨作用,积极对接上级部门帮扶资金及政策,邀请高校专家来规划更新村庄建设布局,让山、泉、林、石屋,布局更加有致,产生移步异景的美感;又找来本地的石匠、江西上饶的木匠,对老戏台进行维护,修旧如旧,古风盎然;还请到文化行家,为如何开发自然历史文化资源支招。同时加大宣传,号召全体村民加入保护、修缮工作中来。

经过修复改造,石匣村推动传统村落走出了一条新的"保护之路"。他们盘活于家胡同周边空闲院落,以少量现金补偿的方式由村集体收回,用于打造石匣村AAA级景区,改造周边环境,建成园林绿化休闲场所,既提升了人居环境,又丰富了周边群众的文化娱乐生活。修缮恢复老旧传统民居18处,以房屋入股方式与村集体签订协议对修复后的民居进行出租经营。2023年,申报20处传统民居,大多是典型的鲁中山区传统院落,目前10处正在修缮改造中,大部分民居用于打造民俗体验、民宿、饭店、传统手工业作坊、传统文化展示等,为发展乡村旅游打下基础。

修复民居"拯救老屋行动",不仅是一次推进文物保护的公益实践,更是一项传承优秀传统文化、推动经济社会协调发展的重要民生工程,架起了传统村落保护与文化传承活化利用的桥梁。

(三)举办"石匣过半年乡村振兴戏剧节",打造"看大戏、吃伏羊、过半年"的文化名片

景华担任石匣村党支部书记后,与中国戏剧文学学会会长李东才多次对村里的实际情况进行调研分析，认为可以通过弘扬章丘梆子振兴乡村戏剧文化，打造出一张响亮的文化名片，进而带动石匣村脱贫致富。就这样，石匣村在中国戏剧文学学会的指导和帮助下开始了以戏剧赋能乡村振兴的尝试。

2019年，石匣村筹建章丘梆子戏曲博物馆，对章丘梆子的发展与传承进行系统性介绍，并展出了多件精美的演出道具。"石匣村的'半年节'很有特色，因此，在筹划戏剧节时，我们决定将'半年节'与戏剧节结合起来。"李东才表示，石匣村的"半年节"富有当地乡土风情且充满烟火气，在此期间举办戏剧节能够吸引更多人参与进来，并逐渐形成石匣村的文旅品牌。同时，李东才也多次邀请戏剧名家助阵，为活动带来了热度，不仅石匣村以及附近村民热情参与，许多游客也纷纷来到石匣村看戏剧、过"半年节"、吃伏羊，带动了村里的经济发展。

2019年8月，首届"石匣过半年乡村振兴戏剧节"启动，古老山村打出了"看大戏、吃伏羊、过半年"的文化名片，让石匣"攒文化"焕发出了新的生命力，三天共吸引两万余人来石匣听梆子腔、喝伏羊汤、赏山村美景。火爆场景也在各大视频平台广泛传播。石匣村一下子成为网络热议的宝藏山村。"屋舍俨然、阡陌交通、鸡犬相闻，宛若桃花源"，"有明朝的石头房子、唐朝的寺院，就像历史的活化石"……网络上好评如潮，吸引了大批旅游达人纷至沓来，令石匣村愈发热闹。为了方便小型演出，村子还新建了小戏台，建设民俗文化馆，成立章丘梆子传习所等，旅游资源不断丰富立体。村里还鼓励发展农家乐，人气最旺时，一家石匣大锅全羊店一天就卖出七八只羊，连官庄街道中心地段的店面都不如村口的买卖红火。

2020年8月，与中国戏剧文学学会共同举办的石匣"过半年"暨第二届乡村振兴戏剧节启动，10天献上30场大戏，共吸引各地3万多游客前来体验"过半年"传统文化，古老山村焕发新魅力！刘兰芳、裘芸、袁少海、李宏图、李佩泓、雷通霞等60余位优秀曲艺戏剧名家前来助阵。戏剧文化研讨会、联谊活动亲自登台献唱，更是将"过半年"

推向新的高潮！

2022年7月，石匣"过半年"暨第四届乡村振兴戏剧节如期举行。在戏剧节期间，举行了"文化艺术赋能乡村振兴研讨会（2022）"、曲韵歌扬·石匣行——中国戏剧曲艺名家章丘联谊活动、"戏剧中国"系列活动、庄户剧团优秀剧目展演、古村采风、非遗手作展示、美食一条街、篝火晚会、过半年吃伏羊民俗活动等。中国戏剧文学学会刘兰芳、隋吉林、陈永庆、刘延宁、李东才等众多戏曲曲艺名家、嘉宾一行约80人，为游客带来了京剧、昆曲、吕剧等各色剧种的精彩表演。首次尝试教育戏剧公益服务项目《走进石匣村的莎士比亚》，用章丘梆子演绎莎士比亚喜剧《威尼斯商人》。开展长城脚下有好"戏"活动，分别在官庄街道石匣村主会场和各个分会场进行地方戏、庄户剧目、民谣展演。此年新增加了主题烧烤、特色海鲜烧烤及各地名小吃荟萃，烤肉串、烤羊排、烤生蚝、烤扇贝、嫩豆花、快乐虾球、无敌大薯片……现场还全面覆盖5G信号。

2023年8月，"乡村好时节LET'S购主题年暨第五届过半年乡村振兴戏剧节"启动，以六大看点的"三卷三气"带石匣破圈出道。

研讨会，擘画乡村振兴美丽画卷。8月6日上午，"戏剧赋能乡村振兴研讨会暨《戏润山乡满眼春》文集发布会"在章丘区举行。作为过半年活动的"开场戏""重头戏"，本次活动将"过半年"话题请出了小山村、请进报告厅，这场关于乡村振兴探索"走进来"与"走出去"的碰撞，实现了"接地气"与"学术范"的完美交融。本次研讨会广邀名家，集思广益，为戏剧赋能乡村振兴出谋划策。章丘区委副书记王勇和中国戏剧文学学会会长李东才，在新华出版社结集出版的《戏润山乡满眼春——戏剧赋能乡村振兴文集》面世。该文集全面总结了前四届乡村振兴戏剧节的宝贵经验，收录了各位艺术家在推进乡村文化振兴方面的最新理论成果。

文学林，打造文旅融合特色画卷。8月6日下午，中国戏剧文学学会戏剧文学林揭牌仪式在石匣村正式举行。章丘区委常委、宣传部部长赵琳，章丘区副区长赵淑新，与著名评书表演艺术家刘兰芳，中国戏剧文学学会会长李东才共同为文学林揭牌。戏剧文学林由中国戏剧文学学会提议打造，通过在石匣村建设戏剧文学林，为每一位剧作家对应植一棵树，以铭记剧作家们为中国戏剧作出的贡献。

联谊会，描绘传统戏剧和美画卷。曲韵歌扬·石匣赋——中国戏剧曲艺名家章丘联谊活动现场，华灯初上，前来听戏的观众座无虚席。京剧、豫剧、评剧、吕剧、川剧，在石匣古老的戏台上轮番登场，评书、相声精彩上演。作为发源于石匣村的山东省非物质文化遗产章丘梆子，更是成了许多在场观众内心的"压轴戏"。

村级篮球赛，呵护草根文化乡土气。章丘区委、区政府与山东省广播电视台联合主办了章丘区首届村级篮球赛。开幕式上，章丘区委书记马志勇致辞，著名评书表演艺术家刘兰芳宣布比赛开始，山东省篮球运动协会会长、国家篮球学院副院长巩晓彬为比赛开球，来自官庄街道的两支大山里的篮球队展开激烈角逐。队员中不仅有本村务农的群众，更有在外务工、求学的青年闻讯而来，他们来自五湖四海，奔赴这场带着露珠和泥土味的嘉年华。

黄河大集，调动旅游消费市井气。市井气，聚人气。各色美食，多彩娱乐设施，小米、蜂蜜等特色农产品，捏泥人儿、藤柳编织、章丘铁锅、根艺泥塑等传统手造工艺，石匣过半年的黄河大集上人头攒动，比肩接踵，游客们品尝着美食、选购着中意的物件。一边，商贩们从产品的优势特色、流程工艺介绍到起源历史，这样的黄河大集不仅是游客们的采购集市，更像是一场多元文化的集合与传承。另一边，叫卖声、讨价还价声不绝于耳，热闹繁华的市井气息与本次过半年"乡村好时节LET'S购主题年"的主题相契合。

2023年的乡村振兴戏剧节期间还举办了研讨会，专家学者和艺术家对前五届活动进行梳理总结，探寻进一步通过戏剧振兴乡村的道路。

"归根结底就是要让戏剧更好地为基层服务。"李东才说，"除了带动当地经济发展，我们更要专注于章丘梆子的传承与发展。"他表示，未来将对石匣村的章丘梆子传承人进行指导，提升当地戏剧文化专业水平，同时创作新的剧目，使其成为当地具有代表性的戏剧作品。李东才介绍，历史上山东人民闯关东的起点就在章丘区，离石匣村并不远，中国戏剧文学学会计划借助这一文化符号，将电视剧版《闯关东》改编为章丘梆子，邀请名家和石匣村的戏剧传承人共同出演，为石匣村缔造一张新的文化名片。景华也表示，希望在石匣村建立小剧场和章丘梆子研学基地等，推进章丘梆子的传承。

"我们还希望带动周边的10个村庄共同发展好传统戏剧，利用戏剧撬动乡村振兴，实现文化富农。"景华提出，石匣村周围很多村庄都有戏剧文化和"过半年"习俗，但却没有像石匣村一样形成文旅IP。在与中国戏剧文学学会商讨后，双方一致认为可以借鉴石匣村戏剧赋能乡村振兴的经验，以点带面实现章丘乡村的共同发展。

（四）盘活资源，推动文旅融合发展

石匣村历史文化悠久，比秦长城还久远的齐长城遗址保存完整，村里还保留着报国寺、真武庙等九处庙宇，兴隆寺位于大青山中，历史文化遗产与自然风景相得益彰。石匣村还是山东省非物质文化遗产章丘梆子的发源地和传承地，2019年建设的章丘梆子戏曲博物馆已对外开放，石匣村还有传承几百年的民俗工艺，铁匠、木匠、石匠、酿酒、条编、手工印染等传统工艺一直流传至今，一批老作坊保存完好，并开始焕发新生机。

自第一届乡村振兴戏剧节举办后，石匣村的名字越来越多地传到了山外的世界。"非遗＋文化旅游"的有效融合让省级非物质文化遗产章丘梆子焕发了新的光彩与活力。为把传统节日发扬光大，石匣"过半年暨乡村振兴戏剧节"活动已成功举办五届，并多次承办中国戏剧文学学会"戏剧中国"颁奖活动，成为中国戏剧文学永久颁奖地，2023年更是引入了村BA和乡村好时节LET'S购元素，吸引游客40余万人，石匣村走出了文化赋能乡村振兴的新路子。

午饭时间，在石匣村民徐艳艳经营的"石匣味道"农家乐里飘出一阵阵香味，她正忙着接待一批批到来的游客。不论是传统的全羊宴、豆腐宴还是特色小吃，对她来说都是信手拈来，游客们纷纷竖起大拇指夸她的手艺好。"从事旅游行业不容易，我们这里一天接待好几拨游客，从早到晚忙得腰酸腿疼。"虽然累，但徐艳艳满脸的笑意里透着知足。截至目前，石匣村已有4家农家乐投入运营，年累计接待游客3500余人次，户均收入达8万余元。"以前我家仅靠种植12亩地维持生活，收入并不可观。现在我在村里开了农家乐，旅游旺季每天游客都满满的。"徐艳艳此前从未想过有一天在家门口就能挣到钱。

（五）"三变"改革，振兴特色产业

乡村振兴，产业发展是关键，石匣村以富民增收为目标，借势乡村振兴戏剧节，大力发展农村产业。积极引进在外优秀人才回乡创业，成立文旅公司、农产品开发公司，组织、吸纳全村群众合作化经营。返乡创业的京城"白领"景华回到石匣村担任党支部书记后，充分发挥其懂经营、善管理的优势，有效提升了村"两委"服务群众的能力。在外创业的于亮兴、景年波、景大鹏、袁继永等一批有能力、敢担当、甘愿为石匣村发展作贡献的年轻人也义无反顾地回到石匣村，相继成立了石匣古村文旅公司、济南市南山一品农业开发有限公司，为发展壮大集体经济、做大产业支撑、实现乡村振兴奠定了坚实基础。

2021年，各村乘着"三变"改革的东风解放头脑、大展拳脚，以产业发展推动脱贫攻坚与乡村振兴有效衔接，石匣村更是不例外，第一时间成立了五大合作社。石匣古村文旅公司依托旅游股份合作社，大力发展旅游业，建设城乡融合发展的文旅产业新板块。

以盘活乡村闲置资源为目的，建设高端民宿，投资200多万元的高端民宿"望野"已开门迎客。此外，石匣陆续把村委流转的20余套闲置民居打造成不同主题的民宿，未来景区将建设成高端民宿、大众客栈、酒店共赢的局面，预计能提供500人的住宿服务。村集体经济收入

达到 50 万元。

山东康特农产品有限公司在石匣村发展野菜基地、黑猪养殖基地，辐射带动周边 5 个村 1000 余家农户脱贫致富。注册南山一品商标，公司则依托土地股份合作社，把目光投向了石匣村的自然环境，向土地要收益，在特色产业上做文章。石匣村是山谷地形、光照充足、昼夜温差大、土壤有机质含量丰富，使得种植出的小米具有色泽深黄、颗粒紧实、质黏味香、入口爽滑等优点。南山一品公司以石匣村"精品小米"标准化核心生产基地为基础，建设了小米产业规模化绿色种植基地，打造了章丘南部山区精品小米种植基地及小米精深加工产业标准化示范基地。

（六）当前存在的问题

一是组织机构不健全，保障不到位。在运营举办上，"过半年暨乡村振兴戏剧节"活动连续五届以街道和村为主导，工作专班层级较低，视野不够宽、格局不够大，在协调人员、整合资源、包装策划等方面有局限性，不能从更高层面提升戏剧节档次。在工作机制上，缺乏区级牵头部门和领导统筹部署，没有形成与各主管部门的有效联动机制，部门、镇街、村以及旅游公司未形成有效合力，导致戏剧节活动虽然已经成功举办五届，但总体来看影响力还没走出官庄街道，品牌知名度不高。

二是配套设施不完善，接待能力弱。戏剧节活动举办期间，游客数量较多，景区内住宿、餐饮、游玩等基础设施投入资金不足，设施不健全，无法充分满足"吃、住、行、游、娱、购"的旅游功能保障需要。此外，由于地理位置等因素，山区道路狭窄，各村道路通达率不高，制约了乡村旅游片区化发展。虽然为进一步提升游客体验，石匣村已建成特色民宿——"望野民宿"，配套公共卫生间、停车场等设施，打造了景区主入口，但数量仍然较少，投入资金来源主要是石匣文旅公司自筹以及争取项目（如乡村好时节、AAA 级景区、景区化村庄等），资金投入少，保证持续良性发展难度较大。

三是文化产品不丰富，亮点特色少。石匣村有本土戏剧、神话传说、历史古迹等种类繁多的文化资源，但现阶段对文化产业缺乏系统性挖掘，文化与经济发展的耦合度不高，即使已经打出品牌的章丘梆子区域影响力也还不够强，且目前面临非遗传承人断层、戏剧人才匮乏等困境，缺乏有代表性的剧目，要实现从省级非遗到国家级非遗的跨越还有很大差距。文化产业链不够长，章丘梆子的表现形式还停留在表演层面，缺乏制作精良的文创产品等形式来丰富内涵和提升价值。新建成的章丘梆子非遗产业园规模较小，文化资源整合不够全面系统，在吸引高校及相关领域团体前来社会实践和文化研学方面还不够多。

四是品牌知名度不高，可持续性差。戏剧节主要在石匣"过半年"时举办，场地单一、时间受限，热度持续时间短，流量不持久。戏剧节与周边特色资源（如文祖青野五音戏，石子口、七星台、文博中心、明水古城等）联系不深，没能实现有效结合，从而共同发力，推动整体发展，导致内容不够丰富、形式相对单一，难以发挥规模效应和集聚效应，难以打造知名文化品牌。

三、经验启示

石匣村坚持以文塑旅、以旅兴文，连续五年举办石匣村"过半年暨乡村振兴戏剧节"活动，带动农村环境发生新变化，将石匣村改造成一个生态宜居的美丽乡村。推动文旅产品蓬勃发展，深入推进"文化旅游＋"发展模式，不断在发展乡村旅游上深耕细作，积极延伸产业链条、拓展产业空间，推动形成休闲农家乐、民宿、沿街摊店、特色农产品销售等乡村旅游产业链条，将石匣村的景观及传统文化充分展示出来，将传统村落节庆打造成农文旅深度融合的"全民"盛典IP。

1. 抓好党建，为乡村振兴筑牢战斗堡垒

农村基层党组织是联系党员和群众的桥梁和纽带，也是推动农村发展的核心力量，加强农村党组织建设是实现乡村振兴的基础和关键。乡村振兴干得好不好，基层党组织的组织能力和领导水平关系重大。政治素质高、业务水平好的基层党员干部，才能有效地领导党员及群众助力乡村振兴。同时要发挥党员的先锋模范作用，带领农民群众积极参与乡村振兴的各项工作，推动农村经济发展、社会稳定和生态环境保护。

2. 激发乡村建设群体主体性，打造乡村文化振兴的内生动力

乡村是农民的乡村，文化是农民的文化。农民作为土地的拥有者、房屋的拥有者、农业的劳动者和乡村智慧的创作者，是乡土文化的核心载体和活态基因，更是乡村文化建设最可靠、最稳定、最坚实的基本力量，其本身也是一种文化共同体。只有激发出村民、乡贤、乡村干部等多元群体的参与自觉和行动自觉，才能满足农民的精神文化需要，增强乡村文化感召力，重拾乡村文化自信，为乡村文化振兴注入新动能。

3. 挖掘乡村在地文化独特性，驱动乡村文化振兴的多元创新

立足本地特色制定发展规划，深挖乡村文化与乡村民俗特色，与非物质文化遗产相结合，提炼出乡村独有的文化特色，同时与外来力量相互作用转化，形成深耕在地方特色土壤中的乡村文化。中华民族在数千年农耕文明的基础上形成了特有的人文传统和价值观念，不同村庄中丰富的历史遗迹、非物质文化遗产、传统节日、民间艺术、民俗风情等蕴含着创造性转化和创新性发展的无限能量。石匣村充分发挥乡村文化特色，把章丘梆子作为一个重要的文化IP引擎，将乡村民俗文化从展示、研学、欣赏、传承等多层面构建成核心文化体系，实现了文化与旅游相互融合，形成了以乡村旅游带动富民强村的新路子。因此，通过赋予乡村文化当代内涵、表达方式年轻化、打开方式多元化等创新方法，找到传统文化和现代生活的连接点，构建以特色文化为核心的产业体系，打造乡村文化产业特色化品牌，重视并发挥现代化科技的优势力量，有利于推动新时代乡村文化创造性转化创新性发展。

4. 选准"头雁"，人才集聚助力乡村振兴

全面推进乡村振兴，离不开农村基层党组织这个战斗堡垒，基层党

组织书记更是发挥着"领头雁"的重要作用。章丘区官庄街道动员早年走出石匣村外出创业的景华回村担任党支部书记。选准了"头雁"，以鼓励外出能人返乡创业为重点，不断解放思想、创新机制、完善服务，搭建好干事创业的平台，为文化旅游发展提供强有力的人才保障和智力支持。在党委政府的积极引导下，一批有能力、敢担当、甘愿为石匣村发展作贡献的年轻人也义无反顾地回到石匣村，他们相继成立了石匣古村文旅公司、济南市南山一品农业开发有限公司，进一步盘活闲置资产，带动村级文旅产业发展，有效拓宽增收渠道，为壮大集体经济、实现乡村振兴奠定了基础。

5. 三产融合，全产业链助力乡村振兴

一、二、三产业融合发展是乡村振兴战略的主要抓手，通过打造农业新产业、新业态、新模式，来延伸农业产业链，进而实现农业、农产品加工业、农村服务业的融合。石匣村除了"着墨"乡村旅游，还积极推动"农文旅"产业高质量发展，朝着三产融合的发展目标"小步快跑"。该村紧紧扭住产业振兴"牛鼻子"不放松，延伸产业链条，拓展产业空间，推动形成休闲农家乐、民宿、沿街摊店、特色农产品销售等乡村旅游产业链条，着力打造"古韵石匣　梦里山村"名片。村庄烟火气息日渐浓厚的产业发展有效带动了周边村民发展餐饮和特色农产品销售，实现村民在家门口就业创业。

【思考题】

1. 如何发挥基层党组织在乡村文化振兴中的作用？
2. 如何发挥传统文化在乡村振兴中的作用？
3. 乡村文化振兴的困难有哪些？如何解决？

"农"墨"文"彩：小山村的大蝶变*
——青岛市黄岛区张家楼达尼画家村文化振兴的实践探索

【摘要】 文化产业是实现文化振兴与产业振兴融合发展的重要路径，是通过盘活乡村资源全面推进乡村振兴的重要举措。青岛市黄岛区达尼村凭借优美的自然生态，吸引油画产业在此扎根。在此基础上，通过文化的"磁吸效应"，引才育才，聚才汇智，为达尼村的文化振兴和产业振兴培养人才。同时，还依托油画艺术以文促产，注重彰显"农"墨"文"彩的特质，链接企业、乡村、农民等主体，探索出了一条以现代农业为底色、文化产业为特色、乡村旅游为触媒的兼具时代性与前瞻性的乡村振兴"高峰样板"发展新路径，使昔日的一个偏僻小山村变成了"中国江北第一画家村"。

【关键词】 文化振兴　文化产业　文旅融合　三产互促

一、背景情况

这里是以画为媒，以梦为马，逐梦前行的地方。这里望得见山，看得见水，记得住乡愁……这里就是达尼画家村。

达尼画家村位于张家楼街道北部山区，从沈海高速铁山收费站出来转到开城路，再驶入通往村庄的山路，继续蜿蜒行驶约3千米，随着导航传来"您已进入画院北路"的语音提示，路南一片彩色的建筑群跃然眼前，楼顶安设的"青岛达尼画家村"几个大字格外醒目。初秋时节的

---

* 本案例由中共山东省委党校（山东行政学院）校刊编辑部副教授卓惠萍，中共青岛市委党校（青岛行政学院）社会与文化教研部副教授高莲莲撰写。

城外山区，云高风清、草木茂密，路旁的格桑花摇曳生姿，整个村庄被包裹在这片绿意之中，远远望去，恰似一幅色彩绚丽的风景油画。走进达尼画家村，不同于周边乡村常见的合院平房，这里尽是花园洋房，与城里的小区一样实行封闭管理，长长的墙面上绘制着不同主题的图案。农民怀中抱着金黄的麦子、脸上充满了笑意，一家三口漫步于一望无际的绿色田野，朵朵金黄的向日葵向阳绽放……村内绿地花园、休闲亭廊、景观雕塑随处可见。如果不是因为正值花生收获季节，指定的农作物晾晒区域摊放着不少花生，置身其中很容易忘却它的村庄身份。行走在达尼画家村，路旁是风景油画装饰展板，小区绿化带里有颜料桶造型的景观雕塑，艺术气息随处可寻。在这里，走入遍布村内大大小小的各种油画、制陶、根雕等手工艺术工坊，随时可以感受到艺术创作的魅力。

在达尼画家村，一座座独栋别墅错落有致，一间间绘画工作室随处可见，一幅幅油画作品栩栩如生……很难想象，30 年前的这里，还是一片荒芜。30 年前，三面环山、土地贫瘠、交通闭塞的原大泥沟头村缺乏发展活力，"大泥沟"就是这个村子最直观的写照。依靠油画，原先一穷二白的大泥沟头村独辟蹊径，走出了一条文化产业化发展路径。如今，油画产业在此扎根，经过更名，曾经的大泥沟头村正式嬗变成为与深圳大芬油画村遥相呼应的"中国江北第一画家村"——达尼画家村。

二、主要做法

达尼画家村通过看似另辟蹊径的油画产业导入，偏僻小山村变身"艺术地标"，环境优势得以激发为发展动能。在吸引青年人才"回流"乡村创业安家的同时，一业带多业，餐饮民宿、观光旅游、教育培训、现代农业等围绕文化生态主题展开的业态和项目不断丰富，村民们开了眼界、活了头脑、鼓了腰包，还有人圆了画家梦，如今年入数十万。至此，达尼画家村坚持以"特"为先、以"文"为魂、以"旅"为径、以"促"为旨，走出了一条服务"三农"、融合三产的新路子。在这片充满艺术气息的乡土上，一条"文化＋"的乡村振兴之路正越走越宽阔。

（一）依托自然资源优势，小山村与油画结缘

达尼画家村原本名叫大泥沟头村，地处山区，居民祖祖辈辈以种地为生，从来没有人"搞艺术"，跟油画"联姻"完全是"歪打正着"。20世纪90年代，招商进村搞产业逐渐兴起，从乡镇企业回村任支书的张财金也开始琢磨如何盘活村里资源。大泥沟头村森林资源丰富，青山绿水的好环境是优势。干了多年企业的张财金清楚，搞工业项目可以带来短期高收益，却会牺牲掉村里最大优势，权衡再三，他接连拒绝众多工业项目进村。

不过张书记也承认，当时对于如何把村民们守了几辈子的好环境变成真金白银，没人知道。他们那时候也走了不少弯路，试过搞森林公园，但是因基础设施配套不完善，也没有知名度，吸引不来人。直到2003年，张财金偶然听说，有一群画油画的人正在附近串村，想寻找落脚地租房办画院。这些画油画的人正是解中才、董文杰夫妇以及他们画室的画师们。

解中才并非科班出身的油画艺术家，他于1969年生于吉林省白山市的一个小村庄，父母都是地地道道的农民。出身贫寒的他没有高校求学的经历，也没有名师大家的提携点拨，凭借着对艺术的热爱和执着，以及出色的艺术观察力、捕捉力、理解力和再造力，他完成了由艺术爱好者到艺术家、画家的华丽转身。2003年，解中才夫妇听闻胶南正在筹建"画家村"，并在招商引资。两人专程来到大泥沟头村考察，看到当地民风淳朴、风光秀美，一见倾心，当即决定将画院迁至这片青山秀水间。2004年，绿泽画院正式落户大泥沟头村，落户当年，画师就达到了100多人，第二年发展到300多人。

当时，对于如此不走寻常路的招商，张财金坦率地说"村里不赚钱"。不仅不赚钱，对于画院的发展，村"两委"还主动出谋划策，积极争取上级产业政策，从土地、规划、资金、审批等方面进行全方位扶持。村里拿出100亩地规划画家创作楼，以最低的价格进行出租，一栋小楼只要1万块钱就可以拿到50年使用权，条件只有一个，就是只能用来从事油画相关文化产业。

在解中才的带领下，绿泽画院如今已成为江北最大的油画生产企业，还先后被命名为"中国文化（美术）产业示范基地""国家文化出口重点企业"。目前，画院在美国、法国设有销售机构，作品畅销西欧、北美等十几个国家和地区，畅销国内20多个省（市），年销售收入过亿元。可以说，达尼画家村救"活"了绿泽画院，而绿泽画院则成就了达尼画家村。

（二）以文聚人："磁吸效应"聚才汇智

从"大泥"到"达尼"的改变，似乎在保留对这片土地深厚感情的同时，又通过与文艺复兴三杰之一达·芬奇有所关联的方式，表达着自身与世界艺术的强烈连接。达尼画家村以画为媒，一是聚焦引才，依托优美的生态资源和配套齐全的文化设施，发挥以情引才、以才引才的"磁吸效应"，吸纳了书法美术、艺术设计、教育培训等领域的国内各类艺术人才入驻，建成本土文化艺术作品展览中心和山东省工艺美术大师工作站。二是聚焦育才，不断提升青岛绿泽电影美术学校办学水平，面向中央美院、清华美院等知名院校招聘人才，为其提供写生、外景拍摄基地，并定期组织文化艺术大师进行培训指导。

1. 引才：贫困村变成艺术村

在通往大泥沟头村的路上，"十里油画长廊"格外抢眼，已成为青岛西海岸新区独有的"雕塑艺术＋立体景观＋名画展示＋主题旅游"艺术平台。结合世界油画艺术发展历史和画派特点，油画长廊从南至北依次沿路建设佛罗伦萨、威尼斯、荷兰等八大画派区，给人以在历史长河中漫步的穿越感。

为推动文化产业发展，绿泽画院落户后，青岛西海岸新区先后投资800万元、街村两级投资100万元，将市区到大泥沟头村的6.5千米通村路和村内3.5千米、纵横6条街道全部硬化，在村内进行了高标准绿化、亮化，并对全村村民住宅进行了改造。在总投资1.2亿元的十里油画长廊，重点建设了文化艺术交流中心、两处油画展览厅、27栋梦想空间画家工作室，提升了当地的服务接待功能。

优美的自然生态、日渐浓厚的艺术氛围，让大泥沟头村成为艺术创作者的向往之地，外来人在此安家，村里人更是走上了文化产业的致富之路。

2003年，20岁出头的李晓玲作为画师从潍坊来到达尼画家村的画院工作，成为一名画师。2005年，李晓玲经朋友介绍，与当地居民林桂栋相识并结合，彻底在达尼画家村安了家。2010年，她开设晨曲油画工作室，全身心投入油画作品创作中。日常，除了完成客户定制的油画订单，李晓玲逐渐拿出更多时间进行原创。业余时间，还从事线上的教学工作，她感觉画画这个行业的发展前景非常不错。

大泥沟头村青年张友杰在某职业中专学习素描，回村看到新建的画院之后，经过一番考察，他毅然决定退学，跟随画院老师学习油画，学习5年后，张友杰在村里开始独立门户接单创作，完成了创业人生的最初积累。2017年，张友杰创办了油画咖啡馆、艺术画廊和民宿项目，尝试将油画创作和日常生活相结合。如今，他的咖啡馆已成为网红打卡地，一条抖音视频的点击量就达到3.5万人次。

2017年，舒韵提前退休并在达尼画家村租房成立工作室，倡导环保生活，希望通过手作方式，让大家减少浪费、用心生活。在舒韵艺术工作室，一楼摆放的各种手工艺品精美而质朴，镂空灯罩、北欧风格挂毯、装饰用捧花等无不透露着创作者的匠心。细看则会发现，这些艺术品制作素材全部为废物再利用，灯罩使用的是瓦楞纸壳，捧花则是水果网套制作。她说，村里画师很多，虽然大家属于不同艺术细分领域，但日常交流中也会碰撞出不少创作火花。比如她的作品需要手绘，这时候她就会去找画家朋友请教。村民们也非常友善，从环境到人文都很适合艺术创作，她非常喜欢这里。

1970年出生的叶建明是一名陶瓷艺术家，受邀在2010年开始牵头指导青岛西海岸新区琅琊窑的挖掘及恢复工作，2010年4月第一窑琅琊窑釉陶器出窑，获得了圆满成功。2014年，叶建明被评为山东省青岛市西海岸新区首批领军人才，同年，叶建明举家从景德镇迁往西海岸新区，在达尼画家村设立工作室，除静心创作外，还以陶会友弘扬陶瓷传统文化。他的工作室院子里是一座烧陶瓷用的气窑，在这里，他可以完成陶瓷创作的所有环节。他认为，西海岸新区对于艺术行业非常重视，对于画家、艺术家给予了很多的政策支持，为艺术家们营造了一个非常好的氛围。

文化产业的发展加快了土地流转，村庄的现代服务业也随之兴起，村民成了"小房东"或者"小老板"，通过经营个体商业网点等方式实现增收。2022年，大泥沟头村村集体收入达到160万元，农民人均收入达到2.36万元。

2. 育才：厚植沃土育新人

当地与油画的结缘，也是因为青岛绿泽画院。2003年绿泽画院落户于此，与达尼画家村联手互动，成立绿泽美术职业学校，建成绿泽美术馆，培养油画人才，油画作品畅销欧美20多个国家和地区，成为中国北方最大的油画企业、国家文化出口重点企业，走出了一条以人才为支撑、以油画为核心、文旅融合发展的路子。

绿泽画院带动村民变"画师"。绿泽画院是中国北方最大的油画企业，1997年4月在青岛辛家庄创建，2003年7月落户张家楼。目前，拥有高级职业画家36人、在职职业画家和画师800多人，新增就业200余人。为了让画师们在村里安心创作，绿泽画院建起了公寓楼，许多画师常年住在这里。另外，绿泽画院正在进一步扩建，未来计划从全国各地吸引更多的画师来到青岛创作。如今画院已走出青岛，在济南开设了平阴绿泽画院，为残疾人朋友点亮生命之光。

绿泽美术馆还设有油画体验室，可容纳100余名村民共同进行油画创作。多媒体油画讲解绘画体验室可为前来研学的学生讲解油画鉴赏、油画品鉴、油画绘画等专业知识，还能定期为附近村民提供免费绘画培训，让村民亲身体验油画艺术魅力。这使很多村民放下锄头，拿起画笔，变成了"画师"。走在村子里头，随便碰上一个人很有可能就是画家。

油画艺术与山区村庄的碰撞，使达尼村从过去一个偏远落后的小山村蝶变成画师云集的画家村。以画为媒，绿水青山引凤筑巢，真正变成驱动乡村振兴的产业引擎，也成就了乡村振兴的人才摇篮。

创办特色学校引来外地娃。与绿泽画院一路之隔的是绿泽电影美术学校。该校副校长张全金介绍，该校占地72亩，是一所由绿泽画院投资举办的全日制学校，被青岛市评为首批中小学生研学旅行基地，在此课程中可以深度鉴赏油画作品，学习油画的绘画技巧，培养学生的观察力以及审美情趣与艺术鉴赏能力。学校从2020年开始规模化招生，共开设美术、影视、电子商务和旅游管理四个专业，共有在校学生700多人，其中，美术特色专业共有学生50多人，学生们大多来自周边城市。现在，他们还在莱西建起了新校区，学校后面正在扩建教学楼，未来在校生总数预计可达4000人。绿泽电影美术学校不仅是一所职业中专，还开设了综合高中，为学生成才提供了更多的机会。这里的学生既可以通过高考上大学，也可以选择毕业后到对面的绿泽画院当画师。

2007年，达尼画家村里开办了美术学校，赏画、学画成了不少村民的业余爱好。2020年，这所美术学校从职业学校升级为高中层次学校，学生将来可以就地进入签约油画企业就职，也可以通过美术专业升学。"以前学校主要是服务村里的油画企业，招生规模每年40人左右。随着画家村在业内的知名度提升，近些年有不少学生从各地慕名前来咨询。"绿泽学校校长李培磊说，2020年经教育部门批准，学校计划招生人数增至200人，然而实际招生情况仍然超出他的预期，最后一共录取240人。生源地除了青岛本地，还包括济南、临沂、潍坊、滨州、日照等省内地市。

家门口就有艺术学校，对于村里孩子的文化素养以及村民们的精神风貌都有很大助益。相比油画产业对于村民物质生活的改善，文化层面的影响意义可能更加深远。达尼画家村现在可以说是油画人才的摇篮，截至2020年，达尼画家村内各种美术培训已先后培养油画人才1000多人。

"南大芬，北达尼"已是业内共识。与起步较早、如今油画产业规模化集聚优势明显的深圳大芬村相比，达尼画家村开放多元的原创艺术生长环境为培育油画新人、乡村文化振兴奠定了良好基础。

（三）以文促产："文化带路＋旅游搭桥＋三产促进"的乡村振兴路

随着油画产业的发展壮大，张家楼街道积极培育陶瓷、石刻、根雕、绘画等各类文化业态，琅琊瓷文创园、黑陶博物馆、瓷板画展览馆等一批特色文化项目相继入驻，龙湖美术馆、文旅融合创意园、悦观杏坛画院等先后引入。琅琊瓷、石刻、根雕等文化元素注入，撬动了济南、青岛、曲阜等多地文化资源。2021年，张家楼街道达尼画家村先后获评"全国文化（美术）产业示范基地""山东省文化产业示范基地"，文化产业产值年均4亿元。总的来看，大泥沟村"靠山吃山"，独辟蹊径依托文化产业化的力量，走出了一条依靠资源与文化带路、旅游搭桥、三产促进的新农村建设之路。

1. 依托资源优势，小油画里走出大产业

经过近20年的发展，达尼画家村已初具规模，构建起集艺术创作、作品展示、产品交易、文化交流、人才培养于一体的文化全产业链，并促进研学游、休闲游、体验游等文旅新业态蓬勃发展，年销售收入过亿，创汇300多万美元，成为带动当地乡村振兴的新引擎之一。

2003年，绿泽画院成立之初，解中才夫妇多次到北京、上海、深圳、厦门等地考察，了解国内外绘画市场的行情。西方国家对油画的大量需

求启发了解中才,就从油画入手,让自己的爱好与特长有用武之地。

临摹海外名画家的作品出口海外便成为绿泽画院的发展方向。他们从全国多所艺术院校招来了学油画的毕业生,专门临摹国外名画,市场竟然出奇地好。慢慢地,全国油画、国画、抽象画、写实画等不同风格的画师聚集到画院,小山村因为画热闹了起来,达尼画家村的名声越来越响。

村民们放下锄头镐把,加入艺术的行列,有的参与临摹制作画作,有的经营画框、装裱和画具生意,有的成为经销画商。一批批临摹的世界名画从这里源源不断出口到法国、英国、德国、美国、韩国、日本、澳大利亚等10多个国家和地区。今天的绿泽画院每年有近3万张油画作品出口。

画家不断进来,作品源源不断地销售出去,换回来大把的外钞,村民们的腰包鼓了,直到被中国美协和原文化部文化产业司命名为"全国文化(美术)产业示范基地",忙于从画中挣钱的达尼画家村的村民们,才知道他们竟然成了全国发展文化产业的典型。

2. 提升以文兴旅,文旅融合促发展

文化艺术的介入给了旅游观光一个更为诱人的理由。达尼画家村充分发挥当地山清水秀的自然资源优势,引进多家文化旅游企业成立了旅游开发有限公司,逐步形成了一个文化生态旅游链,来自服务文化、旅游的务工及租赁收入,已经占达尼画家村村民人均纯收入的60%以上。面对文化产业的前景,达尼画家村不失时机地制定出了发展新目标,他们将以绿泽画院、美术培训学校等机构为载体,加快工艺美术产业集群发展,努力打造辐射全省、影响全国、具有较高知名度的美术品创作生产文化产业聚集区,逐步实现由画家村到画家镇的转变。

"在发展中,我们坚持要像对待生命一样对待生态环境,让大泥沟头村成为'望得见山、看得见水、记得住乡愁'的令人向往之地。"大泥沟头村党支部书记王武庆自豪地说。清新、秀美的水土夯实了大泥沟头村的人文景观和生态旅游的基础,带动了大泥沟头村的旅游经济。

依托丰富的文化和生态资源，张家楼街道编制实施了全域旅游专项规划，促进研学游、休闲游、体验游等文旅新业态蓬勃发展。青岛绿泽画院、琅琊瓷文创园等10余个文旅企业成为中小学生研学基地，每年研学人数达2万人次。花语人间、樱皇谷、御景园等一批休闲观光景区游人如织，千亩红枫林成为每年秋季的网红打卡地，"画·荷畔"精品民宿、泽丰生态园等地成为城区市民郊游的理想去处。另外，还挖掘了"十大田园美景"，重点挖掘松泉听涛、苑水飞鹭、红枫染秋、双崮樱雪、古镇蓝湾、陡阳垂钓、夏唊蓝莓、高粱纱帐、泽丰荷畔、风来艾薰等"十境"。建设"十大文旅场馆"，建设解中才美术馆、融发山水忆象美术馆、旅投齐物秋水美术馆、叶建明陶瓷馆、紫斐蓝莓文化馆、威沃啤酒体验馆、青岛农耕文化馆、武工队展陈馆、土山屯汉墓文化馆、隆和高粱酒文化体验馆等十大文旅场馆。打造"十大文旅地标"，打造提升十里油画长廊、北部山区彩虹骑行环线、松泉山彩虹骑行环线、雍正帝师故里、达尼画家村等"十大文旅打卡地"。培育画美达尼、红色石河、薯香桃园、艾润厦安、樱上双崮、酒香上疃、溪上山庄等十大特色村庄。推进园区标准化建设，壮大佳沃蓝莓、花语人间、八零小伙、千亩红枫，鼎盛庄园、泽丰生态园、健力源智慧农场、幸福村生态博览园、中荷智慧产业园、绿色硅谷等十大特色园区。打造推进逄家桃园红薯产业、寨里佳沃蓝莓产业等特色片区发展。

厚重的文化底蕴、优美的自然生态、朴实的乡村民俗、惟妙惟肖的传神油画，汇聚成了大泥沟头村独特的旅游名片。众多旅游项目的齐聚，催热了这里的乡村经济。村庄的现代服务业随之兴起，村民们纷纷从事起与油画、旅游产业相关的服务行业，不仅提高了收入，对建设新农村的信心和热情也日趋高涨。

3. 坚持以业带业，三产融合注活力

2022年10月9日，画美达尼乡村振兴示范片区创建，包含达尼画家村（大泥沟头村）、小泥沟头村等5个自然村，共13平方千米，总人口3031人。创建以来，街道强化党建引领，注重系统集成，强化改革创新。注重彰显"农"墨"文"彩特质,链接企业、乡村、农民等主体,探索以现代农业为底色、文化产业为特色、乡村旅游为触媒的兼具时代性与前瞻性的乡村振兴"高峰样板"发展新路径。

做好规划新图景。对标乡村振兴国内领先水平,对接10余家专业机构,开展规划设计研讨会、产业主体座谈会、村党员干部讨论会、乡村振兴"话事人"等活动,深入开展调查研究,着力抓好谋篇布局。引导农民在乡村振兴中发挥主体作用,确立以现代农业、文化旅游两大特色产业为支撑的城乡融合、三产融合乡村振兴发展路径。同时,围绕"一村一主题""一村一特色",进一步完善村庄发展、油画产业、风貌导引、基础配套等一批规划,做优顶层设计。

做强龙头促引领。培育特色农业,打造片区兴村富农活力源,高水平承接省级农业高新技术产业开发区辐射,成功培育了蓝莓、蜜薯等特色农业、品牌农业基地,紫斐成为国内蓝莓酒行业标准制定者,绿色硅谷建成5万平方米的高端蔬菜种植基地,年出口蔬菜180万吨,集生产、加工、收储、物流、销售为一体的现代农业全产业链发展格局正加速形成。充分挖掘片区"中国江北第一画家村"达尼村文化艺术底蕴,建起了绿泽文化产业园、电影美术学校和解中才美术馆,绿泽画院成为国家文化出口重点企业,每年接待游客1万多人次,年销售额突破3亿元。

做长链条促集聚。突出抓好现代农业和文化产业招商引资,瞄准高端现代种养、农产品精深加工、文化创意设计、文化旅游等新产业、新业态,开展银企对接交流会等活动,与中国农业银行签订战略协议,推出10亿元以上融资额度助力片区产业发展,确保精准招商、精准投资。片区已引进建设健力源中央厨房、清原农冠种业总部、紫斐NFC果汁(蓝莓)精深加工等总投资近75亿元的农业项目25个,黑陶非遗博物馆、山水忆象青岛美术馆、国际陶瓷文化中心等总投资超40亿元的特色文化项目17个,通过集聚优势产业破解发展难题,推动产业反哺乡村。

做优文旅促融合。以挖掘整理乡村文化资源为主线，找准农文旅融合切入点，实施文化产业优化提升、旅游品质提升等"八大行动"，推动农业向文化、旅游等产业跨界融合延伸。高标准编制全域旅游发展规划，引导片区10余处园区景点抱团发展，累计建成各类生态园、观光园、采摘园10余个，其中千亩以上生态观光园区4个。坚持乡村土地宜农则农、宜林则林、宜游则游，导入泽丰生态园、幸福村生态文化博览园、千亩红枫林等农文旅融合项目，发布文旅通券，举办樱花节、艾草文化节等活动，承办"喜迎妇女十三大 帼姐带你看中国"青岛专场活动，在快手平台直播吸引205万网友关注互动。片区年接待游客超过100万人次，旅游综合收入近2亿元。

做旺人才增动能。畅通资金扶持、归乡补贴、定向培养、评优评选等引才留才育才渠道，吸引青年画家、艺术专业大学生、职业农民、工艺美术师、农学博士、农业栽培技术专家等百余名人才汇聚乡村，成为片区发展带头人。实施校地融合共赢发展工程，集结青岛农业大学、理工大学、黄海学院等高校组建乡村振兴智库，设立现代农业研究院、蓝莓技术中心，建成全国蔬菜质量标准中心试验示范基地、全国新型职业农民培育示范基地，引进专家教授等高层次人才40多人，推广物联网、无土栽培、生物防控等新技术20多项，为乡村振兴提供有力支撑。

三、经验启示

达尼画家村，一个以文化而兴的村落，也因文化的繁盛而变得愈加富足祥和。它借力画院发展文化产业，以商招商、以业带业，大量就业群体汇聚到村里触发"鲇鱼效应"，让村民在活化眼界观念的同时，逐步摆脱传统农业思维，发展三产服务业，从而实现增收致富。如今，随着文化产业的集群发展、乡村旅游的模式创新、现代农业的活力注入，多产业并茂的产业链条让大泥沟头村最终化茧成蝶，在这个蜕变的过程中形成了一些经验启示。

1. 坚持以"特"为先

乡村文化振兴强调个性，强调特色。要尊重村庄历史、尊重当地的资源环境、尊重村民的发展愿望和需求，还要关注乡村的未来和设计的可持续性。达尼村的村兴民富，源于当年村党支部以清醒的认识、果断的决策，抵住了一般工业项目的高利诱惑，守住了绿水青山的"特色"。有了绿水青山的"梧桐树"，才引来了油画这只"金凤凰"，由此发展起文化特色产业。随着油画产业的发展壮大，又积极培育陶瓷、石刻、根雕、绘画等各类文化业态，琅琊瓷文创园、黑陶博物馆、瓷板画展览馆等一批特色文化项目相继入驻，龙湖美术馆、文旅融合创意园、悦观杏坛画院等先后引入，打造了一个又一个有"特色"的项目和有"特色"的产业，形成了以油画为核心、多种业态集聚的文化全产业链。

2. 坚持以"文"为魂

推动文化产业赋能乡村振兴，文化是根本，产业是载体。多元丰富的乡村文化不仅是文化产业赋能乡村振兴最宝贵的资源，也是文化产业赋能乡村振兴多样化路径的基础和条件。达尼村以油画为媒，不仅把小山村变成了艺术村，村里到处有画家，许多村民也放下锄头，拿起画笔，当起了画师，还通过文化产业带动，吸引来大量人才，把油画发展成为强村富民的"金字招牌"。近年来，在村党支部的协调推动下，驻村的画家、画师们也积极参与到村庄治理和文化建设中来，明显增强了村子的吸引力、向心力和凝聚力，走出了一条"党建引领、文化开路、旅游搭桥、产业融合、治理有效"的发展之路。

3. 坚持以"旅"为径

以文化引流促进乡村旅游产业转型升级，以旅游消费的力量推动乡村文化产业的优化发展，能够释放乡村振兴"一业兴、百业旺"的多元效应，实现乡村高质量发展的新业态和新模式。达尼村在油画艺术的辐射带动下，积极开发乡村旅游，引进多家文化旅游企业成立了旅游开发有限公司，打造精品民宿、挖掘田园美景、建设文旅场馆，促进研学游、休闲游、体验游等，逐步形成了一个文化生态旅游链。

4. 坚持以"促"为旨

乡村旅游的蓬勃发展和文旅的深度融合表明，以农业、旅游业和文化产业融合发展的助农模式能激发乡村经济的活力，促进产业转型升级，增强人们幸福感、获得感，带动农村高质量可持续发展。达尼画家村以农业产业为基础，以旅游休闲为形态，以油画艺术为灵魂，深度挖掘乡村价值，跨界创新产业业态，实现产业链、供应链、创新链、技术链、人才链的融合，进而形成一个分工协作、互利共赢的促进"农文旅"融合发展模式，进而促进村庄集体经济的壮大，促进农民收入提高家庭富裕。

【思考题】

1. 达尼画家村如何从油画产业走向了文化振兴？
2. 达尼画家村文化振兴如何实现了可持续发展？
3. 达尼画家村以文化振兴促进乡村振兴的实践有什么经验值得借鉴？

因时因地制宜，助力文化振兴*

——淄博市桓台县乡村文化振兴的实践探索

【摘要】 作为全国文明县城，山东省桓台县拥有丰富的历史文化、独特而迷人的旅游资源以及快速发展的经济，这为乡村文化振兴注入了强劲而持续的动力。在持续推进乡村文化振兴工作中，桓台县探索形成了五项典型做法，包括建成覆盖城乡的公共文化设施网络、提供多元化公共文化服务、持续推进乡土文化挖掘保护、不断提升乡村乡风文明程度、统筹发展乡村文化产业等。桓台县乡村文化振兴实践带来了宝贵的经验启示，如有效开展乡村文化振兴工作要做到因时因地制宜，充分发挥群众主体作用，加强对中华优秀传统文化的保护、传承与发展，重视乡村文化人才队伍建设，以及积极主动创新文化形式等。

【关键词】 乡村文化振兴　文化服务　文化产品　文化产业

一、背景情况

桓台县地处鲁中平原，县域总面积509平方千米，常住人口48.95万人，辖7个镇、2个街道办事处、2个省级经济园区，连续跻身全国百强县，先后荣获"全国科技进步先进县""全国民政工作先进县""全国文化先进县""全国生态示范县""中国最关注民生的县""全国文明县城"等称号。桓台县丰富的历史文化、独特的旅游资源以及雄厚的经济基础，是乡村文化振兴的基础和重要条件。

---

* 本案例由中共桓台县委党校高级讲师张淑媛；中共山东省委党校（山东行政学院）社会和生态文明教研部讲师郑鑫，中共党史教研部讲师朱丽丽、助教孙晓彤、助教高静静撰写。

（一）丰富的历史文化为乡村文化振兴提供丰厚底蕴

桓台县历史悠久，文化积淀深厚，是中国的一个文化名县。桓台县早在4000年前就出现了人类文明，境内史家遗址出土了我国迄今最早的甲骨文。公元前206年设县，1228年置新城县，1914年因境内有齐桓公戏马台，更名为"桓台县"至今。据历史记载，早在战国时期，桓台县就是齐国的重要城市，历经2000多年的历史沉淀，形成了独具特色的历史文化。有文化名人王渔洋，他出生于桓台新城，是清初诗坛领袖，不但因其清正廉洁被誉为"一代廉吏"，更因创立"神韵说"被誉为"一代正宗"；有大量的文化遗产，包括省级重点文物保护单位王渔洋故居、忠勤祠、"四世宫保"牌坊、渔洋祠、华严寺、云涛古迹、集贤院、小清州遗址、小庞遗址、前埠遗址等，展示了桓台县独特而丰富的历史文化。除了这些物质文化遗产外，桓台还有丰富的非物质文化遗产，包含民间文学、传统戏曲、音乐、美术、医药、技艺、民俗等各种类别。截至2023年，桓台县的非物质文化遗产项目已申报成功市级28项、省级3项，申报成功市级传承人10名、市级非遗传习所5个、市级非遗工坊3个、县级非遗工坊31家。这些历史文化遗产为桓台县的乡村文化振兴提供了丰厚的文化底蕴。

（二）独特的旅游资源为乡村文化振兴提供重要载体

桓台县的旅游资源也不容忽视。县境北部方圆100平方千米的马踏湖，相传为春秋首霸齐桓公会盟诸侯马踏成湖，素有"北国江南、鱼米之乡"的美誉。经过十多年的治理修复，马踏湖湿地逐步恢复生态、焕发生机，现为国家级湿地公园。另外还有红莲湖，"红莲"二字取自桓台古八景之一的"会泊红莲"，以此命名赋予了红莲湖丰富的地域人文内涵，水域面积53.4万平方米，蓄水量达400万立方米。乌河湿地公园占地面积96亩，湿地平面布置打破以往轮廓形态，表面流湿地以"龙形"水系的形态贯穿。这些自然生态景观再加上作为AAAA级景区的人文景观王渔洋故里的加持，形成了桓台县丰厚的旅游资源。此外，桓台县的地理位置非常优越，从这里去往山东省其他城市都比较方便，加上县内的交通也十分便利，这些都为其发展旅游提供了便利条件。这些旅游资源成为乡村文化振兴的重要载体。

（三）雄厚的经济基础为乡村文化振兴提供物质支撑

近年来，桓台县的经济发展迅速，经济总量以及人均收入水平不断攀升，成为山东省经济发展的重要支撑。桓台县是全国闻名的"吨粮首县"和"建筑之乡"，相继建成了江北第一个"吨粮县"、小麦千斤县、双千县，建筑业连年位居全省十强县前列。自20世纪90年代起，桓台县着力对境内丰富的矿产资源，尤其是石油、天然气、铁等进行开发利用，使得工业成为桓台的支柱产业。目前，淄博东岳经济开发区、桓台经济开发区、马桥产业园三大园区占全县经济总量比重超过80%，15种产品形成国内同行业最大产能。此外，桓台县也大力发展数字农业，加强对农业技术的研究与拓展，推动农民增收致富，实现经济转型升级。桓台县有多个农业示范园，比如桓台新坐标农业示范园、桓台弘基农业生态园、桓台县润邦生态农业专业合作社多肉植物种植基地等，以合作社的形式，开展种植养殖，发展乡村观光旅游，增加了农民收入。"仓廪实而知礼节"，雄厚的经济基础既让群众对文化的要求更加强烈，也为乡村文化振兴提供了强大的物质支撑。

二、主要做法

（一）建成覆盖城乡的公共文化设施网络

乡村公共文化设施是推进乡村文化振兴的重要载体。近年来，桓台县对照国家公共文化设施建设标准，以"15分钟公共文化服务圈"建设（让居民步行15分钟就能到达基层公共文化设施，享受文化服务）为目标，不断加强博物馆、文化馆、图书馆、文旅场所、教育基地等主要阵地的基础设施建设。在县级层面上，投资近600万元建成"桓台县阅享空间"，占地1800平方米，藏书7000余册，打造了桓台文化新地标。除此之外，还提质增效城市书房5家，"书香淄博"阅读书吧13家，与县图书馆实现了互联互通。

在镇村层面上打造"5＋N"模式基层综合性文化服务中心示范点建设，不断满足基层群众文化需求，提升基层群众的文化生活品质。截至目前，已经建成"5＋N"模式基层综合性文化服务中心示范点60余家，为丰富乡村文化生活提供了重要载体。

（1）结合桓台实际，规范"怎么建"的目标。制定下发了《淄博市桓台县"5＋N"模式基层综合性文化服务中心示范点建设推进方案》，明确总体要求、建设路径、建设标准和推进步骤。本着扩展功能、提升效能、创造品牌的要求，提出"五个一"加"十个一"的建设升级标准，在"5"上重点引导各村（社区）综合性文化服务中心配齐一个农家书屋、一个文体活动室、一套文化活动器材、一个文体小广场、一名专职文化管理员；在"N"上引导各村（社区）综合性文化服务中心增加具有拓展性、创新性的功能，因村而异创建一个村史馆、一本村史志、一个百姓大舞台、一条文化走廊、一支庄户剧团或文化志愿服务队、一个群众文化品牌、一张"二维码"名片、一部文化宣传片、一个主题宣传口号、一处文化地标等。以"5＋N"模式示范点为引领，带动全县基层综合性文化服务中心功能升级、效能放大。

（2）围绕提升服务品质，达到"用得好"的要求。定期召开全县"5＋N"模式综合性文化服务中心示范点建设现场会，抓典型、树标杆，通过业务培训、观摩学习、典型发言、交流指导的形式，推广"5＋N"模式文化服务中心示范点建设经验。依托桓台文化馆、文化志愿团队等阵地人才资源优势，建立文化辅导员队伍，实行文化辅导员入驻"5＋N"模式综合文化服务中心示范点定点培训机制，定期指导开展文化活动策划创作和展演，增强基层文化创作、活动组织的能力和水平。

（3）强化督导检查，构建"管长远"的机制。建立健全"5＋N"

模式综合性文化服务中心示范点效能发挥监督考核、规范管理、效能评估等制度和管理办法，建立常态化监督管理机制，狠抓督导落实，将"5＋N"模式综合性文化服务中心示范点建设项目纳入全县民生实事重点任务，对各镇办创建单位定期进行考核督导，推动效能发挥常态化、规范化、制度化。

"5＋N"模式基层综合性文化服务中心的建设，使得更多优秀的资源向基层倾斜，村（社区）公共文化设施条件得到进一步提升和改善，村民们在此看书学习、健身扭秧歌、打球下象棋、齐唱地方戏……其乐融融。群众从中获得文化体验的幸福感和满足感越来越强；文化聚人心、增认同、化矛盾、促和谐的积极作用得到更进一步发挥；基层群众需求与公共文化服务内容精准对接的"最后一公里"全面打通，实现了文化服务供需精准匹配，全县公共文化服务效能进一步提升。

目前，桓台县已经形成了布局合理、功能完善的公共文化设施体系，县域"15分钟公共文化服务圈"基本建成，实现了公共文化与百姓生活"零距离"。

（二）提供多元化公共文化产品和服务

（1）丰富群众文化活动。一是打造公共文化服务品牌。为保证公共文化产品和服务供给，桓台县在县级层面上打造"县镇齐联动·村村有欢歌"公共文化服务品牌，镇（街道）围绕全县"县镇齐联动·村村有欢歌"活动主题，组织开展特色鲜明、主题突出的公共文化服务品牌创建活动。目前各镇创建的文化品牌有"文艺村村行·幸福进万家"公共文化品牌、"文惠百姓"文化品牌、"文艺进荆家·幸福艺起来"文艺志愿服务项目、"多姿多彩·特色马桥"文化艺术季等品牌和服务项目。通过打造这些品牌和项目，县镇村动员文艺骨干自编自导自演，志愿者提供志愿服务，将孝老爱亲、健康生活、生态环保、移风易俗等理念融入歌曲、舞蹈、器乐、戏曲、小品中，实现了"村村有演出，人人能上台"，群众在文化活动中自我表现、自我教育、自我服务，既为他们提供一个自娱自乐、自我展示的舞台，又通过喜闻乐见的活动倡导树立了美德和健康生活方式，推动移风易俗，丰富了群众精神文化生活。二是引导各村开展"四季村晚"系列活动。在春节、国庆节等重要节日节点，积极组织开展各类自编自演的群众文化活动，激发基层群众参与群众创作热情，提高群众文化生活满意度。三是保证"一村一年一场戏"。全面落实中宣部、文化和旅游部、财政部《关于戏曲进乡村的实施方案》以及省文化和旅游厅《关于进一步做好全省农村"一村一年一场戏"免费送戏工作的意见》部署要求，组织全县的优秀民间剧团，精心选择一批思想性、艺术性俱佳，弘扬社会主义核心价值观、唱响爱国主义主旋律、传承发展中华优秀传统文化、体现桓台人文精神的优秀剧目深入基层演出。

（2）开展各类文艺辅导培训。一是成立"手拉手"文化志愿服务队。广泛发动文化馆干部职工、文艺院团演员、基层文艺骨干和各类社会文艺力量组建文化志愿者队伍，面向广大群众尤其是弱势群体，针对不同服务对象的实际要求，广泛开展文艺演出、公益培训、优秀传统文化传播等形式多样的文化志愿服务。自成立以来，连续3年持续招募注册文化志愿者1300余人，大家"手拉手"一起把文艺大餐等志愿服务送到群众身边。二是实施开展"萤火"文化服务项目。项目以保障群众基本文化权益为根本，因地制宜着力推进基层文化服务建设，通过走进基层乡村开展公益性群众艺术培训、艺术展演、展览展示、特色文化、群众文艺比赛等活动，把"送文化"同"种文化"结合起来，充分发挥导向性和示范作用，推进乡村文化建设和发展。"手拉手""萤火计划"项目获评2022年度省级优秀志愿服务项目。三是开展"七彩摇篮"公益学堂。统筹全县文化资源，尤其是优秀传统文化资源，邀请文化馆业务骨干和艺术名师、文化志愿者建立全民艺术普及培训师资力量，面向全县免费开设文化艺术公益培训课堂。在项目开展中，尤其注重传统文化的艺术培训普及工作，结合非遗传承保护工作的开展，吸收和纳入了多位优秀非遗传承人参与课程教学，每年开展茶艺、面塑、剪纸等传统文化培训计近百期，服务达2000人次，营造良好的传承环境，培育了大量的传统文化人才，充分实现公益"小舞台"，文化"大民生"。

（3）创新文化产品供给。桓台县素有"戏窝子"之称，尤其是吕剧，无论创作、表演还是群众的喜爱程度，在全省都是数一数二的，具有深厚的群众基础。目前，全县戏曲爱好者自发组建的大大小小的庄户剧团有70余家。为了改变以前"老人唱、老唱段、老戏服"的基层戏曲文化情况，让传统戏曲符合时代需要、满足群众文化需求，近年来，桓台县文化馆牵头，联合戏曲爱好者根据农村实际不断创新，新创作的吕剧剧目《梧桐花开》《姐弟缘》、吕剧小戏《乡音》《迷途知返》等，演绎的都是现代社会发生的百姓身边事，让群众有了新鲜感、亲切感，更能激发群众的共鸣。另外，为了更好地体现桓台特色，根据网络热歌《早安隆回》的旋律，推出了歌曲《你好，我的桓台》；抓住淄博烧烤的热度，创作了歌曲《人间淄味》……这些富有浓郁生活气息和鲜明地方特色的优秀作品，既让群众体验了传统文化的魅力，又加强了对群众的道德品质教育；既增强了群众对家乡的认同感，又增强了团结奋进的精神力量。

（三）持续推进非物质文化遗产的挖掘保护

桓台县悠久的历史孕育了丰富的物质和非物质文化遗产资源。近年来，桓台县除了对县内文物、旧民宅、名木古树等物质文化遗产进行发掘保护，更加大了对非物质文化遗产的挖掘、保护和传承，并与丰富群众公共文化生活相结合，盘活文化资源，助力乡村文化振兴。

（1）开展非遗普查。在非物质文化遗产的传承和保护中，开展非遗普查、摸清家底和传承人是一项非常关键的工作。近年来，桓台县先后进行了数次集中普查，初步摸清了非物质文化遗产的种类、数量与分布状况，共走访了非遗传承人（老艺人）2000多人。通过普查，建起了桓台县非物质文化遗产资料档案室，建立了桓台县非物质文化遗产资料数据库，一大批非物质文化遗产项目以图片、视频、文字等形式被记录下来。

（2）加大非遗文化的推广和宣传力度。成立专门的"桓台县非物质文化遗产协会"，此协会隶属文化馆非物质文化遗产保护中心，成立的目的就是整合全县的非遗资源，加强与非遗传承人的合作，更好地对非遗资源进行抢救、传承和保护；举办非遗推广博览会，自2016年开始，每年6月份的第二个周六及国庆节都会举办非遗推广交流会（博览会），已经成为桓台非遗的品牌活动；鼓励和引导非遗传承人进入校园，目前有十余所幼儿园和中小学专门设立了非遗培训室；举办非遗技艺培训班，在"七彩摇篮"活动中加入了剪纸、面塑、纸编、茶艺、苇编等非遗技艺培训，成立以来已培训学员数千人；申报和公布21个桓台非遗工坊，开展茶艺、面塑等非遗传承学习班，服务群众近千人次。

（3）推动非遗文化产业化。桓台县注重将非遗转化成为文化产品和文化服务，通过文化创意产业拉动非遗的持久发展。强恕堂传统白酒酿造技艺、孙氏扒鸡酱蹄制作技艺、起凤金丝鸭蛋腌制技艺、宫家山药种植技艺、四色韭黄种植技艺、王茂小磨香油制作技艺、耿氏马扎、伊氏马扎、八里庙老陈醋、田氏整骨、马踏湖喜烧饼、踩藕技艺、起凤纸编、苇编……规模或大或小，都走出了一条生产性保护的创新之路。

（四）不断提升乡村乡风文明程度

近年来，桓台县以乡村文化振兴为抓手，推进农村移风易俗，培育文明乡风、良好家风、淳朴民风，汇聚起全民参与的乡村治理正能量。

（1）扎实推动文明乡风建设。一是强化制度约束。全县各村居全部建立红白理事会，重新修订红白理事会章程，制定了村规民约、限定红白事礼金。出台《桓台县红事新办指导意见（试行）》《桓台县丧俭礼葬指导意见（试行）》。二是发挥示范引领作用。党员、干部带头示范，抵制高价彩礼、大操大办，倡导文明婚嫁新风，倡导移风易俗、勤俭节约的文明新风尚。另外，推荐选树道德模范、文明家庭、新时代好青年、身边好人等，通过推荐选树、引领示范，营造移风易俗良好氛围。三是加大宣传力度。各村居均在显著位置增设农村移风易俗、乡风文明宣传栏和文化墙，设置社会主义核心价值观、"讲文明树新风"公益广告等内容。

(2) 高质量推进新时代文明实践建设工作。2018年，桓台县被列入全国新时代文明实践中心建设工作第一批试点县，打造了"个十百千万"桓台模式，成立了1个新时代文明实践中心、9个新时代文明实践所、400余个文明实践站，共有100余个志愿品牌项目、1600余支队伍、67500名志愿者。各村结合村史村情、村风民俗，打造党员活动室、村民议事厅、文化大院、道德讲堂等场所，打造主题鲜明、各具亮点的文明实践站。将每月20日设为固定的"文明实践活动日"，各实践所（站）开展理论政策宣讲、文化文艺、医疗健身、科学普及、法律服务、卫生环保、扶贫帮困等志愿服务活动和"欢乐五聚"活动。组织志愿服务队深入群众进行宣传，线上线下开展宣传教育工作。新时代文明实践如春雨润物，滋润群众心田，提升了乡村文明程度。

截至目前，桓台县共有全国文明村2个、省级文明村镇22个、市级文明村镇67个、县级文明村镇188个。

（五）统筹发展乡村文化产业

桓台县的文化产业主要依托王渔洋故居、马踏湖湿地两大景观资源进行挖掘与发展。

(1) 挖掘文化资源。深入挖掘桓台历史文化和旅游资源，着力挖掘桓台两张名片："人文名片"王渔洋，挖掘以王渔洋为代表的新城王氏家族家风、廉政等文化；"自然名片"马踏湖，深入挖掘如水上婚俗、湖上捕鱼、台田耕作、湖上牧鸭、芦田收割、湖底采藕、苇编等湖区民俗文化。在"两张名片"的基础上，不断挖掘荆家镇农耕文化、起凤镇建筑文化等特色亮点。通过深挖文化资源，把传统文化的魅力展现出来。

(2) 促进文旅融合。根据挖掘的家风文化、廉政文化，继续打造王渔洋故里景区作为中国古代文学所研究基地、山东省优秀社会教育基地、山东省爱国主义教育基地、山东省优秀社会科学普及教育基地、省直机关传统廉政文化教育基地、全省法治宣传教育示范基地、山东省师德涵养基地、山东省政德教育基地等的作用；在马踏湖，举办荷花灯会、五贤祠庙会、夜游马踏湖、"旅游文化周"等民俗风情活动，促进文旅融合。

（3）赋能乡村振兴。一是通过在马踏湖举办风味节、展销会等形式，开展广告宣传和产品推介，提高湖区产品知名度和市场竞争力。目前马踏湖各村以合作社为龙头，逐步实现养殖与市场的更有效对接，传统手工艺与现代设计对接。以金丝鸭蛋，芦苇编织的宫灯、芦苇画、工艺苇帘等为代表的产品畅销全国，辐射欧、美、日等国际市场，带动当地农民年均增收近万元，湖区农民走上致富道路。二是依托王渔洋故里景区，加大对文化产品的设计和开发。近几年，推出了丰富多样的文创产品，比如与桓台黄河龙集团合作推出的富含渔洋文化元素的"品鉴酒"；《忠勤祠帖》《手镜》等王氏政德家风文化礼品；清慎勤茶具、《手镜》便签、《新城王氏家训》笔记本、陶笛、书签等文创产品，并不断将其产业化，赋能乡村振兴。

三、经验启示

（一）乡村文化振兴要守住乡村的本源特色，做到因时因地制宜

乡村文化振兴，要立足于乡村实际，在尊重、顺应、融入乡村文化传统基础上来建设乡村、发展乡村、振兴乡村。乡村文化，在民族心理和文化传承中有着独特的内涵，相比城市，乡村有着更多诗意与温情，它承载着乡音、乡土、乡情以及古朴的生活、恒久的价值和传统，代表着中华传统文化的发展主脉，也是乡村振兴的精神母体。乡村文化振兴过程中，乡村的本源特色不能丢。这些本源特色主要有两类：一类是静态的、自然状态下呈现出来的非物质文化遗产，包括地方建筑、自然风

光、文化遗址等；一类是动态的传统工艺，可以通过亲身体验感受到的，比如饮食、歌舞、手工艺等。只有把握这些"本源"和"特色"，才能寻找到百姓生活的需求点、娱乐点、幸福点；才能发现、提炼出乡村特色文化，根据一村、一乡文化所呈现出的区别性和唯一性特征因地因时制宜，对外展现乡村独特文化风貌、提升乡村知名度与影响力，对内增强群众对本乡文化的认同感与自信心，进而主动参与本乡文化建设、积极推动乡村振兴。桓台县在乡村文化振兴中，注重发掘每个村的人文、生态特色内涵，打造不同风格的文化长廊、文化团队、文化活动、文化产业品牌，搞好"一村一特色、一村一品牌"规划设计。在保持村庄的完整性、真实性和延续性的原则上，合理利用村庄特色资源，开展文艺活动、发展乡村旅游和特色产业，打造了"书画村""黏土彩塑村""云涛剪纸村""面塑村""圆梦村"等文化特色村，激发了村庄发展的活力。

（二）乡村文化振兴要充分发挥群众主体作用，真正实现群众唱主角

农民作为乡村的主人，既是乡村文化振兴的受益者，也应当成为乡村文化振兴的主体。如果没有充分调动农民的积极性、主动性、创造性，他们不是积极投身其中的主动参与者，只是被动的旁观者的话，即便花多长的时间，投入多大的人力、物力和财力，都不会达到预期目标。桓台县之前是"送文化"，送戏下乡、送文艺演出下乡，组织书法家为农民写春联、组织摄影家举办乡村摄影艺术展等，这些活动对于活跃乡村文化生活、提高农民文化素质也起了一定的作用，但因为只是一年应景式地刮几阵风，缺乏常态化活动和长效机制，农民主要作为欣赏者，在一旁看看、听听、笑笑，热闹一阵就完了，效果有限。在近几年的乡村文化振兴中，桓台县一改过去"送文化"为为群众"种文化"，通过搭建"群众看、群众学、群众演、群众比"的百姓大舞台，依托文化场所、公益学堂、文化培训、志愿服务，以集中授课、互动交流等多种形式，鼓励群众自编自演、自主开展群众性文化活动，这些都是让群众由"观"到"学"、从"幕后"走向"台前"，引导群众自我表现、自我展示，从文化的旁观者变为参与者。只有让农民沉浸到文化活动中，亲身去学习、创作、表演，才能更加真切、深刻、持久地体会到文化艺术的意蕴和乐趣，体会到自身的活力和创造力，才能产生深层次的满足感、充实感、愉悦感，真正焕发农村文化发展的内生动力。

（三）乡村文化振兴要加强对优秀传统文化遗产的保护传承，赋予其新的时代内涵

乡村文化振兴只有保护住丰富的传统文化遗产，并将其发扬光大，才能守住并筑牢乡村的根和魂。这些传统文化遗产，包括各具特色的宅院村落，富有乡土气息的节庆活动，丰富多彩的民间艺术，耕读传家、父慈子孝的祖传家训，邻里守望、诚信重礼的乡风民俗……这些丰厚的文化遗产是农耕文明、中华优秀传统文化传承发展的有力见证和宝贵资源，对其进行保护挖掘，可以让人们更好地了解乡村的发展历程，感受乡村的文化底蕴，从而增强对乡村的认同感和归属感。桓台县在乡村文化振兴中，通过编纂村志、建村史馆、挖掘保护物质和非物质文化遗产等形式，传承了优秀乡土文化中重农事、家为本、尊尚礼、和邻里、勤持家等道德诉求和价值观念，并以乡土风俗习惯、村规民约等为载体，结合时代要求，以潜移默化通俗易懂的形式将其进行创造性转化、创新性发展，赋予优秀传统文化遗产与时俱进的时代内涵，彰显其深厚丰富、意蕴无穷的文化魅力，发挥出其凝聚人心、教化群众、淳化民风的现实功能，激发了新时代乡村振兴的内生动力。

（四）乡村文化振兴要重视乡村文化人才队伍建设，加强对本土文化人才的培育

乡村振兴，人才是基石。人才是乡村振兴的内生发展动力，如果单靠外部援助激活乡村发展，不以人力资本开发为抓手增强乡村自我发展

能力，最终多以失败告终。习近平总书记指出："乡村振兴，人才是关键。要积极培养本土人才，鼓励外出能人返乡创业，鼓励大学生村官扎根基层，为乡村振兴提供人才保障。"要重视本土文化人才的积极作用。本土文化人才是传统乡村文化重构的重要人才保障，能够为传统乡村文化培育注入人力资本与技术资源，是乡村古老文化的传承载体。

桓台县民风淳朴，出现了很多在本乡本土有德行、有才能、有声望而被本地民众所尊重推崇的乡贤，这些乡贤在乡村社会建设、风习教化、乡里公共事务中贡献力量，由此形成了一种乡贤文化，今天的起凤镇之所以成为"文化样板镇"，很大一部分原因是注重发挥乡贤的作用，打造了一批有奉献精神的"新乡贤"，这里面包括农村优秀基层干部、道德模范、身边好人等先进典型。乡贤们多有成就，又都怀有浓浓乡情，成长于乡土、奉献于乡里，在他们的支持下，起凤镇组织各种活动，很少用镇财政出钱出力。他们借助自己的威望、品行、经验、学识、专长、财富以及文化修养参与新农村建设和治理，他们不仅是乡村社会优良道德和淳美家风的示范者和引导者，还是规范族人和乡民行为的监督者和执行者。他们身上散发出来的文化道德力量可教化乡民、反哺桑梓、泽被乡里、温暖故土，对凝聚人心、促进和谐、重构乡村传统文化大有裨益。另外，桓台县在乡村振兴中，注重加强乡村文体人才队伍建设，培育乡村文体骨干，并不断挖掘和鼓励乡村群众中的文化爱好者投入乡村文化活动中来，激发乡村文化活力和文化发展的内生动力，使蕴藏于农村基层的创造力充分迸发。

（五）乡村文化振兴离不开乡村其他振兴

文化振兴与产业振兴、人才振兴、生态振兴和组织振兴共同构成了乡村振兴。文化振兴对产业振兴有着引领作用，而产业振兴给文化振兴提供了物质保障；文化振兴通过教育手段助力人才振兴，而人才的多元化为乡村文化振兴注入活力；文化振兴决定生态振兴的品位，而生态振兴又给文化振兴赋予新的内涵；组织振兴就是要加强农村基层党组织对文化振兴乃至乡村振兴的全面领导，而文化振兴通过基层治理可以助推组织不断发展壮大。桓台县在产业上，发挥龙头企业示范引领作用、家庭农场和合作社纽带作用，不断推动产业发展壮大和转型升级。有针对性地做强一产、做优二产、做活三产，让乡村文化振兴有了更坚实的支撑；在人才上，重视乡村文化人才队伍建设，加强对本土文化人才的培育，为乡村文化振兴提供了人才支撑；在生态修复上，按照以治控源、以保促净、以用减排的"治保用"思路，利用十年的时间，累计投入28.2亿元实施城乡河流水系综合治理，打赢了马踏湖流域生态治理修复攻坚战，让面貌一新的马踏湖湿地为乡村文化振兴提供了生态源泉；在组织建设上，桓台县通过"党建引领、一网三联、信用赋能"的乡村治理机制，充分发挥农村基层党组织的作用，把广大农民群众凝聚起来，形成强大合力，为乡村文化振兴提供了组织保障。

【思考题】

1. 桓台县乡村文化振兴具有哪些特色亮点？
2. 在实施乡村文化振兴过程中，如何通过文旅融合实现产业振兴？
3. 乡村文化振兴过程中，文化振兴与产业、人才、生态、组织振兴的关系是怎样的？

串起石榴文化价值链*

——枣庄"小石榴"带动大产业

【摘要】 随着人民生活水平的提高，人们对于水果产品的质量和营养元素的要求也越来越高，石榴因其含有丰富的营养成分、多元的药用价值而被人们所喜爱，而石榴中蕴含的深厚文化内涵和底蕴也被深入挖掘和开发。枣庄峄城有2000多年石榴栽培种植的历史，目前是全国连片种植最大的区域。上海大世界基尼斯总部将其誉为冠世榴园。目前围绕石榴衍生的三大产业正在蓬勃兴起，以"小石榴"撬动大产业态势已经形成。当前枣庄通过开展石榴文化节庆活动，打造石榴文化特色旅游产业，发展石榴盆景盆栽艺术，创新石榴文创产品，借力石榴文化，推动乡村全面振兴。

【关键词】 石榴文化　石榴产业　乡村全面振兴

2023年9月24日，正值中国农民丰收节之际，习近平总书记亲临枣庄，视察了位于枣庄峄城的石榴园，参观了石榴种质资源库，与乡亲们亲切交谈并就枣庄市石榴产业发展作出重要指示，习近平总书记指出，"人们生活水平在提高，优质特产市场需求在增长，石榴产业有发展潜力。要做好品牌，提升品质，延长产业链，增强产业市场竞争力和综合效益，带动更多乡亲共同致富"。这一重要指示对于加快枣庄市石榴产业高质量发展，促进农业增效和农民增收具有重大意义，深入挖掘石榴文化的内涵和底蕴，对于促进石榴产业的发展同样具有重要意义。

---

* 本案例由中共枣庄市委党校（枣庄行政学院）科学社会主义教研室副主任、副教授肖燕，中共山东省委党校（山东行政学院）公共管理教研部讲师郭太龙撰写。

一、背景情况

（一）石榴的传入传播与枣庄石榴的起源

石榴，又名安石榴，原产于古代波斯及其周边地区。据西晋时期编撰的《博物志》记载："西汉，张骞出使西域，得涂林安石榴种经归，故名安石榴。"至汉代刘歆著《西京杂记》记述，汉武帝在京都长安建上林苑，百官奉献奇花珍果，其中就有安石榴，并有记载上林苑有"安石榴十株"。至东汉、魏晋南北朝时，从大量士人学者赞美石榴花果的诗歌文章中可以看出，石榴树已经被广泛种植，逐步从皇家宫苑用于重要宾宴场合以及赏赐观赏的珍稀树种、果实，发展为普通士人阶层及至民间家庭种植的果木，石榴也成为这一时期人们喜爱的佳果之一。在这一时期，石榴由关中向东、向南扩展。向东的传播线路是主要的，先由西汉的国都长安到东汉的都城洛阳，再以洛阳为次级策源中心，向北部的河北、山东和南部的湖北、湖南扩展。隋唐时期，石榴受到人们的喜爱，进入全盛时期，石榴作为果树栽培种植得到大发展，曾出现"榴花遍近郊"的盛况，《全唐诗》中至少有九十多处描写石榴或者与石榴有关。宋元时期，石榴的栽培、采收、储藏和加工技术日趋精细并得到全面推广，栽种范围进一步扩大。明清时期，石榴生产的各项技术已经发展成熟，对石榴的利用方式也变得多种多样，除传统的食用和最早发现的药用外，还有酿酒、盆栽等。

（二）石榴传入枣庄

据《汉书·匡衡传》记载，匡衡为东海丞（今峄城）人，汉元帝年间，官拜丞相，封乐安侯。据专家考证，汉成帝年间，匡衡将石榴从皇家禁苑引种到家乡，逐渐繁衍成园，至明朝时已形成万亩规模，距今有2000余年历史。目前枣庄石榴面积约12万亩，连片种植面积达10万亩，石榴园内的石榴种质资源库主要承担收集保存、扩繁保护和研究开发工作，现保存国际国内石榴种质资源 432 份，数量居全国第一、世界前列，是全国唯一的国家级石榴林木种质资源库。2021 年 6 月，500 颗峄城石榴种子随神舟十二号太空遨游 90 天，如今这些太空石榴种子已繁育成苗、入土栽培。现在，石榴花是枣庄市的市花，城乡皆以石榴花为荣。峄城石榴园被山东省定名为"花之路"旅游区。

（三）石榴的文化寓意

从石榴传入中国开始，人们就赋予了这种珍贵果树以种种美好寓意，同时因其树形奇特极具观赏价值而为文人墨客所爱，在文、画、诗、词等领域占有一席之地，并有许多美好的故事流传至今。

因石榴花色主要为红色，且其红胜火，故有"五月榴花红胜火"的美誉。石榴花因其颜色火红、花形美丽，在历史上曾被用来形容女性衣裙，称为石榴裙，并用来装饰衣衫。据史料记载，武则天和杨贵妃都非常喜欢绣满石榴花的裙子，相传唐明皇为讨杨贵妃欢心，要求文武大臣见到杨贵妃时要行礼跪拜，形成"拜倒在石榴裙下"的典故。诗词歌赋中也多有以石榴花为题的，如汉朝无名氏《汉乐府诗·黄生曲三首之一》内有"石榴花葳蕤"，形容石榴花开得盛艳且茂密；汉朝蔡邕有一首《翠鸟诗》，内有"庭陬有若榴，绿叶含丹荣"；曹植把石榴花开比喻成美丽的少女，如"石榴植前庭，绿叶摇缥青。丹华灼烈烈，璀彩有光荣"。

石榴果呈圆形，颜色从粉白至鲜红不等，石榴籽晶莹透亮，汁液丰富，酸甜可口，成为美味果实。因"千籽同房颗颗相抱"，人们赋予了石榴更多的美好寓意，如用石榴祝福新人，寓意"多子多福"，还衍生出许多种艺术形式和表现手法，如石榴剪纸、年画、民谣、歌曲等。不少地方都保留结婚生子送石榴、中秋节将石榴当供果以及以之庆生贺寿祭祀庆典的习俗。

石榴树因其自然旋转生长的造型，成为书画作品中的重要角色和观赏树种的重要一员。许多传世佳作中可以看到石榴的影子，如徐渭的

《折枝石榴图》《墨竹石榴图卷》、沈周的《卧游图》等。作为观赏类树种，石榴较早地成为盆栽盆景创作中的主要树种之一。清朝嘉庆年间，苏灵所著的《盆玩偶录》将盆景植物分为"四家、七贤、十八学士、花草四雅"，其中石榴树被列为"十八学士"之一；石榴根雕作为一种具有独特欣赏价值的木雕艺术也越来越受到人们的喜爱和推崇。

同时，石榴全身上下都是宝，除了能做染料之外，还有众多药用价值：石榴花、石榴籽、石榴皮都可以用来入药，石榴花具有止血明目的效果，石榴籽有调节肠胃消化的功能，石榴皮具有抑菌和收敛功效，可有效治疗腹泻、痢疾等，因而可作为保健品的重要成分；同时石榴汁具有抗氧化的成分，是美容养颜的天然补品，已被运用于高档化妆品制作中。

石榴还被赋予多重象征意义。2014年5月28日，习近平总书记在第二次中央新疆工作座谈会的讲话中指出："各民族要相互了解、相互尊重、相互包容、相互欣赏、相互学习、相互帮助，像石榴籽那样紧紧抱在一起。"此后又在多个场合用"紧紧抱在一起的石榴籽"来形容民族团结和凝聚精神。在视察枣庄石榴园时，习近平总书记祝福乡亲们的日子像石榴果一样红红火火。

二、主要做法

枣庄石榴种植历史悠久，石榴文化及其衍生品也丰富多彩，拥有"冠世榴园"、山东古石榴国家森林公园、枣庄石榴园省级风景名胜区、峄城石榴园省级自然保护区等一系列称号。在全国第一个做实"石榴文化"文章，建成世界首家以石榴园林为基调，以弘扬石榴文化、展示石榴科技为主线的中华石榴文化博览园和中国石榴博物馆，尤其是拥有匡衡"凿壁偷光"、三近书院、荀子作《劝学》、万福园、石榴王、榴花仙子等石榴文化历史元素，传统文化、红色文化、宗教文化以及地域文化有机结合，形成了独具特色的峄城石榴文化。

改革开放以来，枣庄市对于石榴的产业发展和文化内涵进行深度挖掘，以"石榴+"为抓手，不断加大政策和资金扶持力度，科研投入和内涵加持使得石榴产业迎来了新的发展机遇。

（一）以"节庆主题文化"活动为支点，拓展枣庄石榴产业知名度

近几年枣庄市成功举办"上台走运·枣城有戏"、"乡村好时节"、"榴光溢彩·欢乐一夏"群众文化节、"看大戏·赏非遗·购好物"赶黄河大集、冠世榴园欢乐季等系列品牌活动，丰富产品供给，激活旅游市场，推出文化旅游优惠"大礼包"，让市民和游客尽享欢乐。1988年10月，山东枣庄举办"首届石榴节暨经济技术洽谈会"；2013年9月，山东峄城召开"第一届世界石榴大会暨第三届国际石榴及地中海气候小水果学术研讨会"；2015年9月16日，以"互联网+石榴"为主题的第二届世界石榴大会在枣庄市峄城区开幕，大会旨在宣传推广石榴产业发展的先进理念、高端技术和科研成果，推动产、学、研交流与合作，打造集石榴种植、加工、流通于一体的发展平台。2018年9月，枣庄市峄城区举办"国家石榴产业科技创新联盟成立筹备暨石榴设施栽培技术交流会"。2023年9月26日至27日，在枣庄举办"2023石榴产业发展大会"，这次大会恰逢9月24日习近平总书记视察枣庄石榴园之后，吸引更多客商把目光和发展的可能投向了这里。这次大会以"榴聚新动能·共谋新发展"为主题，将聚焦"石榴产业融合创新和打造石榴产业发展高地"为目标，打造"全国石榴看枣庄，枣庄石榴誉全球"的产业新高地。

（二）以"冠世榴园·生态枣庄"为标识，打造枣庄旅游"石榴文化"新IP

随着文化与旅游相结合的新旅游观念的兴起，枣庄市把开发打造以石榴产业和石榴文化相融合的旅游新模式作为新亮点，有力促进了枣庄经济社会的发展。枣庄峄城石榴园以其历史悠久、资源丰富、古树众多而闻名国内外，现存百年以上石榴古树三万余株，是国内单片面积最大、树龄最老、分布最集中的石榴古树群。1983年被联合国粮农组织官员发现并指出其潜在的旅游价值后，枣庄市委、市政府对其旅游功能开发极为重视，着力开发石榴生态旅游产业。1985年峄城冠世榴园景区被批准为省级重点旅游区，2003年成为国家AAA级旅游景区，2007年晋升为国家AAAA级旅游景区，石榴生态旅游业的快速持续发展反过来又促进了石榴鲜果、石榴加工、石榴包装等石榴产业的快速发展，2015年枣庄市区南部、峄城区北部被国家林业局命名为古石榴国家森林公园，成功打造"冠世榴园·生态枣庄"品牌形象。

（三）以"传承创新"为内核，推进石榴文化产业建设

枣庄在石榴种植、加工、旅游、营销等一二三产业融合发展的基础上，把石榴文化产业建设也纳入重要议事日程，出台政策激励、资金扶持等措施，推动石榴文化产业蓬勃发展，建成了一批石榴文化产业项目。投资建成占地15公顷的中华石榴文化博览园，这是世界上第一家融石榴文化展示、基因保存、创新利用、良种繁育、风采示范、生态旅游、红色教育等为一体的石榴主题公园。内有中国石榴博物馆、国家石榴林木种质资源库、石榴丰产示范园、石榴良种苗圃、石榴精品盆景园以及广场、人工湖、道路、绿化等配套附属工程，在弘扬石榴科技、传承石榴文化、促进石榴以及旅游产业发展等方面起到了巨大的促进作用。石榴盆景栽培技艺、峄城石榴酒酿造技艺、榴芽茶制作技艺、石榴园的传说、峄县石榴栽培技艺等五个项目被列入枣庄市市级非物质文化遗产保护名录。多位石榴盆景制作者被确定为枣庄市非物质文化遗产代表性传承人，2013年石榴盆景栽培技艺被列入山东省省级非物质文化遗产保护名录。一批研究石榴生产与栽培技术的专家学者的研究成果也开始展现，关于石榴生产与栽培的书籍文章纷纷出版发表，还专门成立了枣庄榴园文化研究会，举办石榴文化专题研讨会，柳琴戏《榴花正

红》荣获山东省群众性小戏小剧"大擂台"金奖。石榴花被确定为枣庄市的市花，石榴成为城市形象的重要标志和城市对外开放的一张名片，成为枣庄市文化底蕴的重要体现。

（四）以"盆景艺术"为新增长点，打响枣庄石榴盆景特色品牌

枣庄石榴园艺产业发达，目前已成为国内石榴盆景生产规模最大、水平最高的产地与集散地，年产石榴盆景盆栽约20万盆，在园总量超过30万盆，产值5亿多元，从事石榴盆景产业人员达3500余人，盆景园近400家。峄城石榴盆景制作技艺成为国内乃至国际盆景艺术最高水平的代表，先后在国内国际园艺花卉博览会上获得特等奖、金银等大奖300余项，拥有"中国石榴盆景之都"的盛誉。峄城通过组建石榴盆景盆栽制作合作社、提供金融贷款补贴等方式为石榴盆景盆栽制作提供技术和资金扶持。

（五）以"挖深贴近"为理念，创新石榴文创产品行业发展

深入挖掘民间历史文化传说，出版石榴专题画册，发行石榴专题纪念邮票，建设榴城文旅消费扶贫产品展馆，围绕石榴元素设计研发"榴礼"品牌系列产品，开发了石榴仙子塑像、石榴花开纪念杯等工艺纪念品，以及茶叶、精酿啤酒、石榴鲜花饼、红参石榴饮、冠世榴园手绘文创陶瓷杯等文创产品。石榴茶、石榴汁、石榴啤酒、石榴挂件等产品获得消费者的喜爱，尤其是引入的"王老吉"品牌石榴系列产品，正在从石榴汁制品向石榴化妆品、保健品、艺术品等高端方向发展。其他还有如石榴剪纸、石榴根雕木雕、石榴琉璃制品、石榴书画等艺术形式产品也在不断开拓市场，占有越来越多的市场份额。2023年是共建"一带一路"倡议提出十周年，由枣庄市一甲动漫制作股份有限公司倾心打造的52集大型原创动画片《丝路》，在中央电视台少儿频道首播，每集10分钟，以2000余年前引入枣庄的石榴为背景，讲述了枣妮和榴娃为了帮助枣树公公和榴花仙子重建冠世榴园，重走丝绸之路远赴榴花仙子

的故乡——波斯取回榴仙秘籍重建家园的故事，展现了"一带一路"沿线地区和国家绚烂的传统文化、有趣的风俗人情，拓展了石榴文化的历史底蕴，提升了枣庄石榴文化的知名度。

（六）以"专精特新"为目标，促进石榴文旅融合不断提档升级

枣庄市专门针对不同旅游群体精心打造具有专业特色、新颖多样的精品线路。统筹特色文旅资源，依托国家AAAA级"冠世榴园风景名胜区"和"古石榴国家森林公园"等优势资源，深入挖掘石榴文化，积极发展精品游、采摘游、研学游、精品民宿等特色旅游业，打造特色精品游线路，推出"榴光溢彩田慢城"沉浸游、"稻花香里说丰年""春生夏长万物并秀"乡村游、基地研学游、假日精品游等旅游线路。建设了云深处飞行小镇、水木石田园综合体等一批农文旅融合精品项目，成功举办了"冠世榴园欢乐季"、飞行小镇音乐节、"中国作家峄城行"暨首届榴花笔会等节会活动，荣获"山东人游山东最喜爱研学旅行目的地"称号。

但是同时也必须看到，囿于各种原因，枣庄的石榴文化及产业发展也面临着重大的挑战和问题：一是品牌意识缺乏、品牌影响力不足。在品牌打造方面，力度不够、创新不足。枣庄石榴地域性知名度高的商标少；品牌推介力度不够，市场营销效果不佳，旅游视觉冲击力与形象识别显眼度严重不足，吸引的游客仅限于本地和周边旅行者，旅游形象不鲜明；石榴文化与现代融媒体、自媒体结合不好、宣传不足，举办有影响力的国际性节会活动偏少，历史名人底蕴传承加持不够，"冠世榴园·匡衡故里"知名度和美誉度还不够高。二是产业规模偏小、附加值偏低。枣庄市的石榴文化产业发展起步较晚、发展较慢、规模较小，大多石榴文化产业都是个人经营、家庭制作或小微企业运作，规模小、产量低、销量少是其主要特点。枣庄市石榴盆景多为民间家庭作坊式自发制作发展，规模不大且分布散，专业化市场化现代化管理手段不足，专业市场建设滞后，与峄城石榴盆景的国内领先地位不相匹配；石榴深加

工龙头企业数量少、规模小、精深加工能力不足，主要以石榴汁、石榴酒、石榴茶等中低端产品为主，文化内涵赋值不足，石榴文化延伸层次的石榴精油、石榴药品、石榴化妆品等高端产品研发制造处于起步和扩张阶段，还没有形成产能和产量；涉及石榴的文创产品如石榴根雕木雕因为原料供应不足，不敢扩大规模打开外部市场。三是相关配套设施滞后。缺少规模大、功能全的文创产品市场和高端石榴盆景展示交易平台，市场发展潜力尚未充分释放；冠世榴园景区缺乏深度开发，景点主题未形成突出优势，景区现代配套设施不够完善、路网建设不够畅达；文化底蕴未充分彰显，缺乏留住游客"吃住行游购娱"的全旅游要素，生态旅游虽初见成效，但石榴文化特色旅游亟待提档升级。四是人才资源不足。这导致石榴文化挖掘不深不足，在产品设计、文创灵感、文化品牌打造创新和宣传上遭遇瓶颈。

三、经验启示

近年来，枣庄市主动融入黄河流域生态保护和高质量发展等重大国家战略，聚焦"强工兴产、转型突围"目标，打造以高端装备、高端化工、新材料、新能源、新医药、新一代信息技术等"两高四新"六大先进制造业和高质高效农业、新型商贸物流业、特色文旅康养业为主体的"6＋3"现代产业体系，把枣庄石榴产业的发展纳入"6＋3"现代产业体系中来，通过石榴一二三产业融合发展，成功打造了产学研游、文旅康养的"醉美榴乡"，打造了乡村产业振兴、农文旅结合的枣庄样板。具体来看，枣庄市石榴文化及石榴文化产业的发展有以下启示。

（一）坚持因地制宜、系统谋划

发展石榴文化产业，既要深挖"文化"，又要聚焦"产业"，必须从发展全局出发，进行系统谋划。近年来，枣庄市委、市政府高度重视石榴产业发展，2021年制定了《枣庄市石榴产业发展三年攻坚突破行动实施方案》，确立了"大规划、大产业、大市场、大品牌、大旅游、大统筹"的工作思路，目前正在进一步高标准规划制定《枣庄石榴产业发展中长期发展规划》，从一二三产业发展基础、产业融合的深度和广度来统筹谋划石榴文化产业的发展。瞄准农文旅综合体、田园休闲度假、田园慢城等，争创国家级现代农业产业园。依托石榴资源和石榴园连片集中的优势，整合青檀精神、三近书院、荀子《劝学》等文化资源，深入挖掘石榴文化和冠世榴园文化内涵，突出打造石榴主题景区、核心景点，把石榴园建成石榴文化博览园、休闲度假园、盆景观赏园、石榴文化体验园。加快峄城榴宝农庄、水木石田园综合体、石榴文化博览园提升、荀子劝学馆、三近书院和薛城石榴国家生态公园、榴园山庄文旅综合体、游客集散中心等项目建设，打造"体验式""沉浸式"石榴园旅游，把良辰美景的展示与润物无声的文化、周到体贴的服务融合在一起。

（二）坚持以人民为中心

枣庄地方政府以促进当地农民致富和为游客提供更好服务为目标，有序扩大石榴种植园，以效益更高、品质更好的石榴优新品种逐次替代老次品种。为解决石榴裂果问题，枣庄石榴研究院花费数年时间，培育出全国唯一国审良种"秋艳"，"秋艳"培育成功后，开始在枣庄当地推广种植，2015年底，研究院把两万多株"秋艳"石榴苗无偿提供给了果农。创新壮大专业合作社种植栽培模式，鼓励果农加入农业合作社，探索党组织领办合作社模式等，扶持家庭农场、田园综合体等新业态模式，引导鼓励农户将集体林地经营权流转。加大石榴种植保险力度，解除农户扩大石榴种植规模后顾之忧。推进石榴盆景盆栽制作工艺创新。加大对现有文旅项目建设和改造力度，完成对现有项目的提升改造，推出针对不同层级、面向不同群体的文旅项目，打造"石榴＋康养""石榴＋研学""石榴＋旅游"等深度融合场景，实现"吃住行游购娱"完整的旅游感受，让游客"榴连忘返""榴在枣庄"。

(三) 坚持不断解放思想、大胆创新

目前,国内有七大石榴主产区,要想在石榴产业市场上占有优势地位,扩大枣庄石榴的影响力和竞争力,必须要解放思想、大胆创新,深入挖掘石榴文化,为石榴文化产业化发展提供更多的表现形式和承载主体。引进国企央企、大型民企等战略合作伙伴,共同参与石榴产业发展和冠世榴园景区建设,引进新上一批石榴主题文旅项目,整合优化园内景点,策划推出、重点打造一批石榴文化旅游精品线路、特色景点、高档景区。推进石榴景观大道、观光特色小镇、石榴农庄、石榴健康小镇和运动小镇等建设,打造石榴"田慢游"打卡地。策划开展冠世榴园国际马拉松赛、世界石榴大会、全球石榴产业发展高端研讨会、全国石榴产品展览会、全国石榴盆景高端展会、国家石榴产业科技创新联盟等世界性、全国性重要展会节会活动。举办石榴文化论坛、石榴经贸洽谈会、石榴书画摄影展、"石榴王"评选、石榴文化专题文娱演出等丰富多彩的活动,深化石榴文化研究阐释与繁荣发展。开发推出更多富有石榴元素、石榴象征意义的特色突出的系列文创产品,打好石榴文创产品研发销售"组合拳"。

(四) 坚持"走出去"和"引进来"相结合

枣庄石榴产业的发展立足本地、着眼全国、放眼世界。目前枣庄石榴全产业链发展和融合走在全国前列,已经形成了"买全国、卖全球"的态势,尤其是枣庄生产的高端石榴汁产品被赋予新的文化内涵和价值增值点,直接供货国际市场,同时要引入国际先进的制造工艺和储存技术,增加石榴鲜果和制成品的储存期限和口感度。在整合提升石榴茶、石榴汁、石榴啤酒、石榴挂件等现有产品基础上,进一步策划包装更多组合产品,开发"石榴四宝"、"石榴礼盒"、系列石榴挂件等组合式文创产品,与传统文化中的卡通动漫、影视作品中的人物形象等实现跨界融合,在国际国内重点旅游景点建设枣庄石榴系列产品展销馆,培育一

批石榴产品推介官、形象大使，与知名网红媒体合作，把枣庄石榴文化和产品推向世界各地；加大"以榴招商"力度，吸引外资开发建设具有石榴文化元素、以科幻和互动体验为特色的大型科技主题乐园。

要以此次习近平总书记视察枣庄为契机，进一步擦亮石榴这张枣庄最有特色、最具优势、最富潜力的"金名片"，在全面提升石榴产业发展的基础上，深入挖掘石榴文化丰富内涵，充分发挥石榴文化品牌效应，打造"石榴＋"发展新业态，绘就榴业强、榴乡美、榴农富的乡村振兴新画卷。

【思考题】

1. 如何促进石榴产业文旅融合发展？

2. 假设枣庄市要在石榴园区建设一座大型田园综合体，请您提出一个切实可行的计划和建议。

依托黄河入海，助推文化振兴[*]

——东营市垦利区乡村文化振兴的实践探索

【摘要】 垦利区位于黄河尾闾。入海口的地理位置在使垦利成为共和国最年轻的土地，并拥有黄渤交汇、红毯观光等自然景观的同时，又面临着黄河决口、盐碱地等问题。而后者曾把勤劳质朴的垦利人推向广种薄收、种植单一、生活贫困的窘境。这种背景情况为垦利区打造乡村文化振兴齐鲁样板创造了独特的条件。对此，垦利区乡村文化振兴既强调结合实际情况，做好加强乡村文明建设、提升乡村公共文化服务水平、弘扬乡村优秀传统文化等规范工作，又注重利用自然景观发展旅游文化和运用黄河入海所带来的红胶泥、红荆、水稻等自然资源，创造佛头黑陶、东宋草编、稻田画等黄河文化产业。垦利区的乡村文化振兴之路留下了宝贵的经验启示，如文化振兴与其他振兴紧密相关、文化振兴以生态保护为底线、文化振兴离不开强有力的党组织。

【关键词】 垦利区　乡村文化振兴　黄河文化

一、背景情况

东营市垦利区位于黄河入海口，地处胜利油田腹地。区域位置为北纬 37°24′—38°10′，东经 118°15′—119°19′，呈西南、东北走向，南北纵距 55.5 千米，东西横距 96.2 千米，面积约为 2331 平方千米，海岸线

---

[*] 本案例由中共山东省委党校（山东行政学院）中共党史教研部讲师朱丽丽；中共东营市垦利区委党校讲师缪金革；中共山东省委党校（山东行政学院）社会和生态文明教研部讲师郑鑫，中共党史教研部助教孙晓彤、高静静撰写。

长 142 千米。截至 2022 年，垦利区常住人口 25.7 万人，辖胜坨镇、郝家镇、永安镇、黄河口镇、董集镇 5 个镇和垦利街道、兴隆街道 2 个街道，垦东办事处、红光办事处 2 个办事处，328 个行政村，25 个城市社区居委会，拥有 1 个省级经济开发区、1 个省级农业高新技术产业开发区、1 个省级服务业集聚示范区。

黄河入海口的地理位置，给垦利区带来了许多积极影响。比如，它使垦利拥有全国最年轻的土地，并成为全国土地增长最快的地方。九曲黄河流经垦利后，由于地势平缓，携带的大量泥沙在此淤积。据统计，黄河平均每年携沙造陆约 2 万多亩。不仅如此，它还带给垦利区世界上少有的湿地生态系统，进而使这里常年汇聚着 1500 种水生生物、298 种鸟类，演绎了长河落日、河海交汇、百里海堤、万顷芦苇荡、碱蓬红地毯等壮观自然景观。

在带来积极影响的同时，九曲黄河在垦利汇入渤海也使这片区域面临着诸多问题，甚至是难题。由于淤积加重、泄流不畅等原因，黄河曾多次决堤改道。根据史料不完全记载，仅在 1883 年至 1936 年的 54 年中，就有 21 年发生凌汛决口。新中国成立初期，黄河下游山东河口段便发生过两次凌汛决口，使利津、沾化和滨县 480 余村庄 26 万人受灾，淹没土地 133 万亩。在党中央的坚强领导下，经过科学决策、综合治理，目前黄河决堤问题已经取得了阶段性胜利。然而，因海水顶托、成陆时间短、地下水位埋深较浅等因素造成的盐碱地问题，却久久困扰着人们。盐碱地一度被称为土地的"绝症"，含盐量达到 6‰～8‰即为重度盐碱地，而垦利的许多盐碱地含盐量竟然超过 10‰，以致成为"盐碱荒漠"。正如人们所传唱的："出村往外瞧，一片白面瓢；神仙来种地，难拿二成苗。"

上述问题曾严重制约着垦利区的发展，尤其是对自然环境有着较强依赖性的广大农业农村农民而言。"靠天吃饭、靠地打粮。"占全区耕地面积 79.5%、约 64.5 万亩的盐碱地，把勤劳质朴的垦利人推向广种薄收、种植单一、生活贫困的窘境。垦利街道荆岭村、永安镇西三村、黄河口镇西隋村等8个村庄曾被认定为省级贫困村，黄河口镇兴林村、董集镇罗盖村、胜坨镇新张村、永安镇后七村、红光渔业办事处红光新村等9个村庄曾被认定为市级贫困村。西隋村党支部书记刘永军在分析贫困原因时，毫不避讳地说："俺们村虽然地多，人也很勤快，但是盐碱化太厉害，只能种棉花。这两年棉花价格持续下跌，俺们的收入不断减少。"

如今，垦利区广大乡村已经在一定程度上克服了黄河入海所带来的发展难题。针对因盐碱地等因素导致的贫困问题，垦利区以增加农村贫困人口收入为核心，突出"精准识别、精准施策、精准帮扶"，调动各方力量，狠抓项目建设，如与黄三角农高区、杨凌农高区2个国家级农高区达成战略合作，攻关盐碱地开发利用关键"卡脖子"技术，建设国家大豆耐盐碱区域试验基地、功能农作物研究院，进而使脱贫攻坚取得阶段性成效。2017年底，全区建档立卡贫困户和省定、市定贫困村全部脱贫摘帽。

垦利区没有满足于解决发展难题，而是在脱贫攻坚的基础上进一步向前推进，力求实现乡村振兴，赋予广大乡村由"短期帮扶"向"长期受益"转变的能力。2018年12月，垦利区委、区政府向各镇党委、镇政府、街道党工委、办事处及区直各部门、单位印发了《东营市垦利区乡村振兴战略规划（2018—2022年）》，要求结合实际贯彻执行，积极探索乡村振兴垦利模式，全力打造"一群一心三区"①，努力在"打造山东高质量发展的增长极，黄河入海文化旅游目的地，建设富有活力的现代化湿地城市"上走在前列。伴随着2018—2022年度乡村振兴战略规划的完成，垦利区委、区政府又印发了《垦利区乡村文化振兴工作实施方案（2023—2027）（征求意见稿）》，彰显着奋力谱写乡村振兴齐鲁样板垦利特色篇的决心与智慧。

由于准备充分、决策科学、措施有力，垦利区在乡村振兴各方面已

---

① "一群"即黄河口九大知名品牌产业集群，"一心"即黄河三角洲特色高端水产创新中心，"三区"即滨海高校绿色农业先行区、沿黄地区美丽乡村样板区和全国农旅融合发展示范区。

经取得了可观的成绩。比如在产业振兴方面，建成了华澳大地牛奶小镇、一邦农业科技开发有限公司、大闸蟹产业研究院、天邦集团拾分味道种养加一体化等一批产业融合项目；在人才振兴方面，积极成立专家服务基地，并依托农业人才平台，与中国科学院多家大院大所、知名专家团队合作，充分发挥高层次专家智力资源对乡村振兴战略实施的引领作用；在文化振兴方面，申报了50余项省市区级非遗名录，培育了32支非遗文艺队伍，举办近百次传承非遗公益培训；在生态振兴方面，全面推进农村无害化卫生厕所改造，探索出"五分两栋分类、两定一式收集、五方三化处置"的农村生活垃圾分类新模式；在组织振兴方面，全面推进党建引领深化农村集体产权制度改革工作、聚力打造落实习近平总书记嘱托的"杨庙实践"等。

文化振兴不仅是乡村振兴的重要内容，而且在乡村振兴中发挥着独特作用。文化振兴是乡村振兴的灵魂，没有乡村文化的高度自信，没有乡村文化的繁荣发展，就难以实现乡村振兴的伟大使命。垦利文化资源丰富，涵盖了鲜明的黄河文化、浓厚的历史文化、光荣的红色文化、壮丽的石油文化、丰富的南展文化、多彩的民间文化等，为文化振兴提供了更可持续的发展动力。其中，黄河文化为垦利区打造乡村文化振兴齐鲁样板创造了独特的条件。

二、主要做法

垦利区坚持以习近平新时代中国特色社会主义思想为指导，以弘扬和践行社会主义核心价值观为主线，坚持阵地建设和培根铸魂两手抓，统筹推进乡村文化振兴各项任务。在此过程中，既强调做实规范动作、创新地方实践，又注重借力黄河入海，凸显地方特色。

（一）做实规范动作，创新地方实践

习近平总书记在参加第十三届全国人大一次会议山东代表团审议时

强调，要推动乡村文化振兴，加强农村思想道德建设和公共文化建设，以社会主义核心价值观为引领，深入挖掘优秀传统农耕文化蕴含的思想观念、人文精神、道德规范，培育挖掘乡土文化人才，弘扬主旋律和社会正气，培育文明乡风、良好家风、淳朴民风，改善农民精神风貌，提高乡村社会文明程度，焕发乡村文明新气象。习近平总书记的讲话，为规范开展乡村文化振兴提供了重要指导。

1. 加强乡村文明建设

为了深化农村思想道德建设，用中国特色社会主义文化、社会主义思想道德牢牢占领农村思想文化阵地，垦利区制定出台了《垦利区深化拓展新时代文明实践中心建设实施方案》，建立了"中心—所—站"三级协调运转机制，成立了1个区级新时代文明实践中心，8个镇（街道）实践所、279个村（社区）实践站，使328个行政村和25个城市社区实现全覆盖。新时代文明实践站严格落实"五有"建设标准，在所有文明实践场所均悬挂标识牌。垦利区还坚持以群众喜闻乐见的形式和生动通俗的语言，开展了一系列理论宣讲、政策宣讲、价值引领、文化生活等多种形式的文明实践活动，如"中国梦·新时代"百姓宣讲活动。

为了深化乡风民风建设，推进移风易俗，垦利区健全了村级红白理事会，实施了居民基本殡葬服务补贴制度。据统计，全区328个行政村全部成立了红白理事会，且红白理事会章程、制度健全，人员配备齐全。垦利区黄河口镇于林村红白理事会还入选山东省"百佳红白理事会典型案例"。于林村把成立"红白理事会"纳入基层党风廉政建设目标管理责任范围之内，利用农村文艺宣传队和农村广播、宣传栏等形式在全村深入宣传婚丧事大操大办的危害，通过召开党员干部大会、专题座谈会等形式给广大党员干部群众常打招呼、常敲警钟，及时对有婚丧事大操大办苗头的人员进行说服教育，要求党员带头做到婚事新办、丧事简办,并制定了详细的婚事新办规定和操办丧事规定[①]。于林村的经验做法已经在全区进行了大力宣传推广,全区厚养薄葬、喜事新办的意识更加深入人心,节俭办事蔚然成风。另外,民政部门、财政部门、人社部门联合下发了《关于免除居民基本殡葬服务项目费用的通知》,从2016年1月1日起,具有垦利区户籍的人员死亡火化后,按照每人1000元的标准给予补贴,2018年至今累计发放殡葬补助77.2万元,切实减轻了群众负担。大力提倡海葬,打破传统的"入土为安"观念。近五年来,为300余人举办了海葬。

2. 提升乡村公共文化服务水平

为了整体提升村容村貌,加大村庄公共空间整治力度,垦利区持续开展了公共厕所改造、生活垃圾治理等村庄清洁行动。2016—2018年垦利区全面推进农村无害化卫生厕所改造,共实施农村无害化卫生厕所改造23951户,改厕覆盖率达到94.92%。为彻底解决厕具塑料配件易损坏、冬天易上冻等问题,垦利区又立足实际,认真研究学习各地改厕规范升级先进经验做法,以"改一户成一户"为原则,在垦利街道胜合村等村庄通过开展"一进三升级"改厕规范升级试点,从根本上解决冬天防冻问题,为农村群众尤其是老年人创造便捷的如厕条件。对于生活垃圾治理问题,垦利区探索出"五分两栋分类、两定一式收集、五方三化处置"的农村生活垃圾分类新模式。截至目前,全区各镇街250个村已实现垃圾减量化全覆盖,建成一类示范村98个,镇街小型分拣中心7处,垃圾源头减量达30%。

[①] 于林村婚事新办规定:(1)婚事的事主,必须提前一个星期向村理事会申报,内容包括时间、地点、事由、规模等,红白理事会要及时介入。(2)婚事实行一天办酒结束,如确需要办酒两天及两天以上的村民,需提前申报,申报批准后方能办酒。(3)宴请人员以亲属为主,酒席不得超出20桌,每桌的标准在400元以下,酒10元以下,烟10元以下。(4)不准借用公车和租用豪华车辆办婚事,迎亲车辆不得超过6辆。操办丧事规定:(1)丧事事主,在人去世后必须立即申报,内容包括时间、地点、事由、规模。理事会在接到申报后要第一时间参与。(2)人去世以后根据国家政策一律实行火化。(3)实行丧事1天安葬制。如确需延长丧期,需提前向村理事会申请,申请批准后方能延长。(4)安葬用餐一律吃普通烩菜大锅菜,提倡搭建简易灵棚,灵棚不得阻碍交通。(5)不得使用乐队,提倡除直系亲属穿孝服外,其余亲朋佩戴白花的新风尚。

提升公共文化服务，完善公共文化设施是关键。目前，垦利区镇、村两级公共文化设施实现了全覆盖，7个镇（街道）均建有国家级标准综合文化站，建有农村（社区）数字文化广场36处、乡村剧场87处、历史文化展馆56个，行政村综合性文化服务中心覆盖率均达到100%。为了提升农家书屋服务效能，许多村庄开展了"书香小使者"乡村阅读推广活动、"郝爱书屋·悦读共享"读书活动暨"健康成长·心在一起"心理关爱活动等，形成一批扎根基层、服务群众的农村阅读品牌。不仅如此，垦利区还坚持每年均开展"进千村乐万家"文化惠民巡演、农村公益电影放映、"欢乐黄河口"广场文化活动等普惠性特色文化活动，超额完成了"一年一村一场戏""一月一村一场电影"的目标要求。自2019年以来，垦利区还整合了"村村唱戏村村舞"群众文化品牌、"村村锣鼓响 户户歌声扬"乡村文化振兴群众文化品牌、"吕韵悠扬·德润垦利"吕剧文化品牌和"村歌唱响·情暖垦利"村歌品牌等四大品牌，打造了"四季歌"群众文化品牌活动。先后拨付60余万元专项资金为全区行政村配备280套锣鼓，每年开展广场舞、锣鼓、吕剧、村歌等各项文化活动，极大地满足了广大人民群众的精神文化需求。

3. 弘扬乡村优秀传统文化

垦利区是一个移民区，常住人口来自全国11个省、107个县，祖祖辈辈以黄河为伴，创造了丰富的乡村优秀传统文化。除了人们所熟知的农耕文化、红色文化等，垦利区还拥有以"佛头黑陶""泥塑""剪纸""扎花灯"为代表的传统手工艺和以"黄河船工号子""黄河河工夯号""耍龙灯""踩高跷""打花棍""扭秧歌""唱吕剧"为代表的民间文化艺术。

在注重传承农耕文化、红色文化、移民文化等优秀传统文化的同时，垦利区给予民间传统手艺和文化艺术以特别关注，并在弘扬方面创造了许多宝贵的做法。比如积极推进非遗传承保护工作，申报了3项省级、10项市级和40项区级非物质文化遗产名录，成立了黄河口落子、旗袍、垦利锣鼓等10大类共32支非遗文艺队伍，组织了文艺汇演、主题作品展览、公益集市等一系列非遗活动。另外，为了让非遗更好地传承下去，还举办了草编、刺绣、虎头鞋等传承公益培训，开展了"非遗进课堂""非遗进校园"等活动，推出"带薪学徒"机制。

（二）借力黄河入海，凸显地方特色

垦利区乡村文化振兴不仅体现在加强乡村文明建设、提供公共文化服务、弘扬优秀传统文化等共性方面，而且体现在开展文化旅游、开发文化产业等方面。后者凝聚着依托黄河入海、自然与人文相结合的特点，体现出向盐碱地要收益、变难题为契机的趋势，更加鲜明地彰显着文化振兴齐鲁样板的垦利特色。

1. 利用自然景观，发展旅游文化

气势磅礴的黄河流经垦利126千米，不仅带来了黄河东流的壮阔场景，而且孕育出世界上暖温带保存最完整、最年轻的湿地生态系统。正如上文所述，黄河携带大量泥沙汇入渤海，由于水文条件独特，海淡水交汇，离子作用促进泥沙的絮凝沉降，形成了宽阔的泥滩，即黄河三角洲湿地。该湿地由于土壤含氮量高，有机质含量丰富，浮游生物繁盛，极适宜鸟类生活。据调查，约有289种鸟类在此过境和嬉戏繁殖，其中包括丹顶鹤、白天鹅、黑鹳、白琵鹭、金雕等珍禽鸟类。群鸟嬉戏于黄河口湿地的自然植被，及20万亩畜牧草、10万亩速生林、13万亩人工柽柳林、50万亩人工芦苇共同构筑起具有高度特异性的旅游资源。有鉴于此，黄河口生态旅游区每年都吸引大量的游客。仅在2023年中秋国庆"双节"期间，黄河口生态旅游区总人流量就达到17.36万人次，单日接待游客最高达3.6万人次，甚至出现了黄河游船一票难求的情况。

黄河入海还带来了红毯观光、赶海拾贝等多样化的旅游景观。海河交汇的地理条件造就了渤海特殊的泥质海滩，盐地碱蓬以火红的颜色覆盖其上，被誉为"红地毯"。翩跹飞舞的野生鸟类点缀在数千亩延绵不断的殷红地毯景观里，如一幅热情瑰丽的画卷铺展在黄蓝天地之间。在观赏"红地毯"之余，人们还可以趁着大海潮汐退去，步入海滩深处，捡拾各类"海货"，尤其是有着"天下第一鲜"美誉的蛤蜊。在松软的滩涂上或用手挖，或用脚踩，感觉触到了硬物，拿出来就是只肥美的蛤蜊。目前，赶海拾贝已逐渐成为东营近郊最具浓郁地方特色的休闲游项目。

黄河口生态旅游区、红毯观光、赶海拾贝等景观的成因，决定了它们位于黄河入海、黄渤交汇的地方，而不是垦利区的城中。这种位置分布，使得自然景观转变为旅游资源面临诸多不便。对此，垦利区建立了"文化旅游特派员"联系镇街工作机制，安排750余名文旅人才以"驻点联村"的方式开展文化旅游服务，实现了"人员互通、设施成网、资源共享、服务联动"，确保了基层文化和旅游公共服务体系效能最大化。这也是黄河入海相关自然景观日渐得到人们认可，并且心向往之的重要原因之一。

2. 运用自然资源，创造文化产业

黄河入海不仅造就了奇特的自然景观，而且附带了许多可以"变废为宝"的自然资源，比如红胶泥、芦苇、红荆条。勤劳智慧的垦利人充分运用这些颇具地方性的自然资源，创造出特色文化产业。

黄河下游大量泥沙淤积沉淀，经过岁月的酝酿和风雨的剥离，形成了细腻的黄河红胶泥。这些红胶泥正是制作黑陶的原料。据记载，垦利区胜坨镇佛头寺村运用红胶泥制作黑陶的工艺距今已有近300年的历史。正因如此，黑陶又被称为"佛头黑陶"。佛头黑陶在初期主要生产人们常用的盆盆罐罐，后来发展成罐、壶、笔筒、花瓶等60多个花色品种。近年来，佛头制陶传承人根据形势发展需求，不断思索，潜心研究，着力打造"南有紫砂，北有黄泥"的制陶宣传品牌，先后研制开发出仿古花瓶、现代陶艺、文具、古鼎、黄泥壶、陶制餐具、工艺花瓶、儿童玩具等涵盖器具、玩具、摆件、把玩件的30多个系列1000多种产品。其中，新的黑陶制品，运用土与火的艺术，已具备"色如墨，声如钟，薄如纸，亮如镜，硬如瓷，掂之飘忽若无，敲击铮铮有声"的特点，成为沿黄最具特色的文创特色产品之一，并多次在山东省文博会上展出。

令诸多粮食作物"望而生畏"的盐碱地，却是红荆、蒲草等植物的乐园。垦利区的乡间河道分布有大片大片的蒲草和红柳。这些看似效用不高的耐碱植物逐渐被人们发掘为上等的编织材料。东宋村裕农草编工艺品加工农民专业合作社的发展状况即是对其有力的阐释。东宋村曾是远近皆知的"老人村""空心村"，村中常住人口仅300人左右，且60岁以上的老人占到了80%。他们中的大多数靠领养老金度日。在党支部书记丁开军的带领下，东宋村党支部决定充分结合村内盛产蒲草、红荆的优势基础和村内老龄化、空心化严重的状况，发展草编产业。2020年11月，裕农草编农民专业合作社注册成立，合作社总投资180万元，采用了村民自愿入股、村集体占股的方式。村"两委"以出台鼓励政策、举办编织竞赛等方式激励村民积极参与编织。经过三年的发展，从事编织的人员已达到300多人。他们融入黄河入海口地域元素，用红荆、蒲草、棉花秸秆、纸绳、玉米叶等编制出果篮、花篮、笸箩、葫芦、手提包、笔筒、坐垫等各种日用品和工艺品。"裕农草编·东宋村项目"成功入围"中国民间文化艺术之乡高质量发展机会清单"。

面对贫瘠的盐碱地，垦利人并没有听之任之，而是在选育良种的同时，积极对土地进行改良。他们不仅在改良后的盐碱地上种植出高产高质的粮食瓜果，而且开发出旅游资源。垦利永安镇政府联合东营市一邦农业科技开发有限公司以"黄河口大米"为依托，连续多年聘请高水平团队精心策划制作了多彩稻田画。这些稻田画尽管主题不同，但都承载着地域特色。2023年的稻田画东侧以"乡村振兴 农业强国"为主题，画面由谷仓、稻穗、稻田、黄河口大闸蟹、莲藕等元素构成；西侧以"耕农田 耕心田"为主题，围绕自然资源、盐碱地农业、研学探索等设计思路展开。与过去相较，风景区的活动内容更加丰富，增添了稻田小火车、浑水摸鱼、拾鸭蛋等项目，力求让孩子们在游玩的同时体验实践的快乐。稻田画风景区将永安镇二十八村的乡村振兴与传承发展农耕文明结合起来，让传统农耕文化绽放出绚丽的时代光彩。

创造文化产业的目的不仅在于提高村民收入、记录黄河文化等，还在于传承。这也是垦利区乡村文化振兴的特点与特色。无论是历史悠久的佛头黑陶，还是近几年刚刚发展起来的东宋草编和稻田画风景区，都设置了研学环节。正如佛头黑陶第二十七代传承人李建兴所言："现在年轻人都不愿意抱着一块泥巴摆弄，传承是当前的难题。我自己在研究所里开设了研学游，让学生们能够近距离接触学习制陶技艺，期待能把这门手艺传下去。"研学环节在一定程度上起到了传承的效果。孩子们在黑陶研学基地体验揉泥、拉坯、利坯、修坯等过程，在草编研学集体尝试编织、粘贴等工艺，在稻田画研学基地感受水稻种植、稻田混养、稻米加工、食物制作等劳作，把技艺变教育，更深入地认识了中华优秀传统文化，更透彻地把握了农耕文化、黄河文化的精髓，坚定了文化自信。

佛头黑陶、东宋草编、二十八村稻田画仅仅是垦利人运用自然资源、创造文化产业的代表。除此之外，垦利区还有黄河口老粗布、虎头鞋、流年旗袍等。它们是黄河文化流传至今的符号，体现出农业和文旅的融合，成为垦利区一张张举足轻重的文化名片。

三、经验启示

乡村文化振兴过程中，垦利区在做好规范动作的同时，依托黄河入海的条件，或者利用自然景观，传递其文化意涵；或者运用自然资源，彰显其附加的文化价值。这些做法充分展现出乡村文化振兴齐鲁样板的垦利特色，具有以下三方面的经验启示。

（一）文化振兴与其他振兴紧密相关

乡村振兴工作是一项系统工程。正如党的二十大报告明确强调的："加快建设农业强国，扎实推动乡村产业、人才、文化、生态、组织振兴。"可以说，产业、人才、文化、生态、组织这五个方面相互联系、相互支撑，共同组成了乡村振兴这一有机整体。而作为乡村振兴的灵魂与根基，文化振兴是实现乡村振兴的基础性工程和提升乡村治理现代化水平的关键一环。鉴于文化的共容性特征，文化并非抽象地发挥作用，而是在与乡村振兴的各项工作的结合中发挥具体的作用。可以说，文化振兴与乡村振兴的其他四个方面并非割裂开来，而是紧密相关。

首先，文化振兴与产业振兴紧密相关。产业振兴离不开文化的思想引领。实现文旅产业的持续发展，更需深挖文旅背后的文化资源、内涵与意蕴，切实发挥文化对文旅发展的精神支撑作用。无论是由蒲草、红荆、棉花秸秆等原料编织而成的特色工艺产品，还是由大闸蟹、莲藕、稻穗、谷仓等图案组织而成的稻田画均充分融入了黄河入海口的地域元素和文化内涵。也正是因为具备着黄河文化的附加值，它们才能够受到人们的日渐青睐。

其次，文化振兴与人才振兴紧密相关。乡村振兴的关键是人才振兴，而文化振兴又是培育、壮大和发展乡村人才的重要方式。就宏观层面而言，垦利区广大乡村之所以能够在"盐碱荒漠"中蹚出一条振兴之路，离不开近几年来区委、区政府对人才的引进与吸纳。就微观层面而言，每一个脱颖而出的乡村文化振兴项目也是如此。东宋草编的顺利发展离不开村"两委"的多次外出学习，也离不开专业老师对村民们的指导与培训；"佛头黑陶"的蓬勃发展，离不开一代又一代优秀的传承人。另外，村民们通过参加文化活动和文化事业来不断提升自身素养与学识，实现"以文化人"，这本身也是推进人才振兴的基本工作。在研学中，这些经验丰富的手艺人又化身为老师，指导学生们开展实践活动。

文化振兴与生态振兴、组织振兴的紧密关系，在下面两则经验启示中会进行详细论述。简而言之，良好生态是文化振兴的支撑点，保护黄河生态才能更好地延续黄河文化。而实现生态振兴离不开村民对生态环境保护知识的掌握，以及村民生态文化素养的提升。这就要求加强对中华优秀传统生态文化的"双创"，不断夯实生态振兴的文化基础和大众基础，营造实现生态振兴的文化氛围。至于组织振兴，它为实现文化振兴提供了组织保障，也是乡村振兴的"第一工程"，是实现乡村振兴的组织保障。以于林村为代表的村庄，之所以能够从贫困村走向致富村，并因为处理红白喜事得当而入选典型案例，离不开强有力的党支部，也离不开富有远见卓识的党支部书记。

（二）文化振兴，生态是底线

2019年4月28日，习近平总书记在中国北京世界园艺博览会开幕式上指出："绿水青山就是金山银山，改善生态环境就是发展生产力。良好生态本身蕴含着无穷的经济价值，能够源源不断创造综合效益，实现经济社会可持续发展。""绿水青山就是金山银山"的理念，对于地处黄河入海口且对黄河资源具有极强依赖性的垦利而言，具有直接指导意义。

在垦利区的发展史上，曾因破坏黄河生态环境而遭受损失。20世纪80年代末期和90年代中后期后，由于黄河径流量的减少和人类对黄河水的超量利用、浪费，使黄河三角洲地区的水资源严重不足，甚至出现断流。资料显示：1995年黄河断流120天，1996年黄河断流126天，1997年黄河断流210天，1998年黄河断流173天。黄河水的极度短缺引起海水倒灌、土地盐碱化更加严重、生态失衡、生物植被大面积死亡、珍禽鸟类相应减少等后果。为了挽回损失、留住湿地，相关部门采取了系列抢救性恢复保护措施，如投巨资修筑防海潮大堤、在高盐碱地域人工培育柽柳林和人工种植芦苇等。

如今行进在乡村振兴的大道上，垦利区诸多乡村都享受到保护黄河生态的红利。黄河口生态旅游区、红毯观光、赶海拾贝等自然景观离不开黄河生态，佛头黑陶、宋村草编、稻田画等文化产业离不开黄河生态，甚至黄河口大米、黄河口大闸蟹、黄河口莲藕等"黄河口"特色农产品，也正是因为具备良好的生态环境，才能喜获丰收。不仅如此，目前垦利区的发展也面临着由依赖石油资源到开拓旅游资源的转型问题。

保护生态环境不仅重要，而且必要。因此，文化振兴作为乡村振兴的一个重要内容，要坚决守住生态底线，积极探寻文化振兴与黄河生态保护协同共生的路径。

（三）文化振兴离不开强而有力的党组织

乡村振兴作为一项国家战略，离不开党的领导，乡村文化振兴的有效实现依托的正是党组织强有力的领导与统筹。具体而言，乡村文化振兴对于党组织的需要主要体现在三个方面。

第一，乡村文化资源具有零散性的特点，需要依靠党组织的力量进行整合。乡村与城市不同，城市的建设基于工业化理念下的高度标准化，城市的资源更为聚集、特色更为一致。乡村则保留了更多的农业文明底色与农耕文明特色，村庄之间禀赋各异，每个村庄都有自己独特的历史与文化资源，因而，从地域角度而言，乡村文化资源分布较为分散，且特色各不相同，想要了解不同村庄的文化资源，需要依托覆盖面广、组织体系严密的力量来进行，党组织恰恰具备了这样的特点，只有依靠党组织的力量，才能全面、有效地收集和整合散落在乡村的各色文化资源。

第二，乡村文化产业具有长链条性的特点，需要依靠党组织的力量进行聚合。乡村文化产业涉及农业生产、产品制造、文化服务等不同产业的不同环节，村民们往往只负责其中某个环节，而缺乏整体的统筹规划。在乡村，只有党组织有威望和能力将整个产业链条涉及的不同群体聚合起来，从而发挥产业优势，打造产业品牌。

第三，乡村文化具有多元性的特点，需要依靠党组织的力量引导方向。乡村社会处于一种文化上的弱势地位，各种文化力量都在向乡村倾泻文化产品，有传统的，有现代的，有东方的，有西方的，乡村文化振兴究竟振兴什么文化，需要党组织来掌舵，从而保障乡村文化在社会主义先进文化的范畴内繁荣振兴。

因此，垦利区乡村文化振兴注重充分发挥基层党组织的战斗堡垒作用和党员先锋模范作用，鼓励懂农业、爱农村、爱农民的好干部去推动乡村振兴工作，以高质量党建引领乡村文化振兴发展方向，赋能乡村文化振兴发展动力，保障乡村文化振兴良性运转。

【思考题】

1. 垦利区乡村文化振兴之路具有哪些特色亮点？
2. 在实施乡村文化振兴过程中，如何实现传统与现代的有机结合？
3. 结合本地实际，谈谈在乡村文化振兴过程中如何更好地发挥基层党组织的作用。

解码朱旺村乡村振兴中的红色精神*

——莱州市城港路街道朱旺村乡村文化振兴的实践探索

【摘要】红色是革命的脉搏,红色是村庄的底色,红色是振兴的力量。在红色精神的强大引领下,朱旺村的振兴之路从一条小鱼开始,游向朱旺港,不断探索,将一个小渔村发展为一二三产业深度融合的集体经济样板,完成了从村集体资产为负的临海渔村向"中国十佳小康村"的华丽转身。

【关键词】红色精神 乡村振兴 朱旺村

一、背景情况

莱州市北,渤海湾畔,坐落着一个有着悠久历史和文化底蕴的古村落,这里拥有 7.5 千米的海岸线,有保存完好的海草房建筑群,有清代古民居、古井、古树、古碑等众多古迹,还有美丽的自然风光、丰富的民俗文化、独特的红色文化。这个村就是莱州市城港路街道朱旺村。

朱旺村占地 13686 亩,耕地 5600 亩,居民 1650 户,户籍人口 4002 人。村"两委"成员 8 名,下设 4 个党支部,21 个党小组,党员 186 名。2019 年 3 月,朱旺村党总支部经组织批准,成为莱州市唯一的农村党委。2022 年,全村集体经济收入达到 1400 多万元,在全市 962 个村庄考核排名中名列前茅。连续十多年荣获莱州市村庄发展一等奖,先

---

* 本案例由中共山东省委党校(山东行政学院)校刊编辑部教授栾晓峰、中共山东省委党校(山东行政学院)校刊编辑部讲师张冬梵,中共莱州市委党校校委会委员、科研处主任、高级讲师贾书丽撰写。

后荣获"中国十佳小康村""山东省文明村""山东省先进基层党组织""山东省第一批美丽村居试点村"等十多项荣誉称号。

朱旺村村委办公楼的对面，是由 100 多万块红砖打造的红砖艺术馆。走进红砖艺术馆，相信你一定会被壮观的景象所吸引，普通的红砖在建筑师的鬼斧神工之下重获新生，独特丰富的造型使院子里步步皆成景，颜值和内涵统统具备。

来到红砖艺术馆，绝大多数人都会打卡西海地下医院展览馆。馆内详细介绍了莱州西海地下医院传奇的历史故事，展现了莱州人民群众与军队心心相印、甘苦相依、生死相助的崇高精神。从 1937 年村庄有了第一名党员，红色的种子便深深扎根于这片沃土，激励着朱旺人民进行斗争和建设。跨越近百年，虽然当年的人大多已不在、当年的遗迹大多已不见踪迹，但那段用生命和忠诚铸就的红色血脉一直传承至今，这个红色乡村的"战斗堡垒"始终保持着最强战斗力。

二、主要做法

（一）奋斗、乐观、奉献：红色精神在斗争中孕育

红色文化是党领导人民在革命、建设和改革中创造的，是乡村文化振兴的重要源泉。作为胶东较早的革命根据地，莱州是一方红色热土，拥有厚重的红色文化，在斗争实践中孕育了光荣的奋斗、乐观、奉献革命传统和红色革命精神。

1. 炮火中诞生的"红色金融"

朱旺村因海而兴，凭海而起，经过 2000 多年的风雨洗礼，凭借得天独厚的地理优势，养成了朱旺人创新进取、勇毅果敢的性格。

1937 年，滕绍武（原名滕永义）加入中国共产党，成为朱旺村的第一名共产党员，也是当时农村早期党的领导人之一。1941 年朱旺村成立第一个党支部，杨义田（又名刘浩义）任党支部书记，这是当时掖县较早的党组织之一。

抗战爆发后，鉴于掖县货币市场的现状以及三支队与抗日民主政府发展的形势，为稳定金融秩序和解决供需矛盾，刚刚成立的三支队与抗日民主政府成立了"财政经济委员会"（简称"财委"）负责筹备成立北海银行，滕绍武便是财委副主任之一。他与孙康厚、张加洛、孙会生等人勇担使命，平抑了物价，调剂了市场，整顿了金融。

山东革命力量之所以得以生息发展，从无到有、从小到大，北海银行可以说是功不可没，其所发行的北海币成为根据地的主要货币，对根据地的经济发展起了很大作用，不仅在抗日战争时期，为我军在筹措经费、支持战时财政、巩固根据地政权、保证战争胜利等方面立下了不可磨灭的功绩；而且在解放战争时期，为支持土改运动、支援战略反攻、接收官僚资本银行、代行国家银行职能、推进全国货币统一、培养专业金融人才，都作出了十分重要的贡献，在中国共产党红色金融史上留下了浓墨重彩的篇章。

2. 敌人眼皮底下的"红色医院"

1942年秋，日伪军以2万多兵力对胶东根据地实行"拉网式"的冬季大扫荡，形势十分险恶。八路军西海军分区党委决定，将西海军分区卫生所由大泽山转移到党组织坚强、群众基础好、物资供应方便的掖县老革命根据地，化整为零，隐蔽活动。

西海军分区卫生所转移到掖县后，掖县和掖南县委要求所驻村庄"村村有地洞，个个能住人"。这些村庄的党组织迅速发动群众行动起来，秘密挖洞。之所以要保密，一是附近有鬼子的据点，二是要防敌伪汉奸特务及村内落后分子，即使在村内，各个地洞也是保密的。时间上，只能挑选在晚上进行作业，夜间照明靠马灯或油灯。地下操作空间狭小，只能一点一点抠土。运土更难，为了不留痕迹，地面上的人要赶在天明以前把鲜土运走。在人员选配上，也以党员、民兵、妇救会、青年抗日先锋队为骨干。很快，就建立了包括朱旺在内的5个医疗区，遍布30多个村庄，在敌人眼皮子底下，用"深挖地洞、藏治伤员"的形式，筑起庞大的地下医院战伤救治系统，成为名副其实的地下"红色医院"。

虽然西海地下医院的峥嵘岁月已经过去70多年，当年的遗迹大多已不见踪影，但那段用生命和忠诚铸就的红色历史却永远不会被遗忘。朱旺村民杨秀英老人深情回忆道："在抗战时期，西海地下医院在朱旺村设有医疗点，具体有几处不清楚。当时地下医院的伙房就设在我们家，伙房里有两个做饭的，其中一个姓钱的，还有一个光头的勤务员，有个姓潘的医生。整天只看到做好饭后勤务员拿着饭向南走，可能路南杨克敏家院子里有一处（据了解现在杨云昌屋后院子、杨庆军家老屋院子、滕玉发家新屋前院子都有）。有一天，日本人突然来扫荡，两个勤务员，姓钱的向北跑了，光头没有跑成，让日本人抓住了，遭受了残酷的折磨，但他始终没有说出地下医院的住处。后来他机智地将日本人领到朱家村张家大院，在张家大院日本人没有找到地下医院的下落，就将光头的勤务员杀害了，还在张家大院杀了不少人。当时地下医院的人都嘱咐我们，要是日本人来了就说我是你家亲人或是儿子。"

在日军扫荡的年代里，在艰苦卓绝的环境里，数量庞大的医生护士、2000多名八路军伤病员能够在手无寸铁的情况下，在两年多的时间里悄然隐藏于村庄地下，成功完成救治任务，可以说是世界战地医疗史上的奇迹。而这份奇迹靠的就是人民群众对医院和战士们的生死相护，他们用忠诚与勇气筑起了一道铜墙铁壁、密不透风的"红色屏障"，集中体现了胶东军民因地制宜的创新精神、顽强不屈的斗争意志和团结一心的鱼水深情。

3. 坚实可靠的"红色后勤"

为了改善部队装备和物资供应，掖县抗日民主政府还办起了兵工厂、被服厂，为三支队提供物资供应和军需保障。据老党员们回忆，朱旺村也有地下被服厂。老党员王洪州回忆道："听老人讲过，抗日战争时期在我们村有地下被服厂。当时没有固定的地方，就是在堡垒户家轮流干，一家干个三天两天的。具体是谁家也不知道，当时在我家南屋也干活来着。当时到了谁家就拆下门来当案子，马上就干活。"

老党员杨万先回忆道："有一天鬼子来找被服厂，伪村长杨佳来出来接待，杨佳来将鬼子领到杨象兰家的后面一处闲屋里，说原来就在这儿干来着。鬼子不信就用匣子枪点划他的脑袋瓜子说不对，找不出来就崩了你，他赶紧说，我不撒谎就在这里，没有其他地方。纠缠了一会儿，鬼子就走了。"

解放战争时期，朱旺村由滕春永、杨可岐带队，组织远征常备随军担架队，共分3个班，大约30人。当年的粉子山战役的支前队中就有朱旺远征常备随军担架队的身影。抗美援朝时期，朱旺村又组织了马车队，运输战备物资。

据统计，自1937年起，朱旺村牺牲的党员群众有名有姓的34人。在战火纷飞的战争年代里，上到老大娘，下到孩童，都在与日本军周旋，生动诠释了朱旺村的红色革命精神。朱旺村红砖艺术馆石刻上的"临危不惧，勇往直前的斗争精神；自强不息，坚忍不拔的乐观精神；忠诚无私，舍生忘死的奉献精神"，正是革命年代朱旺党员群众的真实写照，也是对朱旺村红色革命精神的精准凝练。

（二）开拓、坚韧、创新：红色精神在乡村振兴中传承

告别了战火纷飞的革命年代，斗争、乐观、奉献的朱旺村红色精神在乡村振兴中得以赓续。与革命年代有区别的是，在建设发展时期，斗争、乐观、奉献的精神有了新的表现形式，与敌人的斗争精神转换为与生存环境的斗争，即开拓精神，要改天换地；革命英雄主义的乐观精神转换为攻坚克难的坚韧意志；为革命事业的奉献精神转换为让人民尽快走向共同富裕之路的创新意识。

新中国成立后到改革开放之前的朱旺村与全国其他地方农村一样，经过初级社、高级社再到人民公社，逐步走上集体化发展道路，实行"三级所有，队为基础"的农村集体所有、经营、分配相统一的发展模式。

1950年《中华人民共和国土地改革法》的颁布，宣告我国农村土地正式由封建地主阶级所有制向农民土地所有制转变。朱旺村的群众从

此翻身作主，有了属于自己的田地！但有了土地并不意味就此可以安居乐业，许许多多的问题摆在朱旺村群众的眼前，比如缺少农具、耕牛，实际劳力少等。

火车跑得快，全靠车头带。传承红色革命精神的朱旺村党组织，充分发挥组织引领、宣传作用，引导帮助群众在自愿互利基础上建立包括果园、渔业队、木工组等22个劳动互助组织。在党组织的带领下，在红色精神的感召下，朱旺村的党组织不断发展壮大，村民也将自身作为改造对象，实现了从文化知识、技术水平、组织纪律到主体性的全面提升。1957年，朱旺村成立党总支，下设三个分支。两级党组织带领朱旺村党员群众致力于村庄发展，一方面，稳定地发展传统的小麦、玉米等农作物种植业；另一方面，积极响应毛泽东"农民以农为主（包括林、牧、副、渔）……在有条件的时候也要由集体办些小工厂"的号召，从20世纪60年代中期以后，在滕永福、杨云财、杨俊风、张同明、滕洪来等党组织书记的带领下发扬艰苦奋斗、自力更生的精神，开始办各种社队副业，主要有绣花、手工编织、果业、渔业、水泥瓦、石棉瓦、红炉、修配等，为村民服务，为集体创收。从经营模式看，这一阶段的朱旺村集体经济是十分典型的集体所有、集体经营。这种存在模式和经营模式，对于稳定中国城乡二元结构、稳定我国社会秩序发挥了重要作用，也在一定程度上增加了村集体收入，提高了各生产小队的"劳动日"，但村民人均收入仍处于低水平。改革开放给中国农业经济发展带来极大活力，农村实行家庭联产承包责任制，形成了多种所有制和多种经营方式并存的局面。1983年，朱旺村开始包产到户、分田到户，人均分地1.5亩。此后，经过1999年、2005年两轮承包至今。家庭联产承包责任制的实行，加上中央"三农"政策的推行，极大地调动农民的积极性、主动性，激发了村民干事创业的积极性。1987年，小麦、玉米的单产都达到600斤，村民的温饱问题终于得到解决。

吃饱肚子之后，村民希望"腰包鼓起来"的愿望变得十分强烈。20世纪80年代中期，伴随乡镇村办企业的崛起与发展，朱旺村党员群众在红色奋斗精神的感召下，敢于冲破教条主义封闭思想的藩篱，冲破计划经济体制的束缚，开始兴办村办企业，鼎盛时期，规模较大的、效益较好的主要有织布厂、眼镜厂、电器厂、糖果厂、氨瓶厂、冷藏厂、建筑队等14个。1990年，朱旺村集体经济收入达到808.5万元。村办企业的发展，极大地带动朱旺村的经济繁荣，村民的收入也有了较大增长，年均收入接近2000元，村集体经济收入和村民年均收入在莱州市均处于中上游水平。

1."一条鱼"背后的敢闯敢干的开拓精神

20世纪90年代中期以后，由于传统养殖趋于饱和、品种单一、管理粗放、技术落后等原因，朱旺村所创办的企业先后进入瓶颈期，开始走下坡路。受此影响，村集体企业由盛转衰，效益下滑，连年亏损，集体收入入不敷出，负债达到89万元。然而，发展的困境并没有吓倒朱旺人。

1999年8月，担任眼镜厂厂长的滕春竹当选新一届党总支书记。新一届村"两委"班子成立后，继承老一辈共产党人忠诚、奉献、责任、担当的红色精神，从本村实际出发，积极探索集体经济有效实现形式，不断调整优化产业结构，培育新的经济增长点，使朱旺村重获新生，走上经济发展快车道。

面对集体负债89万元、人心要散的困境，村"两委"一班人认真分析村庄发展状况，达成共识：要想扭转困局，还是要发挥临海优势，继续在海产养殖上做文章。1999年，由南虾厂和北虾厂合并的育苗厂厂长滕家麟引进大菱鲆鱼苗，经过实验养殖取得成功，之后成立了莱州市大菱鲆鱼技术研究中心。养殖户想要降低养殖风险、确保养殖收益，离不开专业技术人员的指导。经过多方联系，朱旺村与黄海研究所海水鱼类专家、中国科学院院士雷霁霖达成合作养殖大菱鲆意向，投资26万元，试验养殖大菱鲆，探索大棚式的工厂化养殖。同时，聘请张盛奴、孙忠哲、陈四清等工程师、教授在厂技术指导、育苗和养殖。26万元，在当时不是个小数目。群众在观望中，村干部当时心里也没底。

经过充分的论证，又有科学养殖技术保底，那一年，朱旺村大胆探索的"深水井＋塑料大棚"养殖大菱鲆的模式获得了成功，填补了国内空白。第一批试验养殖的大菱鲆，当年就为村集体创收200多万元，为朱旺村集体经济赚取了第一桶金。

大菱鲆试养的成功，激发了村民养殖的积极性，三个月的时间养殖大棚猛增到50多个，大菱鲆苗种供不应求。如何解决燃眉之急？村干部经过多方努力，与法国多宝鱼公司达成供苗协议，从法国引进大菱鲆鱼苗，每周到北京机场接一次苗，仅2000年一个冬天代理鱼苗就挣了200万元。与此同时，加快育苗场建设，改建和扩建原有的村级鱼苗场，育苗大棚由3个扩建到了32个。随着大菱鲆养殖的成功，掌握了技术的朱旺村开始走出去，开拓外地市场进行反季鱼苗培育。先后在汕尾市、青岛胶南市、龙口市的黄山馆建起了32个养殖大棚，并同时建设鱼苗场。三地鱼苗场，总面积达到8万多平方米，年育苗尾数达到1000多万。鱼苗场的发展，满足了养殖区苗种供应的同时，给集体积累了大量发展资金。

大菱鲆育苗的成功，让朱旺村看到了发展集体经济的希望。2000年，村集体投资520万元，在村西沿海的虾池和盐碱地，规划建立了全国最早、规模最大的大菱鲆养殖园区。园区占地1000亩，水、电、路、通信等配套设施全部由朱旺村集体投资建设。朱旺村又先后承担国家"半滑舌鳎鱼反季节育苗技术研究"及"圆斑星鲽育苗技术研究"等重大项目，填补了国内空白。目前，园区内集中了养殖大棚450多个，养殖品种已由单一的大菱鲆养殖转向大菱鲆、星鲽、海参、半滑舌鳎等多品种养殖，年产值高峰时达到1.6亿元，就业人数2000人，带动村集体收入和村民收入增加700多万元，书写了"引进一个鱼种，带起一个产业，壮大集体经济，富裕一方百姓"的朱旺传奇。

2. "一园一港"背后的锲而不舍的坚韧意志

渔业经济的迅速崛起为朱旺村的发展注入了"强心剂"，水产养殖业走上正轨后，村"两委"没有满足已取得的成绩，一班人又将目光放在了多元化发展上。他们根据本村实际，积极寻找和培育新的经济增长点，通过建立工业园区、建设朱旺港，努力改善集体经济发展结构，大力引进人才、资金、项目和技术，为乡村振兴注入新的活力。

2001年，朱旺村依托邻近莱州经济技术开发区的区位优势，通过土地流转的方式，将原先分散在村民手中的土地集中到村集体，包括海域、滩涂（没有分户承包，而是全部集体所有、集体经营），共投资4000万元，聘请国家级专家高档次规划建设一个2000亩的凤凰工业园区。园区内的水电路网、污水处理等基础设施由村集体进行筹资建设，建成后对外招商引资，吸引企业入驻。村委会作为所有权人代表与入驻企业签订租赁合同，园区的土地所有权仍归全体村民所有，村委会不参与具体生产经营，每年定期从企业获得租赁收入或其他收入。然而这项惠民工程，在建设初期面临重重困难。

首先，"两委"班子在发展认识上存在分歧，有的成员认为既有水产养殖业已经发展为朱旺村的支柱产业，带来了足够的经济效益，不必再冒风险建设产业园；有的成员则提出工业园建设涉及土地流转问题，会面临较大阻力。朱旺村党总支书记滕春竹回忆道："我们在规划建设工业园区的时候，村'两委'一班人分歧很大。有的认为，发展水产养殖已经很好了，何必去冒风险建工业园，还多占些土地；而且工业园区建设，涉及许多村民的利益，当时许多党员群众也不接受。为了解决村'两委'一班人的思想认识，我们组织班子成员一起外出考察，花了十几天时间，到南方的华西村、南街村等许多先富起来的村子学习考察。回来后，班子成员的思想观念发生了彻底转变，由原来的不同意发展，变成了迫不及待要发展。村'两委'班子思想统一了，我们又马上组织党员和村民代表外出参观考察，使党员和村民代表的观念，也有了根本性转变，这样全村上下在发展问题上，统一了思想，达成了共识。"

其次，村"两委"班子统一思想、达成共识后，如何做通村民的思想工作成为摆在他们面前的一个新的难题。毕竟，不管是土地流转、道路硬化还是拆迁，都是村民高度关注的敏感问题。建工业园区，流转土地 2000 多亩，涉及户数较多，群众不理解。村"两委"班子成员和党员发挥不怕困难、勇往直前的精神，不厌其烦、挨家挨户做工作。据朱旺村党委书记滕春竹回忆道："开始时，有几户不同意，我们一班人全部顶上，不厌其烦、苦口婆心地与他们谈发展、讲道理，以情感人，以理服人，一次不行两次，两次不行三次，甚至于十次八次的情况也是常有的。最多的一户村民，我们先后去他家中做了 11 次工作，磨了多少嘴，说了多少话，做了多少工作，吃了多少委屈，也只有我们自己知道，但最终还是换来村民的理解和支持，确保了各项工程建设的顺利推进。"

卓有成效的群众工作，使班子成员和党员群众的思想统一到了加快集体经济发展的轨道上来。目前，已有鲁达、豪克等 13 家企业进园建厂投产，总投资达 36 亿元，年产值 26 亿元，吸纳就业人口 5000 人，每年给村集体和村民增加收入 800 万元。

朱旺村的创业脚步并没有停滞，凤凰工业园建成后，村民担忧丢了土地，村"两委"班子成员经过调研，果断决策，依托沿海得天独厚的资源优势，挖掘土地潜力，向沿海要土地。朱旺村的优势是沿海线长，有产业的支撑，海滩薄，造地成本低。2005 年 1 月，朱旺村集体投资，开始规划建设朱旺港，发展港口经济及临港经济。在村西向海内延伸七华里，填土 800 亩，在北面围海 1000 亩。建设 -3.5 米渔业码头 560 米，建设 -7 米、-10 米深水货运码头 580 米，挖航道 7000 米，硬化货场 15 万平方米，又购买上码头专用门机和铲车等设备。总的来说，工业园流转的土地，在海边基本都利用起来了。投资 4.6 亿元，最终建成了集渔港、货港、旅游港为一体的港口。现在的渔港已有十几个村庄的 400 多条渔船和养殖船停泊，解决了渔船出海难、靠岸难、避风难的问题，也解决了渔船和养殖户停泊时争地盘的矛盾。

朱旺港在建成之初，实行集体所有、集体经营的模式。但是集体经营面临着两个问题：一个是资金问题，如港口的通航，建码头、吊装设备，这个投入需要非常大的资金。一个是在发展的过程中，事事需要开党员会、村民代表会，表决的程序非常烦琐，容易耽误公司的发展。2009年，村委对港口进行创新改制，由村党总支部引领，组建了"山东朱旺港务股份有限公司"，村委会将原先集体占有的股份，全部分给村民个人，实现了港口产权"共同共有"向"按份共有"的转变，村民持股率达到了100%。2016年，村民参与港口分红达210万元，集体股本全部收回。在港口的运营管理中，村民只参与港口分红，不参与港口的具体管理运营。

港口的建设，给企业降低了成本，增加了朱旺港的收入，既达到了以商补渔的目的，又形成了以港口为龙头，带动相关产业尤其是商贸、餐饮、物流运输等第三产业发展的格局，使朱旺村集体经济走向了多业并举、快速发展的道路。

3. "一基地一产业一项目"背后为民造福的创新意识

在革命与改革中不断赓续的红色精神，使朱旺村集体经济步入了健康发展的快车道。集体经济发展壮大了，村"两委"又把目标锁定在红色资源特色优势上，以"红色旅游"为核心，精心打造红色教育、党性教育品牌，持续推进产业融合，全力打造集文化、旅游、康养、民俗等于一体的特色旅游目的地。

（1）一基地。乡村老作坊、老村委老宅院等遗存建筑在一定历史时期承载着乡村的特定功能，但随着时代的发展，它们逐渐退出了历史的舞台，走向一种荒芜的状态。在乡村振兴大背景下，一群年轻的规划师、建筑师们，用自己的智慧将这些承载着乡村记忆的老建筑改造成了集乡村会客厅、乡村茶室、农耕文化展示馆、乡村民宿、红色故事展示馆、村民议事厅、婚宴大厅于一体的乡村综合体，在举国庆祝的日子里，这座红色的建筑因为"100万块红砖""红色""100周年"等形容词的加持作用，让一组渤海湾边静静的乡村建筑变得异乎寻常。这就是开头提到朱旺红砖艺术馆，一处集红色教育、科普教育、演讲培训、年会基地为一体的党建红色教育基地，也是朱旺村的中央商务区。

"乡土不是供人瞻仰的化石，他们有迭代和进化的权利。"山东省规划院创作中心盖帅帅说,"所以我们运用了现代的规划、建筑、室内空间以及景观设计的语言,让普普通通的红砖拥有让人记忆深刻的形象……而且,我们更注重建筑的文旅属性打造,朱旺的强大由于他们的一二产业发达,未来我们希望能够通过这一组建筑的设计来形成一组第三产业引爆点。"的确如此,现在的朱旺红砖艺术馆,几乎天天都有人到西海地下医院展馆接受精神洗礼,到村史(农耕文化)馆感受风土变迁。尤其是到假期,更是人流如织。

朱旺村具有得天独厚的自然环境优势,地理位置优越,旅游资源丰富。为了将红色资源转化为更大的旅游效益,打造特色旅游品牌,朱旺村邀请山东省城乡规划设计研究院,深入村庄调研,挖掘朱旺长寿村、古村落、旅游村、沿海村等特色,以"策划、规划、计划"三划合一的思路高标准进行了整体规划设计。除了改建原副业大院,还邀请青岛墨蓝设计院对生态海岸线海上旅游项目,进行高标准详细规划设计。建设人造沙滩 6 万平方米,绿化 10 万平方米,修建道路 2500 米,打造洗海澡、赶海、垂钓、观海鸥、看日落、亲海休闲、水上娱乐、渔家乐等项目,建设海边文化旅游广场、儿童娱乐场、餐椅区、停车场、房车基地、野生芦苇荡游览区、民宿、海洋文化中心等优质的生态海岸线旅游景区。

(2)一产业。为了做细做全做强乡村旅游,也为康养中心做好配套,朱旺村结合本村资源,流转土地 2000 亩,建设中药材种植基地和花海基地,打造特色农业、观光农业。同时借助科技、相关辅助设施等进行创新性的规划、设计,从而形成集聚科技示范、旅游观光、科普教育以及休闲娱乐功能为一体的综合性农业产业园区。五月的朱旺,"陌上花田黄,蜂飞蝶舞忙",金灿灿的白菜花,点缀着空旷的田野,瞬间让这片土地盈满生机。碧云天,黄花地,与乡间田野构成了一幅绝妙美景。十月的朱旺,蓝天白云下,朵朵向日葵悄悄盛开于暖阳之下,显得格外明媚,宛如坠入了油画里。朱旺的花海每年都成为莱州当季网红打卡地,盛开时期,吸引 10 万多人来观赏。当时因为花海的美丽还蹭上了央视的热度。而且不管是白菜花还是葵花,开花时都具有观赏价值,花籽成熟后还具有经济价值,白菜花种子可以出售,油葵种子可以用来制作菜籽油,而且出油率在50%以上,不仅可以增加村集体收入,也让更多的村民品尝到了有机葵花籽油。

(3)一项目。红色资源、旅游产业为村子带来不错的效益与声誉,朱旺村为了老年人的幸福,开始开发长寿文化,发展康养项目。朱旺村不仅拥有胶东沿海的地理位置和悠久的渔村历史文化,而且是山东省有名的长寿村,现居百岁老人占山东省百岁老人的25%。立足长寿村品牌优势,朱旺村以发展"生态旅游、田园康养产业"为主,建设"朱旺长寿文化旅游度假村"。朱旺村党委副书记杨官远指出:"引进这个项目当时有几个考虑,一是现在老龄化越来越严重,子女在外上学、就业,老人在家非常不方便,两地生活,子女牵挂家里的老人,老人想念外地的子女。二是朱旺村是长寿村,现在村里还有2位百岁老人。依托长寿村这个金字招牌,发展朱旺的旅游产业,打造'朱旺长寿文化旅游度假村'。三是康养项目属于朝阳产业,建设高端的康养中心,还可以吸引高层次的人前来,这些人一旦能过来,都是不可多得的信息源。所以我们多方争取,到烟台找杰瑞商谈招商。杰瑞的负责人是莱州人,有家乡情怀,想在莱州、在全国打造一个乡村振兴的点,体现企业为乡村服务。最终说服这个上市公司到朱旺来建设杰瑞朱旺康养中心。"

杰瑞朱旺康养服务项目总占地面积370亩,分四期进行建设,计划总投资10亿元。主要建设内容以养老合院为主体辅助相关养老服务中心、社区配套,如日间照料中心、社区活动中心、健身康复中心、餐厅、超市、医疗等。老人们可以居家,一家一个小院,也可以舒适地独立生活。项目投入使用后,面向社会开放,为老年人提供代养服务,以满足和实现广大老年人"老有所养、老有所乐、老有所医、老有所学、老有所为"的需求。杰瑞新的理念和管理模式也给朱旺村提供了一个好的机遇。借助于康养中心的经验在村里建立社区服务中心,为村民居家养老、服务到家,这样又解决了子女牵挂老人、老人在家生活不方便的困难，还节省了资金，也可以提高整个村的管理水平。

文化振兴是乡村振兴的题中应有之义，有着丰富内涵、多彩样式和鲜明特质，为实现乡村全面振兴提供精神动力。红色文化作为朱旺村乡村文化最鲜明的标识和最深厚的积淀，具有独特的历史价值和文化价值，能极大激发出基层群众的斗争意识、奋斗情感和创业精神，能最大程度汇聚起实现乡村振兴的思想共识、行动自觉和动力源泉，转化为实施乡村振兴战略的磅礴力量。要挖掘红色资源，发展特色产业，带动当地经济发展，传播红色文化，实现文化与经济的双重价值。要培养红色人才，提升治理水平，引育一批具有红色文化背景的乡村治理人才，调动其参与乡村振兴的热情和创新激情，推动乡村振兴战略的有效实施。

三、经验启示

1. 红色精神有推动革命的活力，更有激发创新发展的动力

精神是用来引路的。朱旺村的红色革命精神令人动容，在革命年代，本村为党和人民的革命事业作出了巨大的贡献，其精神价值和文化内涵在新中国成立后也得到有效挖掘、传承，并成为村中世代人得以拥有的宝贵精神与文化财富。在改革与建设的浪潮中，一代代人将斗争、乐观、奉献的精神传承下来，发扬光大，使村庄找到发展的活路、找到兴旺的出路、找到富裕的正路。

2. 红色精神具有组织群众的引力，更有引领群众的魅力

革命年代，朱旺村正是靠红色精神将老百姓组织起来，与敌人展开灵活有效的斗争并取得胜利。在改革开放和社会主义现代化建设新时期，这种精神也转化为村党员干部带头创新创业、敢拼敢打、不怕困难的奋斗意志，在他们的带动下，将更多的群众带动起来，共同走上致富新路、共同走上兴村大路、共同走上振兴快路。

【思考题】

1. 红色精神在朱旺村乡村振兴过程中如何发挥作用?
2. 朱旺村在推进乡村文化振兴中的突出亮点是什么?
3. 本案例对推动乡村文化振兴有什么启示?

"和美"之道[*]

——莱州市金仓街道仓南村乡村文化振兴的实践探索

【摘要】 党的二十大报告提出"建设宜居宜业和美乡村"。"和美"二字,凸显了乡风文明及文化软实力的重要性。乡村振兴,文化是魂。近年来,山东省莱州市金仓街道仓南村通过思想引领、道德教化、文化建设等形式,以文聚力、以文化人、以文惠民,把无形的道德建设融入村民日常生活中,走出了一条"富民强村、景美人和"的乡村振兴新路。坚强的领导、富足的生活、优良的村风、多彩的文化,擦亮了仓南村的"幸福底色",铸就了仓南村的"和美"之道。

【关键词】 仓南村　文化振兴　和美乡村

一、背景情况

党的二十大报告中明确指出,"加快建设农业强国,扎实推动乡村产业、人才、文化、生态、组织振兴。……统筹乡村基础设施和公共服务布局,建设宜居宜业和美乡村"。文化振兴既是乡村振兴的重要内容,也是乡村振兴的动力和源泉。而"宜居宜业和美乡村"中的"和美"二字,也凸显了乡风文明及文化软实力的重要性。在"和美乡村"中,"和"是内在属性,是看不见的精神层面;"美"是外在表现,是看得见的物质层面。两者结合在一起,强调乡村塑形与铸魂并重,在追求物质

---

[*] 本案例由中共山东省委党校(山东行政学院)校刊编辑部教授栾晓峰,中共山东省委党校(山东行政学院)校刊编辑部讲师张冬梵,中共莱州市委党校马克思主义教研室副主任、讲师曲美彩撰写。

文明的基础上也注重精神文明。可以说,"和美乡村"是对乡村建设内涵和目标的进一步丰富和拓展,旨在放大原生态乡村魅力,留住乡风乡韵乡愁,体现乡村内在的和谐与美丽,提升村民的幸福感、满足感、获得感。

仓南村地处山东省莱州市北部,是一个世代靠海而居、靠海而生的小渔村。作为莱州市金仓街道乡村振兴示范片区中心村,仓南村与仓东、仓西、仓北并称莱州"四仓",因隋唐时期征讨高丽,大军在此建立物资仓库而得名。仓南村,共620户,1720人,60%以上的村民从事渔业和水产养殖加工。这个村庄是金仓街道唯一拿过全国文明村庄金字招牌的第一村,也是莱州市拥有原创村歌的第一村,更是党支部领办合作社全市分红率最高的第一村,这里还是涌现出全市孝德人物赵翠莲、烟台孝德人物崔合伦的孝德之乡……除了"全国文明乡村",仓南村还先后获得"山东省文明村""山东省乡村文明家园建设示范村""山东省幸福村"等荣誉称号。如今我们走进仓南村,白墙红瓦的院落整齐划一,干净整洁的水泥村道贯通南北,房前屋后,花草树木交相辉映,生动有趣的文化墙映入眼帘,一幅别具特色的美丽宜居乡村画卷在人们面前徐徐展开。是什么成就了小渔村里的幸福生活?道德、文化、文明的力量不言而喻。

二、主要做法

近年来,仓南村通过思想引领、道德教化、文化建设等形式,以文聚力、以文化人、以文惠民,把无形的道德建设融入村民日常生活中,走出了一条"富民强村、景美人和"的乡村振兴新路。

(一)以文聚力,"巾帼"提振乡村"精气神"

"幸福仓南"是仓南村新时代文明实践活动品牌,既是仓南人不懈追求的梦想,也是当下现实生活的写照。在"幸福仓南"建设中,村妇联组织发挥了不可或缺的作用。

（1）积极打造美丽庭院。仓南村作为莱州首个美丽庭院示范村，在2020年接受了烟台全域观摩。村庄创建工作取得的成绩，得益于党建引领，从创建一开始，村党支部书记就亲自挂帅成立领导小组，把丰富的文化活动融入创建工作。仓南村妇联以家庭为主阵地，充分调动广大妇女和家庭参与示范片"小庭院"创建，积极开展"巾帼红 美在我家"主题活动，以"庭院洁美、家庭和美、生活富美"为主要评比条件，设立"美丽人家"评比展示台，在村内掀起了"家家比美、家家赶超、家家争先"的良好氛围。主要做法是充分发挥执委作用，领办项目分区包保，广泛宣传发动，学示范、赶示范。环境的改变直接带动了村民生活习惯的改变，进而带动了人们精神面貌的改变。现在的仓南村，人人讲卫生、户户比整洁、家家争当示范户、个个精气神十足。

例如，美丽庭院安国辉家。安国辉家的家风是"家和万事兴 邻睦百年福"，兄弟四人团结互助、孝老爱亲，妯娌之间相处和谐。走进庭院，最醒目的是一个大圆桌，一大家人每周都要聚在一起吃顿家常饭，陪老人聊聊天，一家人就像这个大圆桌一样圆满。东墙上的中国结上写着"诗与画的庭院，你和我的乡村"，配上花朵一般的执委连心卡，这是仓南人的浪漫和幸福。正屋，最引人注目的是一面锦旗，早在2014年，女主人薛秀芬就被村里评为"好媳妇"。庭院美、家风正，在基层妇联组织的引领下，美丽庭院创建结出硕果、美溢千家。

再如，美丽庭院于日秋家。于日秋是老妇联主席，她家最大的特点是没有一件多余的物品，整洁得像是没有人居住。于日秋只有这一处小院，老两口常年住在这里，每周末还有孩子们来参加家庭大聚会。她习惯了随手清理、随手收纳，所以生活总是井井有条，闲暇时刻坐在摇椅上喝杯茶、聊聊天，惬意自在。"整理生活，收纳幸福"是于日秋家最真实的写照。

近年来，仓南村的打造重点是"面上浓厚氛围、户上提升品质"。路边增设宣传旗，房前屋后增添绿植，结合妇联组织建设，挖掘特色微家。微家，既是村庄妇女集聚的最小单元，也是村民最新颖、最灵活、最微小的常态化活动阵地。目前，仓南村已组建"唱出幸福"文艺微家、"舞出精彩"舞蹈微家、"创出希望"巧手微家、"讲出正能量"宣讲微家等特色微家五处。

例如，文艺微家王香芝家。王香芝多才多艺又热情好客，邻里乡亲每天会集中到这处文艺小院吹拉弹唱。这是微家的日常活动，经常代表微家参加村里的文化活动。在院内东茶几的桌子上，有一沓沓翻旧了的歌谱，还有镌刻着时间印记的光盘，王香芝说，这是她的宝贝，见证着大家在微家的幸福时光。在美丽庭院微家，大家既能把爱好融进日常生活，也能在平常交流中分享创建心得，激发创建热情，人们把这种模式叫作"微家聚能"。

(2) 创新妇女工作品牌。仓南村妇联通过"阵地＋服务"的形式，建立执委工作站，以"明里说事"百姓宣讲、"百姓点单、服务下乡"、"婆婆妈妈"成长营、"头雁工程"四个妇女工作品牌为抓手，挖掘执委潜能，引入社会资源，延伸工作手臂，开展"下沉式"服务，打造覆盖全示范片区的"15分钟妇女儿童服务圈"。

"明理说事"百姓宣讲。新时代文明实践广场西南角的海草亭，村民叫它明理亭，既是群众的"拉呱说事吧"，也是妇女议事、百姓宣讲的主阵地，因为这里聚满了正能量，大家给它取名"明理亭"。2019年执委曲秋平领办了"明理说事"百姓宣讲项目，随着这一宣讲品牌越来越响，尚伟培训、老干部宣讲团等一些社会组织和宣讲人才也加入进来，来亭子听故事的人也越来越多，小项目实现了"大收益"，既弘扬了正气，又挖掘了人才，还凝聚了群众。

"百姓点单，服务下乡"。这个项目主要是将市级执委资源向基层阵地引流，实现资源全市融通。在莱州市妇联的统筹下，市级执委主动亮身份、亮领办项目、亮联系方式，群众可根据需求进行"点单"。项目自2020年初实施以来，在莱州34个社区已经全部铺开，在17个试点村庄也得到了很多群众点赞。大家可能会有疑问，有那么多人去找一个执委，能忙得过来吗？其实，更确切地说，提供服务的不仅仅是执委，而是执委身后一个个专业团队，也就形成了"执委＋项目＋队伍"的服务模式。例如，执委张晓平是莱州市妇幼保健院院长，领办妇幼保健项目，建立执委工作站，医院各科室都有专家充实工作站力量，每年开展基层义诊服务 20 余场次，服务基层妇女群众 3 万人次。在莱州，61 名市级执委每个人都有领办项目，近一半建有自己的工作站，这种网格化治理、下沉式服务也是探索"执委进万家"活动的新路径。

"婆婆妈妈"成长营。这个成长营主要是基于婆婆妈妈在家庭关系中所发挥的重要作用，从优化"家庭教育和家庭服务"的角度出发，于 2019 年开发，并率先在仓南村落地。根据民情大走访中了解的群众需求，由市妇联牵线搭桥，引入 20 多家社会组织，涉及早教育儿、运动健身、亲子教育、家庭关系调适等各方面，广大家庭可以扫码获得咨询服务，社会组织以"微志愿、微宣讲、微服务"的形式助力"婆婆妈妈"成长营，仓南村的群众与城市社区群众一样实现了"码"上说、马上办的"即时服务"。

"头雁工程"。前面三个品牌主要是"联资源"，头雁工程则是"挖潜能"，以省妇联"巾帼领头雁淬炼行动"为统领，激发执委履职的积极性、主动性、创造性，主要通过执委领办项目挂图作战实现。结合新一届村妇联组织换届后，市妇联推出的"履新启航六件事"，引导执委亮出履职承诺，结合自身所长领办实事项目，全村公示、挂图作战，对项目实施情况，推行星级评定机制，重点做到"三评"，即执委自我评价、服务对象反馈评价、其他执委集中评价，每季度对项目逐一评星定级。一份份项目档案、一条条走访纪实、一本本《胡同长手记》，正是执委和胡同长们日常工作的点滴印证。

（3）发挥巾帼联动力量。仓南村充分发挥女性心思细腻、工作认真的优势特点，让村妇女小组长担任胡同长，同时又在每个胡同发展 10 名巾帼志愿者，形成了"9 名妇联执委＋19 名胡同长＋190 名志愿者"的网格管理体系，并建立了胡同长制度，明确"胡同长是生活在网格中的组织员、服务员、监督员和调解员",在市妇联开展的"执委进万家"活动中,执委和各胡同长进家入户,与群众面对面问需、心贴心交流、实打实帮包,切实架起党群"连心桥",为基层社会治理注入"柔性力量"。

妇联执委以"巾帼红"新时代文明实践广场为主阵地,联系引领了巾帼打鼓队、巾帼舞蹈队、巾帼合唱队、巾帼宣讲队四支"巾帼轻骑兵",通过开展形式多样的文化活动联出仓南幸福力。

开展"巾帼创业实践行动",以开展培训强技能,以链接资源拓就业,以结对关爱帮助困难群众,以参与带动支持合作社发展,共同富裕的脚步联出仓南发展力。仓南村是莱州党支部领办合作社分红率最高的村庄,这其中村妇联组织和广大妇女功不可没。立足村庄实际,仓南村妇联积极开展"巾帼创业实践行动",创新推出"支部+妇联+项目"发展模式,由妇联组织牵头,面向妇女开展电商运营、水产养殖等劳动技能培训,先后6次组织水产养殖户外出学习先进养殖经验;在党支部领办合作社项目中,妇联执委全程参与合作社入股动员、前期筹建、日常运营,执委王秀芳利用自己先进的海参养殖经验成为合作社的技术骨干,她不仅创作了《合作社之歌》,还带领6名姐妹投身合作社发展,目前合作社海参年产量3万多斤,首年分红达52万元,家家户户持股参股,成为名副其实的巾帼红乡村振兴实践基地。莱州市基层妇联组织建设改革创新工作的不断深入,不仅提升了妇联组织力,更在文明实践和产业发展中不断释放红利,结出累累硕果。

(二)以文化人,培育乡村振兴"新风尚"

文以载道,以文化人。为了培育文明乡风、良好家风、淳朴民风,仓南村大力加强村民文化和道德素质建设。

(1)"四德"之风扑面而来。作为有名的"敬老村""幸福村",仓南村每年评选孝德模范、五星级文明家庭,常态化开展好婆婆、好媳妇评选,村里涌现出一大批孝亲敬老的身边榜样。"烟台好人"崔合伦就是其中好媳妇的优秀代表。

1991年秋后，崔合伦的丈夫和小叔子一起出海，不幸遇难，留下年仅13岁的儿子和一对年迈的父母；几年后，公公突发心脏病，也离开了人世。看着孤单伤心的婆婆，崔合伦强迫自己坚强起来，用柔弱的双肩扛起家庭的重担。挣钱养家，说起来容易做起来难。三秋三夏大忙季节，别人家都是有说有笑，崔合伦却只有自己。为了节省开支，她连耕地机都舍不得租，硬是咬着牙、一手一脚地耕耘。实在累得受不了，她就跑到丈夫的坟前大哭一场，但委屈和苦累却从来没向婆婆说过。

6年前，婆婆患上了脑血栓，又不小心摔坏了腿骨，再也不能下地走动。当时崔合伦罹患直肠癌，刚刚动了一场大手术，但她仍然硬撑着病体，侍奉婆婆穿衣吃饭，端屎端尿。婆婆实在是不忍心，主动提出去闺女家住段日子，让崔合伦好好休养。可是没多久，崔合伦想念婆婆，又把她接回了家。"俺跟俺婆婆就跟亲妈一样，俺几个小姑子也是俺的亲姊妹。"崔合伦说，尽管小姑子们也争着要伺候婆婆，但是老人还是喜欢在自己家，娘俩一起做伴。

婆婆行动不便，洗衣、做饭、按摩、喂药……29年来里里外外的操劳，崔合伦的身影日渐佝偻，但照顾婆婆仍是一丝不苟。崔合伦每天都会给她洗脚，然后推着她出门散步。婆婆年纪大了，常常觉得自己是"累赘"，崔合伦就耐心地开导她，每天家务活忙完之后，都要陪着婆婆说说话。对于崔合伦而言，老人的每一次笑容，都是对她的辛劳的最好回报。

在崔合伦的言传身教下，儿子赵寿平勤奋刻苦、品学兼优，现在已是一家大型公司的总工程师。每隔几天，赵寿平就和奶奶通一次电话，逢年过节有时间就回家探望，看到好的东西也是第一时间买了寄回家。

侍奉婆母廿九载，替夫尽孝传佳话。崔合伦几十年如一日善待婆婆，获得了村里人的一致认可。村里的文艺爱好者，以她的故事为原型，自发编写道德故事，并排练成演出剧目，将她孝老爱亲的典型事迹广泛传播，带动十里八乡的好家风、好民风，在全村营造起尊老、爱老、敬老和家庭文明和谐的新风尚。

在仓南村的大街小巷、道路两旁，有关孝诚爱仁等道德建设的漫画、标语、宣传栏随处可见。仓南村加强爱德、诚德、孝德、仁德"四德"工程建设，建立"四德"家庭档案制度，通过张贴善行义举"四德榜"进行公示，旗帜鲜明倡导健康时尚的文明乡风，激活人们根植于心的文明基因。仓南村党支部书记安子平说："这些形式，能够将道德思想潜移默化地渗透到每个村民心中。"

(2) 艺术熏陶潜移默化。走在仓南村的大街小巷，梅兰竹菊，瓜果梨蔬，蟹戏虾趣，一幅幅精细别致的国画图案，让人仿佛置身画中小镇，清丽而雅致；一排排青砖灰瓦，把人带进农家小院，让人耳目一新，心灵大受裨益。"我也没有什么文化，但每次看到这些墙上的画，画得很生动形象，都让我感觉自己的生活很幸福。以前带孩子出来耍，也没有话说，现在这些墙画也成了我们讨论的话题，有时感觉自己都变得有文化了。"村民王忠浩乐呵呵地说。"在省级乡村文明行动的推动下，我们村现在是一天一个样，修路，建广场，道路亮化美化，均取得了显著成效，赢得了百姓认可。"安子平介绍道，仓南村在村内打造了三条道德文化街，采用青砖勾缝工艺对墙面进行艺术处理，配上国画扇面绘图，让村民一走出家门就可以享受艺术熏陶，提升了村民的道德文化素质。

如今，来到仓南村文化广场，看到的是生动活泼的海鲜雕塑，错落有致的绿色灌木，加上莲花池、廊桥、假山石等景致，在这里，四季有好景，年年有花开。除此之外，广场上还修建了健身区、图书区、娱乐活动室等，村民不仅可以赏花观景，还可以健身唱曲。难怪村民们都说，如今的仓南村，环境宜居，民风淳朴，家家户户安居乐业，住在这里无比幸福。

(3) 村庄文化日渐成形。"路拾遗，切勿贪，儿在旁，看得全，随手物，垃圾站，点滴事，大教案。"这是仓南村自编自创的仓南三字经，虽然说的是生活中的两件小事，却揭示了深刻的人生道理。不仅仅是教育孩子，更是要让大人们懂得，他们的一言一行一举一动都将落在孩子的眼中心中，伴随他们成长的一生。仓南村就是这样，把无形的道德建设融入可见的生活中，让村民可感、可知、可学。

"金色的海岸，湛蓝的港湾，拥抱着古老又年轻的仓南"，一首《幸福仓南》唱出了每一位村民的幸福音。为了打造"讲道德、树文明、爱家乡"的村庄文化，2013年，仓南村村民王秀芳创作了优美的仓南村村歌《幸福仓南》，成为仓南村道德建设的又一载体。

"仓南是个地地道道的渔村，世世代代以打鱼为生，出门时渔民身上的海腥味总让人掩面，我就是出生在这样一个环境中的渔家女。出门卖鱼时，面对城里人心里不自觉地总感觉矮人三分。生活好了，人就有了追求，老百姓聚到一起会经常谈论什么时候能有一首写自己生活、唱自己心声的歌曲，在这种期盼的触动下，我有了尝试的冲动。"虽然当时没有把握能写出来，但对于土生土长的渔家妹子来说，写写自己熟悉的生活，应该也不算太难的事，王秀芳说，"也许是这样的生活太熟悉了，仅用了三个小时，《幸福仓南》的歌词我就写出来了，写的也都是我切身生活的仓南，一草一木都是我幸福的仓南。"

村民孙淼说："每当听到或唱到《幸福仓南》这首歌的时候，我内心幸福感和自豪感非常强烈，就像歌里所唱的那样，我们村邻里和谐，团结友爱，街道整洁，生活在这个村，我感到非常高兴、非常幸福。"

此外，村民自创的《幸福仓南合作社》之歌，入选2020年中国村歌大赛百佳村歌，谱写出了仓南村抓住机遇，大力发展党支部领办合作社所取得的成绩和喜悦。如今，村庄逐渐形成了邻里和谐、互帮互助、团结友爱的良好风气，村民们一门心思发展产业，全力以赴建设"幸福仓南"。

（三）以文惠民，凝聚乡村振兴"正能量"

文化发展成果惠及村民、由村民共享，是乡村文化建设的题中应有之义。仓南村积极打造融思想引领、道德教化、文化传习等多种功能于一体的城乡基层综合平台,打通宣传群众、教育群众、服务群众的"最后一公里",更好满足人民日益增长的美好生活需要,培育向上向善的力量,实现群众在哪里,文明传习就延伸到哪里。

(1)"富脑袋"前"富口袋"。幸福生活离不开村庄的经济发展。近年来,仓南村深入实施乡村振兴战略,不断推动产业振兴,依托党支部领办的"幸福仓南水产养殖专业合作社",大力发展海参养殖,全村实现年产海参近20万斤。

2004年底,安子平当选为仓南村党支部书记兼村委主任。近20年来,他克服病痛折磨,勇挑发展重担,以一名共产党员的标准严格要求自己,对党忠诚,为民务实,吃苦在前,任劳任怨,使一个负债累累、民心涣散的落后村庄一举变为远近闻名的先进村、模范村、文明村。

19年前,45岁的安子平凭着自己的精明、努力和勤奋,成为拥有水产养殖、冷藏加工于一体的老板,事业有成,年收入超过百万元。而当时的仓南村却因为集体经营管理不善,负债累累,对外欠款达到400多万元,党群干群关系不融洽,群众意见很大。年底换届选举时,党员们一致推选安子平担任村党支部书记,对此,亲戚朋友们都劝他,干好自己的事业就行了,千万别接这个烂摊子,以免惹火烧身。而安子平却认为,作为一名共产党员,就要时刻把党全心全意为人民服务的宗旨牢记心头,舍小家顾大家,带领全体村民走共同富裕的路子。对此,贤惠的妻子毅然选择支持他。

为了改变落后局面,安子平走访了村里有威望的党员和村民,了解了当时村里的形势和百姓的心声,下决心要把仓南村的经济搞活。村庄富不富,关键看支部。于是,很久不开的党小组会、党员大会又重新召开起来,入党誓词又一次次从全村60多名党员的喉咙中迸发出来,党员干部们感觉到了一股无形的凝聚力,群众也从他们身上看到了仓南村的希望。

安子平与村"两委"班子成员研究,从村集体的400多亩养殖池拿出300亩进行公开"叫标",使懂技术的人得以中标,承包费由原来的每亩 500 元增长到 1800 元，扩大了村级增收，也使养殖户平均年增收 10 万元以上。剩下的 60 亩集体改造，搞海参养殖，村里没钱，连海参苗都是安子平通过以往的人脉赊购，经过 3 年的艰苦奋斗，终于打了个翻身仗，将村级欠款 400 余万元全部还清。

刚过上舒心日子的安子平并没有就此停步，2008 年，仓南村又投资 80 万元用于改造养殖池，通过"一改四"的方式，增加仓南村养殖的户数；并投资 60 万元改造机房，为养殖户提供有利的生产条件，通过养殖户每年收入的迅速提高为仓南村养殖池承包赢得了好口碑，最高每亩"叫标"达到 8000 元，年最高为集体增收达 200 多万元。2019 年，仓南村党支部积极响应上级号召成立幸福仓南水产养殖专业合作社，合作社共入股 5376 股，每股 500 元，共计人民币 268.8 万元，其中集体占股 50.9%，村民占股 49.1%。经营理念和经营方式的转变，极大地激发了养殖人员的积极性，通过大家的努力，合作社成立的第一年，海参养殖就获得了大丰收。

村民王慧良说："每年分红都在 40% 以上，这样的成绩是跟我们合作社的领导和村庄领导的辛勤付出分不开的，感谢他们，我也相信在我们合作社的领导下，我们的分红会年年都有一个新台阶，我们的生活会越来越好。"

村民曲玉成说："在合作社入的股，年年分红，每年都分三千六七百块钱，连分三年了，确实挺好，将来还能多，一年比一年强，人的生活越来越好。"

村民王先福说："我们一家三口入了 11000 多块钱的股，2023 年又开始领钱了，领了 4600 来块钱，年年分红，年年就顶白得这些钱，任谁谁家也高兴是不是？"

现在的仓南村，着力打造"幸福仓南"优质海参品牌，实现了集体和村民"双增收"。为了打造品牌竞争力，合作社决定向海参产品深加工"进军"。一方面，引进海参加工生产线，生产加工即食海参、冻干海参、淡干海参、海参礼盒等产品，提高附加值；另一方面，聘请专业的电商运营团队，搭建互联网销售平台，打通"线上＋线下"销售渠道，扩大"幸福仓南"海参品牌影响力，进而实现更大收益。

（2）抓好农村思想文化阵地。口袋富起来之后，仓南村不断增强乡村文明发展新篇章，通过建设文化广场、农家书屋、文明生活娱乐中心等文体阵地，开设更多面向广大群众的公益性文体活动场所。

仓南村投资 300 余万元，打造了风景秀丽、景色怡人的文化广场，极大地丰富了群众的业余文化生活。据安子平介绍，这片活动场地占地 60 亩，原是脏乱差的垃圾堆，每到下雨天都污水横流，曾一度是村里最头疼、村民最烦心的一处老大难。自 2006 年后，由济南设计院设计改建成了现在的群众活动中心。为了让村民能更好地在此游玩休憩，在距离健身区、图书区、娱乐活动室百米处建了莲花池、廊桥、假山石等景致，村民可以赏景健身，也可以唱曲观景。用村民的话说，如今的仓南村堪比江南小镇，幸福那是自不必说，但就是这如画一样的景，让世代生活在这里的渔家人有说不尽的美，道不尽的甜。

此外，仓南村还投资 600 万元，建设了占地约 7000 平方米的仓南村文明生活娱乐中心，内设老年休闲室、文化活动室、亲子活动室、羽毛球馆、健身室、音乐茶室、室外健身广场、篮球场、休闲凉亭等，依托仓南文明生活娱乐中心，为群众提供就近、完善的公共服务，进一步扩大了群众公共文化活动空间，提高了全体村民的获得感、幸福感，推进村庄持续、健康、文明发展。

（3）组织丰富多彩的文体活动。早在 2004 年，仓南村就成立了仓南村文艺宣传队，每到七一建党节、十一国庆节等重大节日都会组织专场演出，近年来文艺宣传队相继策划组织了"云上春晚""百年大庆"等系列文艺汇演活动。此外，村里还有吕剧团、秧歌队、舞蹈团，每当夜幕降临，男女老少齐聚文化广场，载歌载舞，欢庆美好生活，满足了人们的日常文化需求。

2023 年 10 月，在仓南村新时代文明实践广场上，仓南村 120 余名中青年文艺骨干以独有的方式庆祝新中国 74 周年华诞。本次活动主题鲜明、形式多样，参与人员多为本村村民，地域文化气息浓厚，渔家人的粗犷与细腻通过丰富多彩的文艺活动一一呈现，表达了渔家人对幸福生活的祝愿与对祖国繁荣昌盛的深深祝福，也表达了仓南人民血脉中浓厚的家国情怀。

"文艺活动是中华民族的灵魂，也是一个乡村生生不息的文化象征。"活动总策划王秀芳大姐表示：自己是一名党员，文艺是流淌在自己血脉中的热爱，引领群众文艺则是一名党员肩头扛着的责任。

70岁老党员王瑞芳激动地说："我们不光有自己的庆十一活动，每年我们还有自己的春节晚会，我们唱自己的村歌，唱自己的幸福合作社，唱出我们幸福的生活。今天我们又站在自己的新时代文明实践广场，用我们自己的方式致敬祖国，内心感觉无比的骄傲和自豪。"

仓南村村民杨柳说："像这样的文艺活动，我村经常组织，2023年以来，我们排练了舞蹈《亲吻祖国》、威风锣鼓，还有京剧《红灯记》、大合唱等，通过这样的活动，也展现出我们村民的幸福生活，每当组织这样的活动，姐妹们都非常踊跃参加，村民们也特别愿意来看。"

三、经验启示

坚强的领导、富足的生活、优良的村风、多彩的文化，擦亮了仓南村的"幸福底色"。总结仓南村乡村文化振兴的"和美"之道，可以得到以下启示。

在统筹布局上，注重软硬环境"双管齐下"。仓南村不断夯实乡村文化阵地，完善村庄基础设施，补齐公共服务短板，在"硬件"上下足了功夫。与此同时，仓南村还依据本村地域特色、文化特色和生态特色，在海洋文化、"四德"工程、美丽庭院等方面做文章，着力打造幸福文明新乡村。

在宜居宜业上，注重保护发展"双措并举"。围绕农村人居环境整治提升，仓南村通过实施村庄绿化美化工程和人居环境整治工程，先后投入资金600余万元，实现村庄道路全部绿化、美化、亮化。在产业发展上，仓南村充分发挥优越的海上滩涂养殖资源，打造了"幸福仓南"优质海参品牌，将乡村生态优势转化为发展优势，实现了集体和村民"双增收"。

在和美乡村上，注重塑形铸魂"双标并达"。乡村振兴不仅要"富口袋"，更要"富脑袋"，精神富有才是乡村振兴的价值追求和高远目标。仓南村充分发挥村民在乡村文化振兴中的主体作用，大力加强村民文化和道德素质建设，激发创新创作活力的百姓舞台，举办各种形式多样、充满正能量、深受村民欢迎的文体活动，让文化的种子在村庄枝繁叶茂，在全村营造起乡风更文明、民风更淳朴、家庭文明更和谐的新风尚。如果说乡村振兴的目的在于让广大村民过上"好日子"，那么乡村文化振兴则是实现"好日子"的必由之路。乡村文化振兴意欲使人们越过越敞亮、越过越开心，从而缓解矛盾、教化乡邻、凝聚人心。所有人心往一处想、劲往一处使、互相帮助、通力合作，自然会物质、精神文明"两开花"，进而实现乡村全面振兴。

【思考题】

1. 如何理解"和美"乡村的内涵和意义？
2. 在仓南村，文化道德建设是如何融入村民日常生活中的？
3. 本案例对推动乡村文化振兴有何借鉴和启示？

增强四力，文化振兴*

——青州市王坟镇乡村文化振兴经验范式探析

【摘要】 作为古九州之一的青州市下辖的王坟镇，其乡村文化振兴的基础优势明显，其乡村文化振兴的典型做法可以概括为"增强四力"，即以公共文化建设增强文化创造力、以乡土文艺创作增强宣传引导力、以文明实践活动增强发展凝聚力、以文旅融合增强经济发展新动力。王坟镇乡村文化振兴经验范式带来五个经验启示：强化顶层设计，完善制度体系；加大资金投入，健全服务网络；统一思想认识，重视文化建设；建好文化设施，完善服务功能；加强队伍建设，增强振兴动力。

【关键词】 乡村文化振兴　青州市王坟镇　增强四力

一、背景情况

青州是全国文明城市、国家历史文化名城、国家卫生城市、国家园林城市、中国优秀旅游城市、国家地质公园、中国长寿之乡、首批国家全域旅游示范区、中国人居环境奖综合奖获得者。作为古九州之一，青州在人类文化发展过程中留下了北辛文化、龙山文化、大汶口文化遗址，被史学家称为东夷文化的发祥地。进入封建社会后，青州长期作为山东地区的政治文化中心，是魏晋南北朝佛教的东方中心。两宋之际，青州成为十三贤文人的聚集地，寇准、富弼、范仲淹、欧

---

* 本案例由中共潍坊市委党校（潍坊行政学院）社会与文化学教研部讲师李之凡；中共山东省委党校（山东行政学院）中共党史教研部助教高静静、助教孙晓彤、讲师朱丽丽，社会和生态文明教研部讲师郑鑫；中共潍坊市委党校（潍坊行政学院）社会与文化学教研部副教授刘杰撰写。

阳修等文化士人先后来到青州为官，苏辙、赵明诚、李清照等文人雅士也先后来到青州寓居，他们为青州创造了丰富多彩的文化艺术瑰宝。明代，青州则成为海岱文学重镇，海岱七子以挺秀古朴、平实雅正的文风引领了山左文坛，甚至于一定程度上开启了明代公安派书写性灵的新风尚。

辖区内的王坟镇受此影响，文化底蕴深厚，文风昌盛，崇文重教。严子陵、冯琦、黄巢、赵抃、王英等文化名人都曾在此留下足迹，殷诸侯逢伯陵、衡恭王朱祐楎陵墓犹存，进士张邦彦、常裕、高有闻的故里同样位于王坟镇，文化遗迹、民间传说更是层出不穷。为发掘散落在民间的乡土文化艺术珍宝，王坟镇成立"非遗"创建领导小组，搜集整理全镇的非物质文化遗产，共搜集整理各类非遗项目60个。其中申报为青州市级非物质文化遗产保护名录的18个、潍坊市级非物质文化遗产保护名录的4个、省级非物质文化遗产保护名录的1个。有非遗传承人400余人。非遗产业代表项目主要有根雕、山果酒加工等。王坟镇的荣誉称号和文化名片有：国家级生态镇、国家级产业强镇、中国美丽乡村建设示范镇、全国首批生态建设示范区、中国优秀乡村旅游目的地、中国蜜蜂之乡、山东省森林镇、山东省环境优美乡镇、山东省旅游强乡镇、山东省特色产业镇、山东省美丽休闲镇、山东省文明镇、潍坊市十佳魅力城镇、山东省农产品质量安全示范镇、潍坊市公共文化示范镇、潍坊市全民阅读先进单位、潍坊市全民阅读推广基地。

二、主要做法

王坟镇党委政府深入贯彻习近平文化思想，充分发挥文化"两创"理论思想的实践价值，立足特色民间文化的资源优势，让乡村文化设施更加美观，乡村文化产品更加优质，乡村文化服务更加贴心。具体来说，青州市王坟镇乡村文化振兴的经验做法可以概括为"增强四力"：以公共文化建设增强文化创造力、以乡土文艺创作增强宣传引导力、以文明实践活动增强发展凝聚力、以文旅融合增强经济发展新动力。

（一）以公共文化建设增强文化创造力

所谓公共文化建设，指的是在政府主导下，为满足人民的精神需要和保障人民文化权益而提供的具有消费非竞争性和收益非排他性的设施、产品和服务的总和，公益性是其最基本的属性，从而区别于文化产业的经营性。公共文化建设的核心内容在于文化，在于能够为人民群众提供优质的精神产品和服务活动，因此，公共文化建设要在创新上下功夫，以习近平文化思想为指导，对优秀的地方特色文化资源进行创造性转化和创新性发展。

王坟镇深受古青州孝文化的影响，境内民间文化中蕴含着丰富的孝德伦理，民间文艺中传唱着动人的孝义精神，民间习俗中体现着丰富的仁孝观念，这些都是王坟镇以文化"两创"赋能公共文化服务的资源优势。在王坟镇影响最大的民间文艺莫过于逄山爷的传说。逄山爷就是商朝时的大臣逄伯陵，逄伯陵精研治国安邦之策，公正廉明，深得百姓的拥戴。逄伯陵的外甥叫杨骥，也是一位能臣，但是受到奸臣排挤，没办法只能被逼造反，来到了逄山这里。朝廷派逄伯陵征讨，外甥为了避免与舅舅交战，便假意投降，趁其不备，逃之夭夭。逄伯陵未能彻底剿除叛军，无言面君，坠崖自尽。百姓感念舅甥二人的忠孝，便将此山命名为逄山。在逄山爷传说的影响下，王坟镇不少地方流行着舅舅主持家族公道的习俗，族中若有人犯了错，会请舅舅手持木棒前来主持公道，舅舅的棍棒令不少纨绔不孝子女望而生畏，"外甥不打舅""舅舅的棍子——打了白打""舅舅的棍子——专打不孝顺的"等俗谚广为流传。类似这样的民间文艺在王坟镇还有很多，诸如"负土筑坟""见面涕泪""嚼食喂母"等，不少村子还有刻碑记事的传统，让孝义故事代代讲述，让孝义精神流传千古。

立足丰富独特的民间文化资源，王坟镇党委政府对当地民间文艺中蕴含的孝伦理进行创造性转化和创新性发展，在继承传统的同时融入了现代社会理念，将王坟镇新时代孝伦理的内涵阐释为"五心""五情"，即忠心献祖国、爱心献社会、关心献他人、孝心献父母、信心留自己；父母养育情、夫妻恩爱情、兄弟手足情、婆媳体贴情、邻里互助情，围绕"五心""五情"开展了系列文化惠民活动。近年来，全镇推行以孝治家、以孝治村、以孝治镇，大力弘扬社会主义核心价值观，努力打造具有王坟特色的"孝文化"品牌。王坟镇连续举办七届青州市孝文化艺术节、孝文化书画展和孝文化论坛。侯王村被评为全国以孝治村先进典型。镇、村每年都隆重表彰一年来涌现出来的好媳妇、好婆婆，孝亲敬老在王坟镇已蔚成风气。为倡导孝文化，王坟镇注重从中小学生抓起，切实推动公共文化建设向中小学延伸，确定逄山初中为孝文化实践基地，定期开展孝文化讲座，并编写了《孝德教育读本》3本，同时在全镇学校以孝德教育为突破口对学生进行优秀传统文化教育，通过组织师生编教材，制定教学计划，安排专业教师进行授课，布置践行孝德教育作业，每年组织师生和家长及社会人士共同参与，在学生中评选"小孝星"活动。开展孝德教育征文、演讲等形式多样的活动，对学生进行思想品德教育。

除了在公共文化建设的内容方面立足民间文化资源，王坟镇的公共文化基础设施建设也充分体现着对民间文化的弘扬创新。王坟镇文化站的建设选址在逄山脚下，并将文化站创意性地命名为"逄山书院"，内部设有农耕文化陈列展示区，在逄山这一孝精神文化地标的指引下，当地民众和往来游客来到文化站，欣赏着壮美的逄山影像，聆听着美丽的传说故事，享受着优质的文化服务，真正实现了习近平总书记所说的"看得见山、望得见水、记得住乡愁"。

（二）以乡土文艺创作增强宣传引导力

宣传属性是文化重要的功能属性之一。恩格斯对此阐述道：文艺（文化的重要有机组成部分和体现形式）能够使人有明确的道德感，使他意识到自己的力量、权利和自由，激发他的勇气并唤起对祖国的热爱。① 中国自古就十分重视文化的宣传功能属性。孟子曾说："仁言不如仁声入人深也。"② 荀子也说过："夫声乐之入人也深，其化人也速。"③ 两位中国古代思想家都肯定了音乐这种文化形式在宣传引导大众接受仁爱思想方面所起到的重要作用。到了近代，鲁迅鲜明地提出"一切文艺固是宣传"④，对当时的左翼文艺运动产生了巨大推动作用，彻底粉碎了国民党反动派的文化围剿，有力配合了党领导的土地革命。

　　文艺的宣传功能属性表明在乡村文化振兴的过程中，文化既是核心内容，同时也是一种重要的手段，正如接受美学理论中的经典论断：文化艺术从来不是内容表达，而仅仅是一种呈现手段。因此，乡村文化振兴必须要切实增强宣传引导力。基于此，王坟镇在文艺创作上下足了功夫，近几年反响较好的自主创作作品有：《二嫂招工》《改名》《捐款》《苦衷》《夸婆婆》《偏公公》《赞儿媳》《老两口评孝子》《老两口逛山》《老马上任》《老妈辞职》《走进农村新时代》《孝美村官在俺庄》《四大嫂来逛柿子沟》《夸夸古村胡林古》《自然生态保护好》《观星台下遇神医》《帮扶路上》《庆祝建党 100 年》。这些作品经过精心编排，向广大群众巡回演出，为宣传王坟、发展王坟起到了巨大的推动作用。

　　文艺创作最终成果由全镇村民共享，王坟镇每年组织文艺演出近百场，演出节目大都是镇村文艺爱好者经过选拔赛选拔出来的优秀节目。演出节目大都是自编自导自演的反映王坟风土人情、发展变化、旅游宣传、精准扶贫、第一书记下村帮助解决问题等群众喜闻乐见接地气的小品、快板等，受到群众普遍欢迎。例如，反映第一书记的小品《暖风吹进寒山峪》，反映文化旅游的快板《四大嫂来逛柿子沟》《夸夸古村胡林古》《老两口逛山》《观星台下遇神医》，反映扶贫题材的小品《帮扶路上》，反映团结互助的小品《捐款》，宣传环境综合整治题材小品《改

---

① 《马克思恩格斯全集》第 41 卷，人民出版社 1982 年版，第 14 页。
② 方勇译注：《孟子》，中华书局 2010 年版，第 263 页。
③ 方达评注：《荀子》，商务印书馆 2016 年版，第 359 页。
④ 鲁迅：《三闲集》，人民文学出版社 2006 年版，第 82 页。

名》，宣传建党100周年王坟发生翻天覆地变化的快板《庆祝建党100年》等。为加强惠民演出效果，每场演出都设有互动节目，加深了与观众的感情和沟通，同时也培养和锻炼了一大批文艺爱好者。近几年通过组织发动已发展文艺爱好者500余人，建立了微信群，有活动时在群里下个通知，一会儿就能报满名额，再不用挨个去下通知"求"节目了。

同时，王坟镇还盘活各村综合文化服务中心的资源力量，加强了农民画创作队伍建设，王坟镇创建400平方米农民画创作基地，每年组织举办农民画展5期，举办农民画创作培训班10期，参加农民画创作培训人员550人次。农民画创作人员作品多次在省、市及青州市获奖，多次接受上级领导的参观指导，并受到领导的好评，有4人被青州市农民画院评为"年度十佳农民画家"，1人被青州市农民画院评为"一级农民画师"。这些农民画创作人才对王坟传统民间艺术——农民画进行创造性转化和创新性发展，开展"农民画上墙"的文化惠民活动，用群众喜闻乐见的传统文艺形式表现新时代、新生活、新气象，既弘扬了民间艺术、美化了人居环境，又极大满足了民众的精神文化需求，在潜移默化中让积极健康的理想信念、价值理念、道德观念深入人心。

（三）以文明实践活动增强发展凝聚力

对一个地区而言，发展凝聚力具体表现为动员民众的感召力、规范行为的约束力和共同奋斗的向心力，本质上是社会治理效能的体现。王坟镇通过丰富多彩的文明实践活动，充分发挥了文化增强发展凝聚力的重要作用，从而以文化治理推动了乡村基层社会治理。

文化增强发展凝聚力的作用，可以从文学艺术的起源得到证明。劳动说是文学起源的代表性观点，也是马克思文艺理论的重要主张，代表人物有俄国的普列汉诺夫和中国的鲁迅。劳动说认为，劳动创造了最早的文艺的形式，这种文艺反过来又促进了人们的劳动生产。正如鲁迅在《门外文谈》中所说："我们的祖先的原始人，原是连话也不会说的，为了共同劳作，必需发表意见，才渐渐地练出复杂的声音来。假如那时大家抬木头,都觉得吃力了,却想不到发表,其中有一个叫道'杭育杭育',那么,这就是创作,大家也要佩服,应用的,这就等于出版;倘若用什么记号留存下来,这就是文学,他当然就是作家,也是文学家,是'杭育杭育'派。"由此看来,原始文艺推动了分工协作,又缓解了疲惫增加了干劲,这样便起到了增强发展凝聚力的作用。文化的这种作用在任何历史时期任何社会中都存在,特别是当国家处于危急存亡的关头,比如新民主主义革命时期,在《狂人日记》这样的五四文艺的批判文字中,广大中华优秀青年投身到民主科学的启蒙活动;在《义勇军进行曲》这样的抗战文艺的激昂旋律中,广大中华优秀儿女投身到保家卫国的伟大斗争。

　　基于此,在王坟镇党委政府的统一部署下,积极开展乡村文明实践活动,进一步对民间文化中的"孝精神"进行创造性转化和创新性发展,成立15支民间宣讲剧团,围绕"孝精神",借鉴民间传说故事中的叙事原型,创作了融合当地民间小戏艺术技法的剧目。这些优秀剧目除了在文化站定期展演外,还以"文艺轻骑兵"的形式深入各村庄进行巡回演出,在寓教于乐中弘扬了新时代的孝道德、孝文化,丰富了民众的精神生活,提升了民众的精神境界,凝聚了民众的精神力量。不少民众通过集体观看剧团的文艺汇演,思想道德素质有了进一步提高,对村集体以及党委政府的归属感、认同感进一步增强。由此表明,王坟镇"文艺轻骑兵"这一特色文明实践活动,有效推动了基层社会的文化治理,增强了发展的凝聚力,增强了动员民众的感召力、规范行为的约束力和共同奋斗的向心力。

　　王坟镇还以农家书屋为阵地,发动农家书屋管理员,充分发挥农民群众在文明实践活动中的主体作用,积极开展新时代乡村阅读季读书活动。王坟镇文化站优秀管理员王学海在2020年乡村阅读季活动中阅读总分取得全国第11名、阅读达人得分取得全国第15名的好成绩;2021年他又在乡村阅读季活动中获得积分全国排名第36名、阅读达人积分全国第55名的好成绩。之所以能够取得如此好的成绩,是因为乡村文明实践活动开展得扎实、深入，王坟镇发动农家书屋管理员、村干部等群体，广泛宣传，精心组织，同时进村入户、进企业，利用晚上放映、演出、乘凉等一切可利用的时间和机会，手把手帮助群众下载阅读软件，让阅读成为人们的习惯，让阅读成为人民生活中不可缺少的一部分。通过阅读，密切了干群关系、群群关系，进一步增强了发展的凝聚力、社会治理的向心力。

王坟镇组织的文明实践活动，还十分重视青少年理想信念教育和社会主义核心价值观教育。在党委政府的统一部署安排下，镇辖区内各中小学常态化开展红色经典诵读大赛，鼓励引导青少年通过诵读红色经典、红色家书、伟人传记、革命英雄事迹、革命英雄故事等，学习百年党史，传承红色基因，弘扬红色精神。引导全镇少年儿童及其家庭充分利用图书馆和农家书屋优质资源和学校所学知识，激发对中华优秀传统文化经典的阅读兴趣，激发其热爱党、热爱祖国的情怀，通过学校教育影响家庭，从而增强发展的凝聚力。

（四）以文旅融合增强经济发展新动力

文旅融合的发展理念，实质上就是内容与形式的关系。这个问题古人早已阐明，孔子就曾说过"言之无文，行而不远""文质彬彬，然后君子"[1]。到了唐代，刘禹锡更是在《陋室铭》当中将内容与形式的关系问题具象为文化与旅游的关系，写下了脍炙人口的"山不在高，有仙则名；水不在深，有龙则灵"，意思就是说，旅游以文化为灵魂，美丽的自然山水有文化内涵才会有名气，才会有灵性；文化以旅游为传播载体，内涵丰富的文化只有通过旅游才能得以广泛传播。这一点在古代地方志中也有明确记载，比如乾隆版《潍县志》中潍县令侯抒愫所作的《潍阳十景小记》写道："念胜概遗迹有湮没而不彰者，守土者之责也，故表而著之，以示来者"[2]，意思是说想到有些地方风景名胜被埋没而

---

[1] 罗根泽：《中国文学批评史（一）》，中华书局1962年版，第48—49页。
[2] （清）张耀璧、王诵芬：《潍县志》，成文出版社1976年版，第630页。

不被彰显，这是地方官的责任，所以要大力表彰，记录在册，以此来告知未来的人们，由此可见古代地方执政者和修志者对文化和旅游事业的重视，以及对二者可以相互融合发展的初步认知。人类社会进入信息文明以来，经济发展驱动力由生产导向转变为消费导向，由此推动了体验经济时代的到来，即强调顾客的感受性满足，重视消费行为发生时顾客的心理体验，这种感受性满足和心理体验使得文化和旅游两种产业在更大范围、更广领域、更深层次上实现了前所未有的融合发展。文化产业的优势体现在内涵上，可以为旅游产业品质的提升提供源源不断的内容，但其短板在于市场性较弱，对游客的吸引力明显不如旅游产业，比如俄罗斯贝加尔湖的生物博物馆，俄罗斯本地游客很少去，都是直接去欣赏湖光山色，去博物馆的基本上是国外旅游团；旅游产业的优势体现在市场上，可以推动文化快速实现产业化，但其短板在于缺乏内涵，比如国家AAAAA级风景名胜区九寨沟，由于地处高海拔开发较晚，其文化内涵相对不足，游客在游览九寨美景时，往往一开始感觉很震撼，时间长了就感到厌倦，可见再好看的风景也会产生审美疲劳。因此，在当前体验经济时代，文化产业和旅游产业就好比中国传统建筑当中的榫卯结构，凸起的榫头和凹陷的卯眼严丝合缝地咬合，天衣无缝，取长补短，共存共荣。

正是基于古今文旅融合的发展理念和发展实践，近年来文化和旅游融合发展受到国家重视，2018年国务院机构改革"不再保留文化部、国家旅游局，组建文化和旅游部"，由此标志着国家从行政管理和国家治理的层面，将"文旅融合"正式纳入今后经济社会发展的战略与方向。2018年年底，时任文化和旅游部部长雒树刚在旅游集团发展论坛上引述习近平总书记关于文旅融合的论述："旅游集物质消费与精神享受于一体，旅游与文化密不可分。旅游业发展与精神文明建设密切相关，相辅相成、互相促进。"对此，有学者提出："文化和旅游融合发展不是简单相加，而是有机融合，不是简单的物理叠加，而应是有机的化学反应。"2019年中共十九届四中全会报告在描绘文化制度建设的宏伟蓝图中，明确提出要"完善文化和旅游融合发展体制机制"，这是文旅融合发展理念第一次出现在党的全会报告中，具有深远的理论意义和现实的指导意义。之后，在"十四五"规划、党的二十大报告中，都有关于文旅融合发展的明确表述和详细阐述，可见文旅融合已成为当前指导文化建设、文化发展的重要理念。因此，就乡村振兴而言，文旅融合能够推动乡村文化振兴，从而为经济发展增加新动能。

王坟镇文化旅游资源丰富，有仰天山、胡林谷、柿子沟、清风寨、清风峪、八喜谷、神秘山寨、黄巢洞、钓鱼台水库、插旗山等众多旅游景点，是中国优秀乡村旅游目的地、山东省旅游强乡镇。胡林古村入选全国乡村旅游重点村，侯王、上白羊、许家庄、平安入选省级景区村庄，东乖场、胡宅、钓鱼台、前黄马、后黄马、白羊口入选潍坊市级景区村庄。

为进一步发展乡村旅游事业，王坟镇把综合文化站服务设施与旅游公共服务设施共建共享，开展旅游宣传、演艺和信息服务，为旅游发展提供文化资源支持，达到了双赢的效果。2020年，王坟镇申请青州市文旅局资金，对镇文化站完成审美化改造和个性化提升，实现了文化站与旅游驿站的功能融合。文化站把当地山楂文化融入文化站墙体建筑中，一楼图书室新建了图书借阅吧台、户外休闲阅读点，并对用电线路重新进行了更换，安装了20多处富有王坟镇民间文化特色的工艺灯。经过改造提升，这座有着浓浓山楂味和乡土风的文化站备受欢迎，既成了当地民众丰富精神世界的活动地，又成了外地游客游览王坟镇的打卡地。来到这里的游客，可以享受到文化站工作人员的讲解服务，欣赏逢山山水，感受带着浓浓乡土气息的王坟文化。

王坟镇还注重对境内非遗文化的传承、利用，充分挖掘非遗文化带来的旅游价值和经济效益。例如：为传承利用好根雕艺术加工技艺这一非遗文化，王坟镇创建根雕创意创业园。园区大门以树根形象为设计，彰显非遗文化韵味。园区占地1000余亩，将根雕原材料集散交易——根雕加工——根雕经营——根雕展示——根雕拍卖、交易——根雕出口等各个产业环节进行有机整合并全面开发,在传承工匠技艺的同时,赋活文化内涵,建成具有区域影响力的根雕与工艺礼品产业和商贸集聚基地,带动乡村经济发展,促进农民就业增收。目前,园区已入驻业户130余户,从业人员近400人,是山东省最大的根雕市场,年实现根艺交易近亿元,已成为增加王坟镇农民经济收入的一项特色产业。2019年王坟镇被评为山东省民间文化艺术之乡。为传承利用好山果酒酿制作技艺这一非遗文化,王坟镇成立了山果酒酿制技艺研究中心,成立专业的山果种植加工合作社,进一步为当地果农提供技术指导,发动广大农民参与合作社,培养更多的山果酒酿制技艺传承人,同时也利用该技艺扩大受益群体,更好地带动当地农民脱贫致富,推进当地的乡村振兴。目前,山果酒酿制技艺这一历史悠久且地域特征浓厚的民间技艺,已经得到良好的传承发展,项目实现年产值近400万元。

三、经验启示

中国式现代化是物质文明和精神文明协调发展的现代化,农业农村的现代化发展同样要求物质文明与精神文明相协调。乡村文化振兴涉及广大人民群众的文化权益,是民生工程,也是民心工程,更是民本工程。在统筹推进乡村文化振兴过程中,青州市王坟镇深入贯彻落实习近平总书记系列重要讲话特别是文艺工作座谈会重要讲话精神,紧紧围绕培育和践行社会主义核心价值观,保障人民群众基本文化权益,形成了推动乡村文化振兴的"王坟经验"。

(一)强化顶层设计,完善制度体系

王坟镇乡村文化振兴的成功,离不开青州市顶层的制度建设。近年来,青州坚持高端定制、化零为整,市委、市政府主要领导先后多次召开会议,高位推动,精准设计,制定实施了《青州市公共文化服务效能提升工作方案》《青州市加快构建现代公共文化服务体系实施方案》

《"文化青州"品牌打造行动实施方案》《青州市文化产业和旅游产业融合发展示范区创建实施方案》等与乡村文化振兴密切相关的纲领性政策文件，保证全市工作整齐划一。同时，根据具体工作制定推进方案，先后制定了《青州市群众文体生活满意度提升方案》《青州市总分馆制实施方案》《青州市公共文化场馆免费开放工作方案》等具体实施方案，每年还会根据全民读书节、公益性文化惠民演出、公益性文化培训、文化惠民消费季等节点性、阶段性任务，制定相应的工作推进计划。

（二）加大资金投入，健全服务网络

王坟镇乡村文化振兴的成功，离不开青州全市的统一部署安排，离不开青州财政在文化建设方面的投入力度。近些年，青州市共引导投入十几亿元，新建和提升改造了市级图书馆、文化馆、艺术剧院、博物馆等馆舍设施；市镇两级财政共投入1000余万元，完成11处镇街区文化站提升改造，大大提升了基层公共文化服务效能；累计投入700余万元，为基层文化大院和村农家书屋补充更新文化设施和图书，以流动文化设施和数字文化设施为补充，完善基层设施网络。坚持设施建设和运行管理并重，健全设施运行管理和服务标准，规范服务项目和服务流程，提高了文化服务效能和水平。

（三）统一思想认识，重视文化建设

王坟镇乡村文化振兴的成功，离不开当地党委政府的统一思想和高度重视。为切实做好文化建设工作，王坟镇党委政府进一步统一思想认识，提高政治站位，加强组织领导，制定实施方案，把文化建设纳入镇经济和社会发展规划，分阶段按规划实施。同时，把文化工作列入镇党政工作重要议事日程，每年召开3次以上文化工作专题会议。落实各项责任，把文化工作纳入领导干部目标责任考核指标，激发领导干部抓好文化工作的热情和积极性。为保护镇综合文化站工作人员的积极性和保障各项业务活动的开展，在镇年度财政预算中，专门列入镇综合文化站

年度人员经费、业务活动经费和日常工作运行经费，并按时足额拨付，为保证惠民演出质量，一村一年一场戏文化惠民演出由文旅局每场拨付1500元经费，镇财政每场再补助500元。

（四）建好文化设施，完善服务功能

王坟镇乡村文化振兴的成功，离不开服务阵地——文化设施的建设。为完善文化服务功能、确保各项文化活动的顺利开展，从而以高质量的文化惠民和文化服务持续推动乡村文化振兴，王坟镇从配足配齐文化服务设施设备入手，建有独立的综合文化站，建筑面积600平方米，设施建设、设施设备配置等全都达到国家发改委、住房城乡建设部制定的《乡镇综合文化站建设标准》、原文化部制定的《乡镇综合文化站管理办法》和潍坊市人民政府制定的《潍坊市基本公共文化服务实施标准（2015—2020年）》等文件要求，设置有图书阅览室、电子阅览室、游艺室、书画创作室、多功能活动室、幼儿活动室、历史文化展陈室等。文化站内设立青州市图书馆王坟分馆、青州市文化馆王坟分馆，图书办证读者达到本地常住人口的1.2%，人均藏书年增量不低于0.05册，年均更新图书500册，年文献流通率达到50%以上，年度开展读书活动2次，年度图书宣传和优秀读物推荐达到2次、每次推荐图书11种。文化站内配备有演出服装、乐器、音响等文艺活动器材、体育器材等30余件（套），配备价值20万元的培训、展览、广播和信息网络传输设备。文化站室外硬化广场面积达到6000平方米，有健身路径、灯光、有源音箱等必要设施；根据地方文化特色配备相关的羽毛球网架、篮球架等设备、器材4件（套）。在王坟镇综合文化站的辐射带动下，进一步加大村综合文化服务中心（文化广场）建设，全镇100个行政村，村村建有集宣传文化、党员教育、科技普及、普法教育、体育健身等多功能于一体的基层综合文化服务中心，建设率达到100%，这些文化中心，室内建筑面积均大于200平方米，同时配套建设面积不低于500平方米的室外文化活动广场，广场地面全部硬化并配有健身路径、灯光等必要设施，实现了镇村一体化文化服务。王坟镇的文化设施并非花瓶摆设、面子工程，而是切实发挥了文化服务的效能，文化站开放时间与当地公众的工作时间适当错开，每周开放48小时以上。每年开展具有一定规模和影响力的公共文化活动8次，一般活动30多次，其中跨区域和由辖区内行政社区广泛参与的文化活动5次，集中组织群众性乡村阅读活动6次，不断扩大文化活动参与面，经常参加文化活动的人数达本镇常住人口的6%，文化活动的覆盖面达到常住人口的100%。

（五）加强队伍建设，增强振兴动力

王坟镇乡村文化振兴的成功，离不开乡村文化人才队伍的支持。王坟镇不断加强乡村文化振兴人才队伍建设，为推动乡村文化振兴提供不竭动力。基层文化工作机构健全，全镇文化管理工作人员4名，全部为专职工作人员，综合文化站配备专职干部，文化站站长具有群文系列副高职称、副站长具有研究生学历，他们热爱文化事业，善于组织群众开展文化活动，具备开展文化站工作的业务能力和管理水平。全镇业余文艺骨干、农村乡土文化人才和村级文化管理员队伍健全。重视文化管理工作人员的继续教育，每年都组织镇、村文化工作者、文艺骨干培训2次以上，每次培训人员100人以上。

【思考题】

1. 阅读案例材料，谈谈青州市王坟镇挖掘利用了哪些文旅资源来推动乡村文化振兴。结合本地实际，谈谈有哪些文旅资源可以挖掘利用来推动乡村文化振兴。

2. 青州市王坟镇"增强四力"的典型做法存在怎样的内在逻辑关系？请结合本地实际，思考其主要做法有哪些可借鉴之处。

3. 结合案例材料和本地实际，思考青州市王坟镇在推动乡村文化振兴过程中，带来哪些经验启示。

"文化育人",传承文明基因,赋能乡村振兴[*]

——济宁市石桥镇乡村文化振兴的实践探索

【摘要】 民族要复兴,乡村必振兴。党的十九大报告指出,农业农村农民问题是关系国计民生的根本性问题,必须始终把解决好"三农"问题作为全党工作的重中之重,实施乡村振兴战略。推进乡村文化振兴,要深耕中华优秀传统文化"两创",大力繁荣乡村文化。济宁市太白湖新区石桥镇深度挖掘、解析古泗河流域地方文化基因,收集、论证、整理石桥辖区发生的红色故事、清廉官吏故事、传统文化元素,通过用好孙扩图乡贤文化馆、红色记忆馆、孝和文化博物馆等文化聚集区载体,在打造具有地域特色的文化品牌的同时,着力推进文化振兴助村、兴村、治村,全力推动文化"两创"在石桥落地生根。以"文化育人",传承文明基因,赋能乡村振兴。

【关键词】 石桥镇 文明基因 红色文化 孝和文化 文化兴村

一、背景情况

(一)文化底蕴

山东省济宁市立足深厚文化底蕴,厚植道德土壤,传承文明基因,坚持让文明之风如春风化雨般沁润全城。济宁市始终坚持用人文精神增

---

[*] 本案例由中共山东省委党校(山东行政学院)政治和法律教研部讲师杜晓娜、刘建茂;中共济宁市委党校(济宁行政学院)法学教研部主任、副教授刘伟,基础教研部讲师郭娟撰写。

添城市魅力，把儒家文化、运河文化有机融入城市环境，持续打造具有城市辨识度的文化标识，济宁市文化中心、济宁大剧院、"运河记忆"历史文化街区成为群众文化生活"新地标"。立足"一街一主题、一墙一特色、一点一景观"，以公益广告景观小品为主体，持续规划建设了一批弘扬践行社会主义核心价值观和中华优秀传统文化的主题广场、公园、街巷、社区、小区。

作为中国文化的重要发源地之一，济宁市拥有悠久的历史和丰富的文化遗产。近年来，太白湖新区石桥镇围绕"以文化人、文化润农"主题，深度挖掘、保护、解析古泗河流域地方文化基因，在加快城市化进程的同时，守护好一方水土，留住一抹乡愁。步入石桥镇，就像步入一条文化的河流。这条河流，自远古而来，流淌着中华传统文化的优秀基因，吟唱出一曲乡村振兴的美丽歌谣。

（二）资源禀赋

石桥镇为济邹高速、济微高速、泗河大道、环湖大道、宁安大道、济宁大道交会处，泗河港水面开阔，具备内河航运的优良条件，水陆交通优势明显；辖区濒临南四湖，东有泗河、西有洸府河双河环抱，幸福河、古运河穿镇而过，因采煤形成的塌陷地水面宽阔，建有洸府河湿地、中水水库、九曲湖湿地，湿地河湖风光秀美，生态条件得天独厚；古泗河文化、乡贤文化、孝和文化、红色文化以及各村特色文化交相辉映，具有丰富的历史文化积淀，经过不断的提炼，相继建成了乡贤文化纪念馆、红色文化纪念馆、孝和文化博物馆，为下一步发展文化旅游、打造传统文化教育基地和廉德教育培训基地打下了坚实的基础。

石桥镇盛产小麦、玉米等粮食作物和无公害水产品、蔬菜、瓜果等，莲藕种植、淡水养殖、皮毛加工和生态农业是石桥镇农业生产的四大特色，现有三强农牧、刘营西红柿、陈宜斗蜂蜜、石桥肽桃、幸福桥鸭蛋、农场锦鲤等农业特色品牌。工业以煤炭采掘业为主，拥有高产高效矿井——兖矿能源济宁三号井，传统产业为皮毛加工及零售业，拥有省市级重点文旅项目复兴之路科技文化项目和济东数字产业园科技园、冷链物流产业园等重点在建产业项目。

二、主要做法

近年来，石桥镇紧紧围绕市委、市政府重点工作部署，坚持稳中求进总基调，完成各项既定目标任务，2020年以来，先后荣获"山东省省级文明镇""山东省卫生乡镇""济宁市乡村治理示范村镇""济宁市信访工作示范镇""济宁市干事创业先进基层党组织"等荣誉称号。2022年完成固定资产投资12.85亿元，实现全口径税收15.62亿元，完成一般公共预算收入10.41亿元，新增规模以上企业7家，纳税超过10万元的企业共46家。2022年石桥镇连续第7次入选全国综合实力千强镇名单，名列全市第3名、全省第24名、全国第289名。2023年3月，全市农村人居环境整治提升动员暨现场推进会议中，石桥镇位居全市乡镇第4名。

石桥镇深度挖掘、解析古泗河流域地方文化基因，收集、论证、整理石桥辖区发生的红色故事、清廉官吏故事、传统文化元素，通过用好孙扩图乡贤文化馆、红色记忆馆和孝和文化博物馆等文化聚集区的载体作用，在打造具有地域特色的文化品牌的同时，着力推进文化振兴助村、兴村、治村功能，全力推动文化"两创"实践在石桥落地生根。

2019年9月，立于清顺治十三年（1656年）的《济宁城东张家桥筑堤建庙记》石碑在石桥镇古泗河出土。碑文由明末清初济宁名士郑与侨撰写，记载了清初济宁河政官员治理水患的事迹。郑与侨在碑文中以秦人视越人肥瘦漠不关心、驿站馆舍粉饰一时的例子，深刻揭露了明末清初社会治理中存在的因循守旧、不求变革和得过且过、短视近利的弊病；展示了清代首任河道总督杨方兴把公事当家事干，知人善任，精细敏捷，谋划长远，治河十年成效显著，破除两类弊病的案例。对于封建社会存在的"人事尽矣，乞灵于神"，郑与侨明确提出思维精细敏捷，追求创新变革，思想谋划长远，勇于担当干事，神明自然会庇佑。

300年前，郑与侨坚持问题导向，借筑堤建庙针砭时弊，阐述了革故鼎新、与时俱进的执政意识，谋划长远、务实担当的方法路径和传承弘扬古人久久为功的实干精神。历代治河功臣案例说明，只要有功于人民，一定会得到人民的永久怀念。这同社会主义核心价值观具有高度契合性，说明中华优秀传统文化不褪色的时代价值。

（一）挖掘地方文化基因

石桥镇深度挖掘、解析古泗河流域地方文化基因，收集、论证、整理石桥辖区发生的红色故事、辖区清廉官吏故事、传统文化元素，通过用好孙扩图乡贤文化馆、红色记忆馆和孝和文化博物馆等文化聚集区的载体作用，在打造具有地域特色的文化品牌的同时，着力推进文化振兴助村、兴村、治村功能，全力推动文化"两创"实践在石桥落地生根。

石桥镇秉持"建新如故"理念实施和美乡村建设，在泗河故道张桥片区创建泗河历史文化街区，挖掘、保护、传承泗河沿岸乡土文化，展现泗河文化独特的鲜活魅力。以九曲乡贤名士孙扩图生平事迹为主线，兼顾孙氏家族及相关历史名人事迹，通过对其家风家训、清正廉洁、为民担当等优秀乡贤文化进行收集论证、研究整理，建设孙扩图乡贤文化馆，以乡贤嘉言懿行垂范乡里；收集整理泗河流域画像碑石刻，建设泗河水利文化碑廊，展现了泗河沿线乡贤捐资修堤治理黄河、泗河洪害的事迹，弘扬了创新变革、勇于担当、除害兴利的水利文化；通过对华东野战军第一、第四纵队在叶飞、陶勇带领下向鲁南外线出击，依靠中共凫山县委领导下的泗河沿线军民强力支援，在张桥古液抢渡泗河，成功实现"鲁南突围"革命历史事件进行发掘，以泗河沿岸红色故事和英模人物为核心，建设红色文化广场、红色记忆馆。泗河故道改造后优美的环境、深厚的历史底蕴在改善周边村庄环境的同时，又吸引了众多收藏爱好者和文人学者，相继建成泗河画院、泗河印社、金石馆、军事连环画展示馆、军事模型展示馆等文化场馆，泗河故道沿线初步形成集泗河文化、运河文化、廉洁文化、红色文化、军事文化等于一体的文化集聚区。截至目前，该项目已相继获得省党建综合阵地建设示范点、省级景区化村庄、市红色教育基地、市党员现场教育基地、市国防教育基地、市农干院现场教学基地等荣誉称号，正在申报泗河文化博物馆。

为了让"乡愁"有"乡"可寻，在实施村庄搬迁的同时，注重发掘整理泗河沿岸独具特色的村落乡土文化，守护好人们的精神家园，抚慰当下日趋复杂的社会情绪。石桥镇北王一村以"孝和文化"融入乡村治理，自筹建设济宁市孝和文化博物馆，以书画为载体，以中堂楹联为形式传播、推广、普及孝和文化，涵养良好村风民风，获得首批国家乡村治理示范点称号；崔院村通过对钢铁抗日堡垒崔院村革命遗址和红色历史故事进行收集整理，宣传沿湖军民英勇斗争、甘于奉献的英雄事迹，修缮建成崔家大院革命旧址，传承红色基因。目前正在推动建设吴家湾皮草文化博物馆、齐营第一个党支部展示馆、新闸厨师文化博物馆等村级博物馆，打造"博物馆小镇"。

留得住乡愁已形成建设和美乡村的共识，搬迁的老树已经发出新芽，老人们围绕着老磨盘向孙子讲述着小时候的故事，老师在红色记忆馆向学生讲解美好生活的来之不易。通过持续不断的努力，石桥镇已经实现地域性文化两创项目从无到有、从听说到实现、从不可能到可能的蝶变。

（二）传承乡贤文化，发挥新老人才助村作用

石桥镇扭住乡贤文化与人才资源的有效衔接，为乡贤文化赋予多元的现代化解释，学乡贤、用乡贤、引乡贤，滋养农村人才资源"活水"。

1. 挖掘古贤，做好文化传承

深入挖掘农耕文化蕴含的优秀思想观念、人文精神、道德规范，以孙扩图生平事迹为主线，兼顾孙氏家族以及相关历史名人事迹，通过对其家风家训、清正廉洁、为民担当等优秀乡贤文化进行收集论证、研究整理，建设孙扩图乡贤文化馆，编制《九曲乡贤名士》图书，定期举办文化展览、演出，邀请专家教授开展文化讲座、文化知识普及活动，进一步丰富和传承中华优秀传统文化。

2. 用好今贤，建设和谐乡村

积极发挥"乡贤文化"的引领教化作用，提倡崇德向善、见贤思齐的传统文化，充分发挥农村"五老"优势，以乡贤调解员、乡贤宣讲员等形式参与文明乡村建设，发动成立乡贤调解队伍，先后创建吴湾村"党员巷长"、张桥片区"联防联控"、北一村"孝和治村"等十余个"和为贵"调解品牌，促进全镇省级文明村创建达到9个、市级文明村达到13个。

3. 培育新贤，人才带动经济

完善双招双引政策支持，以"最多跑一次"改革为引领，加大对乡贤回归的政策支持力度，对返乡创业的乡贤提供全程优惠服务。利用中秋、春节等返乡探亲高潮，通过组织乡情恳谈会、企业家看家乡等活动，先后招引吴家湾村张涛等11位新乡贤回乡创业，每年帮助村集体增收300余万元，让乡贤文化成为石桥镇争当高质量发展、建设共同富裕乡村的内生动力。

（三）挖掘红色文化旅游资源，发挥精神资源兴村作用

立足于华野第一、第四纵队在张桥渡口完成"鲁南大突围"的历史事件为红色文化载体，深挖资源，成功走出"文明传承＋政治教育＋经济开发"的兴村之路。

1. 讲好红色故事，涵养民风

以泗河沿岸红色历史为核心，建设红色文化广场、红色记忆馆，弘扬红色文化，传承红色基因。收集发生在石桥镇辖区抗日战争、解放战争时期的革命史实，整理汇集成《红色记忆》读本。充分发挥红色场馆的集聚效应，依托红色人物事迹展板、电影投放、动态场景还原、3D动态沙盘、村民回忆纪录片等形式，通过组织党员干部及其家属打卡红色教育基地，开展党员干部和家人一同诵读红色家书、观看红色影视等系列活动，激发党员干部廉洁齐家、干事创业热情，帮助广大群众涵养正确人生观、价值观。

2. 做好红色教育，锤炼党性

依托孙扩图乡贤文化馆、孝和文化馆、泗河金石馆、鲁南突围馆、红色凫山馆建设，在张桥650米的古泗河畔，形成了功能完备，涵盖党员培训、红色教育、研学交流、文化旅游等功能的九曲苑党员教育基地，坚持"党建引领、融合共享、服务群众"设计理念，采取"理论课堂＋教学基地＋实践活动"形式，着力打造"党建＋政德教育""党建＋红色教育""党建＋廉政教育"三大品牌教育，不断加强现场教学影响力，成功争取到省级党建综合阵地试点建设名额，获批为市级党员现场教学基地及第二批济宁市党史学习教育基地。建成以来，230余个党组织到标准化组织生活室开展组织生活，2万余名党员到阵地开展学习培训。依托红色文化载体，深入实施志愿服务活动，形成以党员志愿者为主体，广大群众、社会团体积极参与的"党建引领、多方参与"志愿服务格局，创新开发"志愿石桥"积分兑换服务平台，打造"党建＋志愿服务"模式，成立"1＋7＋N"志愿服务队伍150余支，全年开展志愿服务活动1800余次。

3. 用好红色资源，开发文旅

充分利用红色记忆馆、红色文化广场、军事连环画展示馆、军事模型展示馆等平台，串联齐营村"全镇第一个党支部"、崔家大院"红色堡垒"等革命旧址，科学设置以"参观、体验、互动"为主的红色传统、党史学习、泗河文化等富有石桥地域特色的研学教育课程，打造以红色文化为带动的红色研学游路线，实现年接待社会团体、中小学校、机关部门10万人次。

（四）弘扬孝和文化，发挥道德建设治村作用

山东省济宁市太白湖新区石桥镇北王一村党支部书记王万利同志，经过十多年的努力，自筹资金，倡树"孝和"，精心打造"济宁市孝和文化博物馆"，为新农村创建注入传统文化精髓，使该村成为全国新农村治理的典范，受到国家五部委的表彰和授牌。"忠孝仁和承祖训，诗书礼乐构家风",在太白湖新区石桥镇孝和文化博物馆,一幅幅楹联书法作品无声地宣示着优秀传统文化中的"孝和"元素,让文化自信从心底自然涌出。北王一村弘扬"孝和"文化这一传统理念,并逐步将其开发为与新时代相结合的乡村自治的文化"密码",在全镇发挥了乡村治理的"文化功效"。

1. 开展道德实践

实施"家+文化"行动,组织开展"寻最美家庭,树最正家风""五好家庭"好媳妇、好婆婆评选等系列活动,通过典型示范带动作用,推行家风教育,围绕"我为群众办实事"主题编排文艺讲演节目,定期组织志愿者开展"关爱空巢老人"主题慰问活动,以群众喜闻乐见的形式传播弘扬孝和文化。

2. 建设五大阵地

自筹建设济宁市孝和文化博物馆,以书画为媒介,以中堂和楹联为形式传播、推广、普及孝和文化。充分挖掘"孝和"文化蕴含的道德规范,引导群众写家风、晒家训,利用文化广场及村民庭院围墙制作"孝和"文化墙,组织村民手绘"二十四忠孝"图、孝善典籍故事,建成主街区"孝和"文化长廊,将"孝和"文化理念宣扬到村内的每一户农户,进入每一位村民心中。同时,通过农村"幸福院+周转房"互助养老院、助残圆梦港湾、妇孺救助平台等阵地建设,广泛开展"扶老帮困"志愿服务活动,营造文明礼仪、孝老爱亲、崇德向善的浓厚氛围。

3. 强化内外兼修

以"孝和"文化融入乡村治理,通过倡导"和谐先和人、和人要育人、育人要育心、育心要育德、育德首育孝"理念,充分征求群众意见全面修订完善村规民约,先后成立"孝和"红白理事会、道德评议会、村民议事会,创建"孝和堂"民主议事制度,通过开展人居环境整治、美丽乡村建设、"美丽庭院"创建、移风易俗殡葬改革等活动,形成了以家风带村风促民风的良好局面。近年来,北王一村先后荣获全国乡村治理示范村、山东省文明村庄、济宁市孝心示范村等荣誉称号。

(五)文化集聚打造"两创"高地

依托孙扩图乡贤文化馆、泗河金石馆、鲁南大突围馆、红色凫山馆、军事题材连环画馆、军事模型馆、文化创作中心建设,在张桥650米的古泗河河畔,初步形成了内容丰富、功能完备,涵盖传统文化发扬、泗河文化传承、红色革命教育、国防知识普及、党员党性锤炼、青少年研学交流、大众文化旅游等功能的古泗河九曲苑综合文化"两创"基地,采取"理论课堂+现场教学+实践互动"等形式,以实物、实景、实例、实事为载体,不断增强现场教学感染力和影响力;着力打造"党建+政德教育""党建+红色教育""党建+廉政教育",九曲苑党员教育基地成功争取到省级党建综合阵地试点建设名额,获批市级党员现场教学基地,建成以来230余个党组织到标准化组织生活室开展组织生活,2万余人次到阵地开展学习培训。

"立足文化'两创',石桥镇还开展了'千场大戏进农村'文化惠民演出、公益电影播放等,极大丰富了大家的文化生活。"石桥镇党委宣传委员刘敏介绍,近年来,石桥镇探索出一条新的公共文化服务供给之路。石桥镇新时代文明实践所联合各村新时代文明实践站举办各类活动1500余场,为农家书屋补充书籍,开展全民阅读、公益讲座、理论宣讲等活动700多场,参与群众达到4万人次;培育民间文体活动,鼓励组建民间艺术团3支、徒步队20余支,成功举办好媳妇、好婆婆评选、"美丽庭院"评比活动4期。石桥镇政府在广泛调研的基础上,对接群众文化需求,让群众"点餐"、政府"配菜",为群众定制丰富的特色文化活动,真正让基层文化的种子在群众心里生根发芽。

三、经验启示

习近平总书记在文化传承发展座谈会上指出:"中华文化源远流长,中华文明博大精深。只有全面深入了解中华文明的历史,才能更有效地推动中华优秀传统文化创造性转化、创新性发展,更有力地推进中国特色社会主义文化建设,建设中华民族现代文明。"

石桥镇聚力乡村文化体系建设,通过书法楹联、实景复原和现代声光电技术等综合方式让优秀传统文化"两创"理念"落地""入实",紧紧围绕铸就政治品格、筑牢理想信念、心存敬畏之心、树立底线思维、营造政治清风的目标任务,打造党风廉政教育参观研学线路,让广大参观者触摸传统优秀文化脉动、感受红色历程澎湃激情、体悟新时代下党风廉政建设,不断扩大廉洁、政德教育影响力,提高廉洁文化教育的感染力和渗透力。

(一)传统文化需要理直气壮地继承和发扬

当前,社会主流思想呈现积极健康向上的发展态势,人民群众展现了良好的精神风貌,涌现出许多践行社会主义核心价值观的优秀范例,但也存在一些道德失范、诚信缺失现象。必须坚持古为今用、推陈出新的原则,充分继承和弘扬优秀传统文化,努力用历史传统文化创造的精神财富来以文化人、以文育人。通过加强对优秀传统文化的阐释、宣传和弘扬,充分利用传统文化的优势,大力培育和践行社会主义核心价值观,深入挖掘优秀传统文化讲仁爱、重民本、守诚信、崇正义、尚和合、求大同的时代价值,使社会主义核心价值观内化为人们的信念、外化为人们的行动。

(二)红色文化要振奋民族精神力量、促进文旅资源兴村

红色文化资源反映了中国革命、建设和改革的伟大历程,见证了中国共产党带领中国人民为民族独立、人民解放、国家富强而英勇奋斗的艰辛历程,是革命先辈留下的宝贵财富,是对广大党员干部和人民群众特别是青少年进行爱国主义教育和革命传统教育的重要资源。要坚持用好红色文化资源,挖掘红色文化资源的丰富内涵,将其作为党史学习教育和爱国主义教育的重要内容,发挥红色文化资源潜移默化的熏陶作

用，引导党员干部群众追寻红色记忆、学习红色文化、赓续红色血脉、传承红色基因，汲取红色文化资源背后的历史经验和宝贵智慧，激发爱国主义情怀，振奋民族精神。同时，依托乡村文化资源的乡村文旅产业，要进一步发挥带动村民就业、带动收入的资源兴村作用。

（三）特色文化集聚区建设应当突出发展主题和合理定位

特色文化集聚区的建设发展不仅有助于特色文化资源的传承保护，而且通过合理开发利用，能有效推动区域特色文化产业的集群发展以及产业结构的优化升级。文化集聚区的打造不能盲目凭借炫目奇特的视觉效果和文化元素的简单堆砌，要确保内容真实、主题突出、业态协调、特色鲜明，着力打造彰显历史文化内涵的亮点工程，把文化旅游集聚区打造成广受认可的文化地标，打造成让游客记得住、叫得响的文化品牌。

（四）优秀文化中蕴含的治国理政理念和智慧要善于汲取和运用

济宁市拥有丰厚的儒家传统文化底蕴，优秀传统文化为几千年中华民族治国理政提供了思想源泉、理论基础和制度设计，如何把治理理想转化为现实、把执政理论转化为实践，需要领导干部系统学习、潜心思考、善于运用。要发掘整理地方志记载的有清名、有担当、有作为的济宁地方州县官员和济宁籍州县官员的执政理念、功绩成效和方法路径，促进干部政德教育理论与执政实践的无缝衔接。

乡村振兴，文化先行。济宁市始终坚持让乡村文化建设有队伍、有场地、有活动、有制度、有传承、有产业，石桥镇的乡村文化振兴举措，极大地丰富了乡村文化生活，涵养了淳朴村风民风，推动了传统文化的传承，有力带动了乡村产业的发展。要进一步强化思想引领，引导群众参与，用好用活资源，推进文化自立自强，铸就社会主义文化新辉煌。

【思考题】

1. 请结合本案例,谈谈如何挖掘地方文化资源,促进乡村振兴。

2. 请参照济宁市石桥镇孝和文化的成功实践,思考如何打造具有本地特色的乡村文化示范点,如何进行乡村文化创新。

整体规划、多元并举，推动乡村文化振兴[*]

——泰安市泰安区王林坡村乡村文化振兴的实践探索

【摘要】 习近平总书记在党的二十大报告中强调："加快建设农业强国，扎实推动乡村产业、人才、文化、生态、组织振兴。"这为新时代新征程全面推进乡村振兴、加快农业农村现代化提供了根本遵循。推动乡村振兴，不仅要塑形，也要铸魂，不断丰富人民精神世界、增强人民精神力量，更好培育文明乡风、良好家风、淳朴民风，提高乡村社会文明程度，焕发乡村文明新气象。王林坡村基层党组织在深入学习党的二十大精神后，明确了"乡村振兴，文化先行"的发展理念，以社会主义核心价值观为引领，以增强农民群众文化文明和精神力量获得感、幸福感、安全感为目标，立足于本村优劣情势，科学分析，整体规划，围绕打造生态宜居美丽乡村、发展乡村文化产业、重塑村民文化价值观、数字科技赋能文化推广等几个方面打破乡村文化发展困局，努力实现乡村文化振兴。从而使王林坡村乡村振兴深耕人文沃土，让物质文明和精神文明在发展中比翼齐飞，促进农、文、旅融合，更好地描绘出"好客山东·美好乡村"的新图景。

【关键词】 乡村振兴　乡村文化振兴　王林坡村

---

[*] 本案例由中共山东省委党校（山东行政学院）文史教研部讲师卢璐，山东泰安市泰山区委宣传部副部长宋洪锦撰写。

一、背景情况

实施乡村振兴战略，是党的十九大作出的重大决策部署，是决胜全面建成小康社会、全面建设社会主义现代化国家的重大历史任务，是新时代"三农"工作的总抓手。乡村振兴是一项涉及经济、政治、文化、生态、社会等方面的系统性工程。伴随乡村振兴战略的实施，乡村文化建设也迎来了新时代。

2018年3月，在十三届全国人大一次会议上习近平总书记进一步指出："要推动乡村文化振兴，加强农村思想道德建设和公共文化建设，以社会主义核心价值观为引领，深入挖掘优秀传统农耕文化蕴含的思想观念、人文精神、道德规范，培育挖掘乡土文化人才，弘扬主旋律和社会正气，培育文明乡风、良好家风、淳朴民风，改善农民精神风貌，提高乡村社会文明程度，焕发乡村文明新气象。"

乡村文化振兴是新时代赋予的历史使命。习近平总书记强调中华优秀传统文化是一个国家和民族的"根"与"魂"，文化自信则是一个国家、一个民族发展更基础、更深沉、更持久的力量。中国文化的根脉在乡村。乡村文化作为乡村社会的精神纽带，凝聚着自然之美、人文之美。然而，随着城镇化、现代化进程的加速，乡村文化在多种因素冲击下日渐式微，呈现出衰落之势。因此，振兴乡村文化是当前乡村社会发展的必然要求。

作为贯彻落实乡村文化振兴战略的模范村，山东省泰安市邱家店镇王林坡村迅速脱颖而出成为"网红"文化村并非偶然，是切实解决了一个个发展难题后，才最终获得阶段性喜人成绩，分别在2019年被授予省级卫生村、区红旗党支部，2020年被授予省级美丽村居示范村、新时代"泰山先锋"先进集体，2021年被授予省、市级先进基层党组织和泰安市基层党建示范点。2021年被评为山东省景区化村庄、乡村旅游重点村，2022年被评为省级乡土产业名品村、省第三批乡村振兴

"十百千"示范建设工程示范村，2023年被评为我最喜爱的乡村振兴齐鲁样板、泰安市五四红旗团支部。

种种荣誉的获得可谓来之不易，要知道2017年以前的王林坡村在经济、文化建设等方面都面临着种种问题，陷入了发展困境。表现在以下几个方面。

产业结构不合理。王林坡村以花卉苗木等为主导产业，但由于产业技术水平低，没有形成规模效益，市场竞争力不达标，发展状况一直不理想。另外如樱桃、大蒜、生姜等种植业也较为分散、不成规模。第二产业发展缺少资金和人才、技术支持，第三产业发展更是无从谈起。产业结构不合理，造成一系列连锁反应，村集体年收入仅不到20万元，导致村民在这里缺少稳定的就业机会，造成劳动力流失较严重，形成恶性循环。

土地利用率低。村中不但有大量闲置土地荒弃和乱搭乱建现象严重，影响村容村貌，还另有几处荒弃的自然坑塘和人工鱼塘有季节性积水，在村居处，就成了村民倾倒污水的地方，不仅仅污染环境更有安全隐患。此外还有宅前屋后和荒置的菜地，反映出留守村民生活态度的萎靡，严重影响了村子的精神风貌。更为突出的是，废弃房屋占地问题亟待解决。粗略统计，空置村居达到近1/5，其中有1/3村居几近坍塌，需要修缮或直接拆除。

基础设施建设落后。从王林坡村当时的情况来看，村内道路铺设及交通情况差，除了主干道和辅道乱停车现象以外，尚有多条泥泞小路，雨天行走极为不便；村内卫生条件堪忧，没有垃圾集中堆放点，垃圾箱难寻，随处可见垃圾乱堆放现象；村内绿化欠缺合理规划，人行道路和主路都没有绿化规划，绿化凌乱，随处可见杂草枯树；村子生活设施建设不完备，全村只有一处便民服务点，没有夜间照明，没有便民中心，排水系统老旧，村民的生活极为不便。

另外，更值得注意的是，村民作为乡村振兴，特别是文化振兴的主体缺少活力与正能量。一是各类活动场所如体育健身广场、农村文化广场等利用率不高，其中固然有设备老旧的原因，但也集中体现了村民对于生产生活的消极情绪。二是由于长期缺少精神文明引领，思想教育工作做得不到位，导致道德失范现象加剧，村子缺少凝聚力，村民精神风貌不佳。三是乡村文化人才匮乏，大批文化水平较高的劳动力外出就业，村内由于缺乏专业化高水平人才，无法正确为乡村建设提供科学思路与建设性意见。

基于以上问题，王林坡村新一届村"两委"认真学习党的十九大报告，对于其中乡村振兴战略提出的"产业兴旺、生态宜居、乡风文明、治理有效、生活富裕"五个方面的总体要求进行全方位考量，意识到王林坡村的产业兴旺要以振兴乡村文化为突破口，要以弘扬优秀传统文化为基础，要探索出具有地域文化、地域特色风格的发展途径；乡风文明的构建更要传承乡村中独具特色的民间习俗，承袭礼义廉耻、孝悌忠信等优良的乡风民风家风；建设生态宜居的美丽乡村，则要借鉴中华优秀传统文化中"天人合一"的经验智慧。总之，只有实现乡村文化振兴，才能真正满足村民追求美好生活的愿望，增强村民的幸福感和获得感，才能让陋习恶俗无缝可钻，保持村民淳朴敦厚的传统风貌，维护村子稳定发展的基本局面，才能更高效地推动村子的综合发展，全面贯彻落实乡村振兴战略。

二、主要做法

为了有效解决上述问题，贯彻落实国家、省、市级乡村振兴和文化振兴战略，2018年5月，由邱家店镇政府牵头，与高校合作，组建专业调研团队，网罗各个专业优秀的人才，致力于对村子从专业角度进行规划与管理，按照"产业兴旺、生态宜居、乡风文明、治理有效、生活富裕"的二十字方针，对村庄进行改造规划，全面实现乡村振兴。

为精准定位乡村振兴具体实施方案，邱家店镇王林坡村"两委"在与山东农业大学合作对村子经济、文化发展条件与农民精神需求做了广泛调查与科学分析后，明确了王林坡村实现乡村文化振兴的优势条件。

首先，王林坡村具有良好的地理位置优势，便于与其他乡村合作发展，形成规模效应。王林坡村总面积约 2100 亩，其中村庄占地 680 亩，耕地 1200 亩，空闲建设用地 110 亩，总人口约 1630 人，是泰安市泰山区邱家店镇下辖村。邱家店镇地处泰山区东部的泰莱平原腹地，北面与岱岳区的山口镇接壤，东面、南面以大汶河为界与岱岳区的徂徕镇相望，西面与省庄镇相连，东北又与岱岳区的范镇相接。而王林坡村作为邱家店镇北部的重要村落，位于泰山东南，泰城正东，距泰安市区 12 千米，南与五里井村接壤，西毗北王庄村，东临石碑村，北邻黄沟港村。泰山区内较为发达的交通网络有助于王林坡村同其他村镇的协作发展。

其次，王林坡村所处的邱家店镇具有丰富的旅游资源。据传，泰安市邱家店镇，在北宋初年因有一邱氏在此开店，故名，于 1912 年归属泰安县晋化区。泰安本就是世界驰名的历史文化名城，因此，邱家店镇的村庄有较好的旅游背景。镇区在汶河旅游度假片区，古博城遗址以北规划博物馆、展览馆等设施。镇区商业中心区、汶河旅游度假区、宝泰隆景区、汶香湾等紧密结合，形成了滨河旅游观光区及文化旅游体验区，并建成了与喀斯特地貌相媲美的地下大裂谷和溶洞景点，溶洞长达 6000 余米，洞中布满石花、石柱、石笋、石幔等，结合洞中丰富的地下水资源，打造出 3000 米的地下暗河漂流，成为目前最长的地下河漂流景点。另外，在王林坡村中有一条明清驿道穿村而过，虽然没有遗迹可寻，但作为一种古代的道路形式，记录和传承着王林坡村的历史文化。

再次，新任村"两委"班子年轻、素质高，对国家战略政策执行能力强。2017 年，王林坡村顺利实施了村"两委"换届，一批有文化、充满活力的青年充实到了村"两委"队伍。在当时，王林坡村新任村"两委"成员平均年龄 42 岁，可谓是乡村振兴主力军。在这些人的带动下，王林坡村"两委"经常性地开展"三会一课"教育和学习实践活动，频繁地下基层开展学习各类与农村息息相关的政策法规和农业科学知识，通过学习，大大提高了自身素养，提高了基层组织执政能力。此外，村党支部委员会、村民委员会团结协调，凝聚力和战斗力增强，更是明显加快了新农村建设进程。

最后，上级政府提供资金支持与政策保障。2017年邱家店镇政府就召开连片治理专题会议部署任务。任务指明邱家店镇进行连片治理将"把农村建设得更像农村"作为理念，以社会主义新农村和美丽乡村建设作为指导原则，主要实施绿化、亮化、美化、硬化提升工程，努力实现一村一品、一村一特、一村一景，打造特色景观。以侯石路、刘后路为线，以后店、姚家坡、北王庄、王林坡、宋官、刘家疃、石碑7个村为点，力争将邱家店镇北部片区打造成为"乡村风情浓郁，生态经济发展，村容村貌整洁，生态环境优美，资源节约利用，公共服务健全，交通便捷畅通，生态文化繁荣"的美丽乡村。正因为有上级政府政策和财政支持，王林坡村才有了突破发展问题的勇气与底气。

针对王林坡村乡村振兴的优势与困难，村集体对未来村子的功能定位和建设目标做出明确规划，即以乡村文化建设为突破口，建设具备宜居功能、增收功能、游赏功能、研学功能于一体的新型乡村，目标是将王林坡村建设成集生产生活、乡村旅游、兼顾部分研学旅游和农家乐的风情村落，打造成花木葱茏、乡情浓郁、文化深厚、凝聚力强、三产融合、富有魅力的美丽乡村。

王林坡村"两委"围绕乡村文化振兴的具体目标，基于本村的客观情况和现实问题，从改善基础设施建设、弘扬乡村优秀传统文化、打造乡村文化产业、数字科技赋能乡村文化振兴等四个方面对乡村文化发展做出了整体性规划布局，并在上级政府的政策及资金支持下基本将规划举措逐一落实。经过多年的努力，王林坡村对整体发展规划做出合理调整，目前，王林坡村以乡村文化振兴为核心的乡村振兴建设举措取得了显著成效。

1. 一二三产业多元发展，推动乡村文化产业振兴

产业兴旺是乡村振兴的第一要务，是解决农村一切问题的前提。只

有实现乡村产业振兴，才能更好推动农业全面升级、乡村文化全面进步、农民素质全面发展。

2022年中央一号文件提出"启动实施文化产业赋能乡村振兴计划"。乡村文化产业是一个较新的产业概念，涵盖的产业门类繁多。特别是21世纪以来，为了顺应社会发展，我国乡村文化产业不断丰富，已经形成了种类众多、形式多样的产业业态，如民俗演艺、休闲农业、乡村旅游、田园综合体等，这些产业共同形成了乡村文化产业矩阵。

基于对乡村文化产业的基本认识，王林坡村集体充分考察自身产业发展的基础条件，制定了相对科学合理的产业发展规划与地理布局。首先，决定依托邱家店镇国际花木城继续发展苗木业，同时针对近几年苗木市场不景气的情况，利用苗木做盆景，建设盆景园、根艺园，加工副产品，提供旅游礼品，可供观光、培训、科普研学，形成良性循环的发展模式。其次，多条举措筹集资金发展工业、养殖业，争取形成村北工业发展、村东畜禽养殖的和谐景象，以增加就业机会，提高村民收入，保障村集体收入。最后，多项举措助推乡村文化产业，从景观、文化、体验、餐饮住宿、旅游产品等方面着手，借助原有的素材、空间等条件，辅助以乡村传统文化挖掘，形成一轴线、四个点、两广场、几个院、一片园的规划格局。

基于上述规划，王林坡村从增加技术投入、科学规划两方面入手，优化产业结构，打造乡村文化产业。近年来逐渐摸索出三产融合、富民兴村的振兴之路，村集体收入从2018年不足20万元至2023年增长到接近500万元。

为促进村企合作，更好服务园区企业，2018年，王林坡村党支部邀请村里产业大户和技术能手共同商议，通过外出考察、市场调研、专家指导，确定了"引进新技术，专攻樱桃育苗"的产业转型思路，由村干部带头垫资60万元，党支部领办专业合作社，并依托大樱桃组培育苗项目申请"强村贷"资金98万元。邀请省农科院、果科所专家到村里进行指导，引进了美早、布鲁克斯等品相好、口感佳的新型优质苗种，并回引 4 名苗木专业技术人员和管理人才，手把手培训合作社成员。在资金、技术的扶持下，经过 2 年努力，将原来规模小、缺技术、少销路、收益较低的 500 亩农业产业园，转变为现代化组培育苗中心和大樱桃采摘基地，配套育苗大棚 5 个、冬暖式种植大棚 30 个，培育樱桃、蓝莓等果苗 300 万株，销往内蒙古、辽宁等地，集体年增收 50 万元，全村樱桃种植面积达 260 余亩，种植户人均增收 8000 元。目前，王林坡村正研究推出樱桃酒、樱桃文创等系列产品，延伸产业链，让更多村民在家门口增收致富。

为发展第二产业，王林坡村积极打造片区党群服务中心，作为一个集党群服务、党建联建、资源共享、产业共建多功能于一体的综合服务平台，为企业提供全方位服务，积极配合上级加大对园区企业的支持力度，帮助企业加强与金融、投资等机构对接，争取政策和资金支持，在企业和村民之间搭起互惠互利的桥梁。伴随招商环境的优化，王林坡村吸引了优质项目落地，吸收了社会资本下乡，引入产业合伙人，真正实现了"筑巢引凤""借力发展"。成功收回闲置建设土地 50 余亩，村集体投资建成 1 万余平方米的钢结构厂房，高标准定制安装变压器、航吊等生产设施，完善水、电、路等基础配套设施，确保企业"拎包入住"，为招商引资打下坚实基础。同时，抓住济泰高速等项目征地、企业拆迁的有利契机，党支部积极对接、深入洽谈，先后吸引 9 家制造业企业入驻，打造了汽车配件、管材制造等产业链条，实现村集体经济增收 140 余万元，带动村民就业 160 余人。目前工业园正在扩建当中，村集体以土地入股形式与泰晟公司合作，建设泰晟环保建材项目，村集体占股 20%。项目一期占地 30 亩，正在筹资建厂，项目投入运营后，村集体每年可分红 300 万元左右，解决村民就业 20 余人。王林坡村工业产业园的壮大，不仅促进入驻企业的发展，更在为村集体带来可观收益的同时，助力乡村全面振兴。

第一、二产业的稳步增收，为王林坡村文旅产业发展奠定了基础。他们紧抓美丽乡村建设契机，以生态优势、景观优势培育乡村旅游新业态。在建设美丽乡村的过程中，王林坡村为完美实现形象转型，先后投入1000余万元将曾经臭气熏天的垃圾沟改造成景色宜人的清泉湾，立起有上百年历史的清泉碑，修建了清泉驿亭，将作为古代交通文化和货运文化的一个重要载体——明清古道进行翻新，并以此为村文化旅游标识予以宣传，另架造了松月桥，加装了喷泉灯饰，形成龙吐珠的独特夜景，吸引众多游客驱车来此观赏，从而实现了由破败村庄到乡村文化景点的美丽蝶变。如今的王林坡村五步一景、十步一画，清泉奏乐、绿柳伴舞，在韵味十足的汶水画廊景观带上，点缀着音乐喷泉、龙头吐水、大型悬壶、玻璃栈道等景观，让游人流连忘返，已经形成了乡村文化景观规模。不仅如此，为配合乡村旅游业发展，王林坡村新建停车场、小吃街、生态美食园，增设娱乐配套设施。为满足游客住宿需求，增加就业机会，王林坡村在尊重原居民生活形态和传统习惯的前提下积极盘活闲置宅基地等"沉睡资源"，发展农家小院体验式民宿，让闲置老宅重焕新生，建成环境舒适整洁、设施设备完善、服务接待规范的民俗小院，全力打造精品民宿集聚区。为带给游客不一样的乡村生活体验，王林坡村结合种植业发展成果，创办汶泉圆合作社，建成果树组培中心，以及樱桃、蓝莓、草莓、葡萄等采摘园260亩，让游客在短住期间远离城市喧嚣，呼吸新鲜空气，体验自然之美、乡村之美。为加强红色教育，王林坡村依托济南战役王林坡落脚点，打造红色教育馆，全村整体规划了古泰安历史沿革文化区、泉水文化区、古驿道文化区、红色遗址文化区等地名文化片区，实现游清泉官庄，品泉源文化，忆美丽乡愁。到2023年，王林坡村乡村旅游总收入突破160万元，全年游客接待数量预计突破20万人次，带动集体增收30余万元。

王林坡村以一、二、三产业有机融合的多元化发展模式，不但促进了农业转型升级，推动第二产业规模化，实现乡村文化产业振兴，更为加强美丽乡村建设，满足农民增收致富愿望注入一针强心剂。

2. 完善基础设施建设，提升公共服务质量，打造美丽宜居乡村

打造宜居宜业和美乡村是全面推进乡村振兴的重要任务，这项工作

直接关系到村民生活水平和幸福感、满意感的提升，更是实现乡村文化振兴的重要基础和保障。为此，王林坡村以持续提档升级村容村貌为突破口，努力实现村人居环境品质向干净、整洁、有序、美丽转变，使王林坡村阶段性完成和美乡村建设任务，并为发展乡村文旅创造基础条件。

在王林坡村的基础设施系统性建设工程中，排在首位的是完善生活性基础设施。为建设美丽乡村，改善村民生产生活环境，方便村民生产生活，自2019年10月起，在村党支部带领下，全村党员群众用时6个月，对姜家湾和泉子湾进行清淤治污，先后投资270余万元实施姜家湾生态治理和氧化塘污水处理，确保雨污分离，并通过改造排水沟、路面硬化等提升了村庄整体环境，全村农户厕改率达到100%。村内的生活垃圾由专人负责清运回收，庭院墙壁上，"清洁生活我先行""绿色生活我主导"等美丽乡村建设、美丽庭院建设标语处处可见，村民的生态环境保护意识也得到显著提升。

为弘扬中华优秀传统文化中的尊老、敬老、爱老精神，近年来，王林坡村积极探索居家和社区养老服务改革，完善村养老服务机制，努力为社区老年人提供便捷、健康的就餐服务。2021年10月，王林坡村的"幸福食堂"正式开业，为全村70岁及以上老人和二级及以上重残人员、低保人员、特困供养人员提供免费午餐。针对社区老人日常生活无人照料的问题，为提升社区居家养老服务中心的服务范围和水平，同时也让幸福食堂对外营业，提供一日三餐的就餐服务，菜品制作也尽量适合老年人的饮食习惯和口味，甚至可以为患有糖尿病、高血脂等疾病的老人提供定制餐饮服务，并为行动不便的老人提供送餐服务，满足多样化用餐需求。除了幸福食堂，王林坡村精准对接居民需求，开放文体活动室和日间照料中心，为老年人提供休息、娱乐的场所。为践行为民服务的理念，王林坡村还为老年人提供养生保健、专业康复、医疗护理等多方面照护，切实提高了老人们的获得感、幸福感，成为老人抱团养老、和谐邻里的"安乐窝"。

3. 扩充公共文化空间，丰富群众文化活动，重塑村民文化价值观

一方面，为了传承王林坡村优秀文化传统，重塑村民文化价值观，加快创建文明乡村，形成乡村文明新风尚。王林坡村干部首先着眼于扩充公共文化空间，从有效利用闲置土地入手，将保留了原始印记尚能居住的村庄旧宅进行加固保护和修缮。针对不具有使用价值和历史文化价值的老建筑予以拆除。并对村中街巷进行合理空间规划，加强道路绿化。同时对村庄弃置土地分为三类处理，将村中荒置的空地，开辟成街头小游园，并结合文化墙等进行乡风教化，另设桌椅长凳等供村民茶余饭后闲坐聊天；改建村中戏台广场和健身广场，在现有基础上进行功能与景观的提升；将大坑塘做详细设计，结合明清驿道遗存，做成村中一条风景线，以贯通戏台广场、健身广场。王林坡村成为集可游、可赏、可玩、可学多功能于一身的新型乡村。

另一方面，王林坡村"两委"认识到实现乡村文化振兴过程中传承乡村文化的重要性，意识到乡村文化的重塑并不是抛弃之前一切传统文化再建全新模式，而是在原有优秀传统文化的基础之上建设的更契合社会主义核心价值观和更能满足人们精神文化需求的乡村文化。因此，王林坡村着力挖掘村历史文化名人与传统礼俗，以社会主义核心价值观推动乡村文化价值观的重塑。通过发挥礼俗文化的教化功能，培育文明的乡村风气。通过礼俗文化激发每一位村民内在的活力，自觉地为乡村振兴贡献自己的力量，形成建设乡村的强大合力。为此，王林坡村结合老年中心、乡村图书馆，通过挖掘本地文化，如乡村渊源、模范人物、村中有趣的历史事件等对村文化馆进行优化升级，展示当地的特色文化。利用村内宣传栏、文化墙等一切可利用的工具，把村中礼俗文化中涉及的仁、义、礼、智、信等高度契合社会主义核心价值观的人物事迹、乡村规约，通过故事性的讲述设计文化小品，对村民进行特色文化宣传和道德教育，以大家喜闻乐见的方式提高村民思想道德水平。

丰富村民精神文化生活，增强村民的乡村振兴主体意识也是重要工作之一。王林坡村成立政策宣讲、创业指导、生态环保、全民健身、薪

火相传等多支特色志愿服务队伍，为推动新时代精神文明建设，围绕"五为"志愿服务，王林坡村新时代文明实践站构建了"1＋5＋N"志愿服务矩阵，深化"五种形式"，积极开展"五倡导"志愿服务活动，将新时代文明实践站打造成为电影、图书、表演、宣讲、人气"五聚"之地。并以文明创建为主线，让"公筷公勺、垃圾分类、文明新风、重信守诺"的社会文明新风尚广泛传扬。全年开展理论宣讲50余场，通过通俗易懂的"讲"，让群众有盼头；常态化开展"好媳妇好婆婆""最美家庭""美丽庭院"评选活动，通过大张旗鼓地"评"，让群众有榜样；组建广场舞、秧歌舞、太极拳等队伍，开展文艺展演60余场，通过丰富多彩的"乐"，让群众更充实；依托"我们的节日"，开展新时代文明实践活动50余场，通过文明节俭的"庆"，让群众更满足；深化山东农业大学、山东建筑大学等9所高校与本村的文化交流，积极推动高校与乡村的文化合作项目。同时，王林坡村还以自然环境、乡村文化优势建成了泰山书画院，为知名书画家及本村书画爱好者打造具备本土特色的艺术空间。王林坡村多管齐下积极倡导群众建立自律助人、孝老爱亲、服务利他、节俭绿色、共建共享（五倡导）的新时代美德健康生活，推动融入基层党建、社会治理、文明创建形成合力，实现群众在哪里，文明实践服务就延伸到哪里，打通服务群众"最后一公里"。

4. 数字化技术赋能乡村文化数字化发展

数字化技术的使用可以赋能乡村文化传承，让乡村文化宣传推广形式更加多元，利于刺激农村旅游、电商等产业发展，使农村地区就业问题得到解决，让农村地区重新焕发生机活力。近几年，在数字化发展推动下，王林坡村迈入由"网红乡村"升级为全新的"数字乡村"发展阶段。2021年，王林坡村与泰安联通岱岳分公司签署了数字乡村建设合作协议。

为推动乡村文化产业发展，双方利用村里资源优势与科技融合，从文化服务业、文化投资运营等乡村产业上着手，针对王林坡村乡村文化产业发展需求，从平安监控、Wi-Fi覆盖、智慧旅游、电商直播、智慧大棚、全屋智能等方面为王林坡村量身定制数字乡村建设方案，促进王林坡村乡村数字文化产业转型与优化发展，从而实现质量与效益均衡发展。王林坡村的数字乡村建设，不仅关注推动乡村文化产业发展，还计划通过文化数字化技术推进乡村优秀传统文化得到更加宽泛、多元化的传承，让数字化技术为乡村文化的保护、传承、展示与开发插上翅膀。一方面借助互联网传播乡村优秀传统文化；另一方面，通过深入挖掘乡村文物、乡村历史、乡村人物故事等文化资源，促进乡村文化以新技术形式展现出来。当前，王林坡村正在做一项意义深远的文化工作，即依靠多元化数字平台和现代化信息技术，将文学艺术、村史村志、传统礼俗、乡土艺术以及文化名人等与村庄密切相关的文化资源，以音频、文字、图片或视频等形式展现出来，用数字技术进行文化资源的活化利用，做好乡土记忆的守护，用公众更能接受的方式来让乡村优秀文化得到保留与传承。

当然，乡村文化的有效推广离不开乡村文化振兴主体的主动参与。在村"两委"的积极带动下，广大村民借用抖音、快手、哔哩哔哩、小红书等短视频平台，不仅拍摄记录下乡村多姿多彩的生活情态，客观上推动乡村文化的宣传，还丰富了自己的精神生活，更借助网络平台深度挖掘乡村文化旅游资源，打造乡村文旅IP，加强农业采摘园、红色旅游、特色民宿等旅游资源的推广，为游客提供个性化、精准化、沉浸式的乡村文化旅游体验。

新时代现代化信息技术的不断更迭，为数字技术与乡村文化融合搭建了平台，让乡村文化资源具备前所未有的生机感与活力感，在促进乡村文化振兴中发挥了积极作用，同时能带动乡村经济发展，为实现乡村全面振兴注入内生动力。据了解，泰安联通将继续助力王林坡村在智慧民宿、智慧农业、电商平台等领域开展数字化工作，相信在村民和村"两委"的共同努力下，王林坡村将进一步打造泰安数字乡村样板，全面振兴乡村文化。

三、经验启示

乡村文化振兴绝不意味着完全打破传统乡村文化价值体系,更不意味着简单地复古,而是在保持自身优秀传统的基础上,将先进合理的因素融入乡村文化之中,增强农民的文化认同感、社会使命感,并在乡村文化中寻找新的经济生长点,真正实现乡村文化的现代转型,以重塑当代农耕文明。王林坡村的乡村文化振兴举措及成功经验具有重要的借鉴价值,为山东省其他地市甚至全国的乡村文化振兴事业提供深刻启示。

1. 实现乡村文化振兴要精准定位乡村文化,多元化打造乡村文化产业

乡村文化振兴的实现要以精准定位乡村文化为前提,以多元化打造乡村文化产业为主要路径。一方面,乡村文化各具地方特色,不同的乡村文化体现了不同乡村地区的整体风貌与特征,蕴含着不同的优秀思想精神与内涵,散发着独特的文化魅力与价值。独特的乡村文化为乡村文化产业提供了独特的发展基础,具有天然的发展优势。乡村振兴要精准定位本村文化,使乡村文化建设主体具有高度的文化认同感,也便于节约产业发展成本,提高经济收益。另一方面,在发展乡村文化产业过程中,我们应当意识到多元化发展模式较单一化发展模式有更高的抗风险能力。乡村文化产业有必要在已有产业基础上创新发展,两者相互融合、相互促进、共同发展,积极发展与乡村文化产业相关的上下游产业,形成完整的乡村文化产业链条,甚至要突破空间束缚,实现文化产业跨领域、跨行业发展。

具体而言,打造乡村文化产业,要科学把握地域特色,争取保留原有乡土味道,留得住青山,记得住乡愁。这就需要立足于当地的特色小镇、农业遗迹或历史文物古迹等,特别是那些具有厚重历史和文化底蕴的传统建筑,建设具有乡村特色的道德博物馆、展览馆,提升乡村文化品位和文化气质。或者依托当地历史名人、乡村非物质文化遗产项目、民俗礼仪、传统手工艺等,打造乡村特色文化产业精品工程。不仅带动

了乡村文化产业的发展,还弘扬了乡村优秀传统文化。此外,打造特色文化产业,除了依托乡村别具一格的原真文化特质,还要融入现代元素,使乡村文化重新焕发新的魅力。这就需要增强创新意识,积极探索乡村文化产业发展模式。建设一批特色鲜明、优势突出的农耕文化产业展示区和文化产业群。转变产业发展模式,从注重数量到注重质量,更要积极探索乡村文化产业运营思路,加强乡村文化服务的创意设计,促进文化旅游、休闲农业、科技等多元化发展,尽量形成文化产业品牌,增加乡村文化产业附加值。比如,"乡村文化+旅游",通过把美景、生态、人文、特产、美食等相结合,赋予乡村文化产业多元发展的可能性,构建起集山水观光、乡村旅游、休闲度假等于一体的文化产业新业态,进一步实现农民增收、农业增效、农村增美。

2. 实现乡村文化振兴要培养农民的文化自觉意识,唤起农民的文化认同感

培养文化自觉意识,客观要求农民作为乡村文化建设的主体,应主动了解、明确自身文化形成的历史及特点,甚至是自觉地规划乡村文化未来走向。文化自觉会让农民体会到乡村文化历史的厚重感和内涵的温度感,唤醒他们记忆深处共同的正向价值观。在价值认同的前提下,让更多的农民参与到乡村文化振兴的事业中来,使他们成为乡村文化振兴的参与者与推动者,通过实践活动重塑农民的价值观。因此我们不但要加强优秀风俗的宣传,更要以社会主义核心价值观为引领,加强农民思想道德建设,培养农民的文化自觉意识,同时还要充分发挥农村基层党组织的战斗堡垒作用和党员的先锋模范作用。

通过发挥农民文化自治组织的力量,开展符合民意、表现民情、满足民需的公共文化活动和民俗活动,扩大乡村公共文化空间,以公共文化活动带动农民参与文化建设的热情。通过参与公共文化活动,提高农民建设乡村文化的主动性。让文明新风融入农村生产生活的各个方面,努力把乡村建成风清气正的一方净土。让社会主义核心价值观真正在乡村开花结果,内化于心,外化于行,必须以农民喜闻乐见的方式潜移默

化地渗透到农民的日常生活、社会交往等各个方面，使之成为农民处理人际交往、公共事务的有效价值参考，真正在农民心中生根发芽，发挥其无处不在的精神引领作用。

3. 实现乡村文化振兴，有必要强化政府和基层党组织的领导作用

只有建立科学合理的乡村文化治理模式，才能实现各种资源的有效配置，最大化地满足农民的文化需求以及乡村文化持续性地良性发展。为此，应当建立起以政府和乡村基层党组织为主导的乡村文化治理模式。这就要求政府在领导乡村文化建设中既不能缺位、错位，也不能越位，要明确自身在乡村文化振兴中的角色。

在乡村社会变迁、价值多元化的背景下，政府和基层党组织需要通过对基层文化的领导、管理与监督，给予乡村文化足够的关注、产品供给和价值引领，为乡村文化发展在适应变化中的社会环境和人文环境创造条件，实现乡村文化的社会转型、重塑和发展。第一，政府和基层党组织要根据乡村文化振兴战略实施的具体要求，加强对乡村文化的领导，做好乡村文化重塑的顶层设计，深刻把握乡村文化的发展规律，树立"为农、惠农、利农"的文化建设理念。第二，要制定合理可行的文化政策，做好公共文化活动的组织与宣传工作，通过整合文化资源，切实维护并实现好农民的文化权益，以制度、法律保障文化建设经费的有效落实。第三，通过走访、调研了解农民真实愿望，实现公共文化资源供给与农民文化需求的平衡。第四，加强村一级文化设施的管理与监督，提高乡村文化基础设施使用和公共文化服务的效率，推动乡村公共文化的发展。

【思考题】

1. 为打破乡村文化发展困境，王林坡村采取了哪些举措？有何经验值得借鉴？

2. 如何进一步巩固王林坡村乡村文化振兴的阶段性成果？

树立文明新风　为乡村振兴注入精神动能[*]

——荣成市"志愿信用"的文明实践探索

【摘要】 文化振兴是乡村振兴的重要内容，乡风文明是乡村振兴的重要保障。山东省荣成市作为全国首批新时代文明实践中心建设试点市，作为新时代文明实践中心试点工作的先行试验区，按照党中央的部署和要求，秉承试点先行、因地制宜、务求实效的原则，把文明实践作为推动乡村文化振兴的重要载体，坚持"群众在哪里，新时代文明实践就延伸到哪里"，以志愿服务为支撑、社会信用为抓手，推进新时代文明实践中心建设试点工作，用实际行动回答了新时代文明实践"做什么""怎么做""谁来做""做多久"的问题，成功探索出一条具有荣成风格的可借鉴、可推广、可持续的新时代文明实践"荣成路径"。

【关键词】 乡村振兴　文明实践　志愿服务　信用模式

一、背景情况

党的十八大以来，习近平总书记高度重视乡村文化振兴，加强乡村精神文明建设被放在突出位置。2018年3月，习近平总书记在参加十三届全国人大一次会议山东代表团审议时指出："要推动乡村文化振兴，加强农村思想道德建设和公共文化建设，以社会主义核心价值观为引领，深入挖掘优秀传统农耕文化蕴含的思想观念、人文精神、道德规

---

[*] 本案例由中共山东省委党校（山东行政学院）校刊编辑部讲师张冬梵、中共荣成市委党校政治与社会教研室副主任、高级讲师刘玲玲、中共荣成市委党校科研处副主任、高级讲师宋美媛撰写。

范，培育挖掘乡土文化人才，弘扬主旋律和社会正气，培育文明乡风、良好家风、淳朴民风，改善农民精神风貌，提高乡村社会文明程度，焕发乡村文明新气象。"文化振兴既是乡村振兴的重要组成部分，也是实现乡村全面振兴的活力之源。坚定不移走中国特色社会主义乡村振兴道路，要大力加强农村精神文明建设，不断提高乡村社会文明程度，全力推进乡村文化振兴，激发农村发展的内生动力和活力。

荣成市地处山东半岛最东端，三面环海，海岸线近500千米，占全省1/6、占全国1/36，人口71.4万，千里海疆赋予了荣成人民善良质朴、诚实守信的性格特质。2012年起，荣成在全省率先启动以"全覆盖、全融合、全激励"为目标的社会信用体系建设，全市所有党政机关、社会法人、自然人、村居组织等全部被纳入信用管理，使得每个社会组织、18周岁以上公民都有了自己的"信用档案"和"诚信名片"。全市形成了集信用信息征集、评价、披露及应用于一体的运行机制，诚信建设实现了从道德约束层面到制度保障层面的跃迁。与此同时，荣成也大力推进志愿服务事业发展，借鉴先进地区的发展经验，不断创新志愿服务体制机制建设，于2016年成立了全省首家县级市志愿服务指导中心及志愿服务联合会，对全市志愿服务进行统筹协调、整体设计、监督考核及表彰激励，并在国内率先把志愿服务信息纳入个人征信管理，推动荣成志愿服务从分散化、碎片化到制度化、规范化的转变。

近年来，荣成市依托志愿服务和诚信建设制度化两大特色优势，突出思想引领，强化资源整合，建立新时代文明实践"志愿信用"机制，引导群众积极参与到政策理论学习、美丽乡村建设、移风易俗等活动中来，激发了蕴藏在群众心中的文明力量，推动农村从内到外发生深刻变化。2018年7月，党中央启动了新时代文明实践中心试点建设，荣成市被列为首批全国新时代文明实践中心建设试点县（市、区），2020年5月又被确定为全国10个新时代文明实践中心建设先行试验区之一，荣成市始终走在全国前列。

二、主要做法

乡村振兴需要精神驱动力，让乡村实现由表及里、由内而外的提升。强化乡村精神文明建设，厚植文明乡风，可以有效激发乡村振兴的内在动力，进一步推动新时代文明实践在乡村落地生根。作为全国首批新时代文明实践中心建设试点县、全国 10 个新时代文明实践中心建设重点联系县之一，荣成市突出自身优势，有效整合各类资源力量，形成"志愿信用"机制，在以文明实践推动乡村振兴方面进行了有益探索。

（一）信用积分制推动文明实践走深走实，打通文明传播"最后一公里"

新时代文明实践的主要功能之一是打造学习传播党的创新理论的宣讲平台。荣成市依托前期良好的工作基础，紧密结合农民实际需要和农村实际情况，在活动中宣传思想，在宣讲中巩固阵地，在服务中凝聚民心，教育引导广大农民听党话、感党恩、跟党走。

（1）抓理论宣传，让党的创新理论"飞入寻常百姓家"。以理论宣讲凝聚群众、引导群众，是时代所需，也是群众所盼。针对农村文明实践活动轻思想、重形式的问题，荣成始终把学习实践科学理论和宣传宣讲党的政策作为新时代文明实践五项工作中的重点。在阵地建设上，荣成建成新时代文明实践中心云平台，打造文明实践中心、所、站、点、户五级宣讲阵地，实现文明实践"全市一张网"管理。在宣讲主体上，市委书记、市长作为"1 号宣讲员"，主动走出办公室，下沉到农村开展政策理论宣讲；37 名市级领导班子成员和 124 个部门、镇街负责人主动到联系单位、分管行业、属地辖区，示范宣讲"习语金句"，深入浅出解读习近平总书记治国理政的新理念新思想新战略；同时组建以在职党员干部、专家学者、社会公益组织、退休老干部老党员、青少年、百姓名嘴为主体的六类宣讲团队，满足基层群众多样化、个性化需求。

在宣讲内容上，将习近平新时代中国特色社会主义思想、政策法规、科学技术、移风易俗等定为"必修科目"，镇街分中心、村实践所每年需完成12个"规学"课程，在此基础上灵活选择"选学"课程。组织专班编写了《和风习语》宣讲书目，精心选取习近平总书记提出的"绿水青山就是金山银山""小厕所大民生"等50条金句，逐条整理金句的来源、内涵和典型事例，形成25万字的宣讲教材，已累计印发5000册。在宣讲方式上，本着"哪里有群众，哪里就是宣讲阵地"原则，探索建立"集中＋分散""讲座＋体验""点单＋配送"三种理论宣讲模式，宣讲者直达田间地头、街头巷尾，用家常话、讲故事、打比方等方式，增强宣讲的吸引力、感染力，让群众听得懂、能领会、记得住。新时代文明实践中心建设试点工作开展以来，荣成市开展各类理论宣讲活动1万多场次，打造了"银杏树下传习语""百姓炕头聊政策""暖心食堂颂党恩""文化大集说新俗""餐前一刻钟""场前一刻钟"等一批理论宣讲特色品牌，受益党员群众60多万人次，基本实现了宣讲对象的全面覆盖。

（2）重文明浸润，树立新时代道德新风尚。以文化人、成风化俗是新时代文明实践的价值取向。价值引领方面，荣成对照"文明乡风、良好家风、淳朴民风"的目标，开展"我的志愿故事""我的家风故事"等宣讲活动，建立《家庭文明档案》，推动形成好家风好家训。设立信用榜、四德榜等典型榜，开展诚信示范户、"志愿人家"、好婆媳、文明家庭等评选，利用每季度或年度召开的表彰大会，大张旗鼓地表彰先进典型，用看得见、摸得着的身边"活典型"引导、感染、带动更多群众践行文明新风。以文化人方面，依托镇街文化站、农村文化活动广场、农家书屋等载体，实施科技文化卫生"三下乡""百场戏曲进农村""全民阅读·书香荣成""擂鼓新时代·筑梦新征程""悦动共享·康乐同行"系列文化惠民工程，丰富群众精神文化生活；在中小学生中开展"向国旗敬礼""新时代好少年"等红色教育实践活动，使学生在文明实践活动中获得精神滋养、增强精神力量。弘扬新风方面，开展"文明礼仪培训""移风易俗行动""垃圾分类知识宣讲""威海市文明行为促进条例宣讲"等特色实践活动300余场次，继续实施农村殡葬改革，教育引导群众破除陈规陋习、涵育文明风尚，扎实推动新时代美德荣成建设。截至目前，俚岛镇大庄许家村、宁津街道东墩村、崂山街道地宝圈村获评"全国文明村"，上庄镇、大疃镇、南庄村、甲夼马家村、盛家村、王家庄村、坦埠庄村、大庄村8个镇村获评省级文明村镇，荣成市连续获评第五届、第六届"全国文明城市"称号。

（3）赋信用积分，推动文明实践常态长效。荣成作为全国首批社会信用体系建设示范城市，经过多年探索，已形成科学完备的社会信用体系，全市实行统一社会信用代码、共用统一标准，每个社会组织及其成员都有自己的"信用档案"和"诚信名片"。在新时代文明实践工作中，荣成依托信用示范城市建设的先行优势，进一步完善以精神激励为主、物质奖励为辅的正向激励机制，有助于树立"好人有好报"的价值观念，成为推进文明实践志愿服务深入持久开展的一个重要保障。荣成组织各村结合实际制定信用管理办法，将农村群众参与理论宣讲、清洁家园、扶老助残等26类文明实践活动纳入个人信用管理，根据参与志愿服务的次数、时长等赋予个人信用加分，通过积分兑换、张榜公布、表彰激励等方式推动志愿和信用同频共振。市、镇、村三级每年设立2000多万元文明实践信用基金，200多个村居开设信用超市，变村民福利为信用奖励，达到一定信用积分，可享受"信易贷""信易医""信易游"等200多项守信激励，充分激发了群众参与文明实践的积极性。在信用的撬动下，农村群众对村级公共事务的态度发生明显转变。以前如环境整治、护林防火、网格治理等工作，政府的投入力度很大，群众多是冷眼旁观。现在群众普遍有了"主人翁"意识，很多村里发起的志愿活动，都要靠"抢"，生怕落在别人后面。以清理违建为例，荣成利用信用激励党员干部率先垂范、激励群众自发参与整治，短短7个月，全市778个村整体通过验收，拆除违建11万处、100多万平米，一举解决了长期遗留的历史性难题，工作成效受到国务院督查激励表彰。如今,"乡村振兴党旗红"志愿服务队已经发展到1300多支,农村志愿者达17.9万名,村村都有志愿队、户户都有志愿者,村庄环境美了、民风淳了、风气正了,党组织的引领力和号召力也显著增强,文明实践从最初依靠信用奖励这种外在约束机制,慢慢发展成群众发自内心的认可与主动,"干部干、群众看"转变为"政府搭台、村居敲锣、群众唱戏",形成了人人参与、人人受益的生动局面。

(二)创新志愿服务项目化建设,提升新时代文明实践质量和水平

务实管用,是新时代文明实践的一个基本要求。荣成市一开始就将解决农民的急难愁盼问题作为文明实践的重要内容,以项目为牵引,将项目管理理念引入文明实践志愿服务,在此基础上集中志愿资源,重点培育打造"暖心食堂""黄金一刻钟""海螺姑娘"等志愿服务品牌,解决农村困难群体生活服务供给不足的问题,大幅度提升农民生活品质,推动新时代文明实践内涵进一步丰富、效果进一步显现、影响进一步扩展。

(1)实行文明实践项目化运转。项目制管理的优势在于目标清晰、进度可查、风险可控、资源可以较好整合。一是针对需求设计项目。荣成大胆探索,引导各志愿服务队结合自身特点、立足职能优势、研究群众需求,把农村公益事业都设计成有特色、接地气的志愿服务项目,涵盖理论宣讲、环境管护、助老助残等8大类、60多个领域,每个项目都跟进相应信用奖励,引导群众主动认领。二是规范流程推进项目。荣成坚持"项目引领、活动在先,因事找人、人随事走",镇街实践分中心、村级实践所汇聚群众需求,在市文明实践中心云平台"下单"后,相关文明实践志愿服务队须在规定时间"接单",通过"志愿荣成"网站或手机客户端发起志愿者招募,提报项目名称、时间、地点、参加人数、服务内容、服务要求等详细信息,方便志愿者查找、选择、参与项目,在活动初始及结束阶段,志愿者扫码可成功签到、签退,志愿时长自动录入后台。三是监督考核评价项目。项目开展阶段需要详细记录项目实施过程、参加人数、开展情况等，并由专人负责监督项目是否依法依规开展；项目结束后项目发起人需要及时提报项目总结，包括开展情况、活动成效、存在问题等，文字照片材料留档备查。根据团队志愿服务项目次数时长、群众满意度等指标考核项目，对于经常开展、影响力大、影响面广、群众满意度高的项目，政府会采取"政府资金引导、爱心企业冠名赞助、志愿服务团队具体实施"的运作模式，推动好项目做大做强。而对于未依规开展或效果欠佳的项目，则予以修正或取消，确保所有志愿服务活动都能接地气、聚人气。

（2）推动实践项目品牌化建设。品牌的优势在于扩大影响力，创造更多的价值。荣成市及时总结推广基层开展文明实践活动的好经验好做法，助推文明实践项目品牌化。比如人和镇北齐山村志愿服务队实施的"暖心饭盒"志愿服务项目，每周一次为村内 80 周岁以上的孤寡老人和弱势群体配送可口的饭菜，解决了老年人"一餐热饭"问题。这一项目被荣成有效推广，打造成为"暖心食堂"市级志愿品牌。在人员保障上，荣成参照机关食堂标准进行管理，发动"巧厨娘"妇女志愿服务队伍免费承担食堂做饭和管理工作，通常 3～5 人一组，每人每周服务一次，中午由志愿者统一分餐，老人按需添加，饭后餐具统一清洗消毒，确保老人吃得营养卫生。在物力保障上，荣成市将食堂建设与农村幸福院结合起来，每个食堂获得各级奖补资金累计 9 万元，解决初期建设和基础运营成本问题；同时整合民政局、宣传部、信用中心等部门专项基金近 800 万元建成"基金池"，重点向经济薄弱村、就餐老人多的食堂倾斜；另外，通过整合社会资源、调动社会力量，目前已收到 2 万多家社会组织捐款捐物 1000 多万元，80 个暖心食堂项目由爱心企业认领赞助。在运行方式上，暖心食堂发展出三种运行模式：第一种是村级自助模式，即由村委主导运营，自行组织制作饭菜供老人就餐；第二种是集中配餐模式，一些经济条件较差的村居只负责提供就餐场地，通过市场化方式引入配餐企业、大型养老机构进行配餐；第三种是暖心饭盒模式，针对行动不便的老人，由村居通过市场化运营或者自建厨房，把饭菜"点对点"配送到老人家里。三种模式中荣成优先鼓励发展村民互助型食堂，不仅饭菜质量高，还带动越来越多的群众参与村级自治。在保障机制上，荣成给予"巧厨娘"志愿者志愿服务时长和信用积分双倍奖励，并设立专门的激励资金，发放不同等级的信用激励奖品，进一步激发"巧厨娘"服务热情。为了做好风险规避，荣成市以签订协议的方式提前明确可能发生的风险以及责任，又为每位巧厨娘提供20万元的人身意外伤害险和2万元的医疗保险，免除了志愿者的后顾之忧。目前，全市村居开办暖心食堂507家，覆盖率达到65%，全市3万名志愿者组成了400多支"巧厨娘"志愿服务队，义务参与暖心食堂的做饭、配餐、助餐、卫生管理等服务，为1.5万多名农村80岁以上的老人提供免费午餐。

（3）推动品牌优化升级。针对项目品牌建设过程中存在的新情况新问题，荣成从内容上、方式上不断对品牌进行优化升级。例如，为进一步丰富老年人的精神文化生活，荣成在暖心食堂基础上，升级打造了"餐前一刻钟"宣讲品牌。积极引导"巧厨娘"志愿者化身基层宣讲员，利用暖心食堂开餐前一刻钟的时间，或与老人聊家常、说变化、讲故事、谈政策；或通过交谈了解老人的生活困难，为老人提供理发、缝补、维修等服务；或通过与就餐老人交谈，摸排网格内的异常情况，及时跟进解决；或通过表演文艺节目、吃寿面、送蛋糕等特色方式为老人过生日、送节日祝福，让老人感受更多的情感关怀。更有就餐的老人自发参与到宣讲队伍当中，组建起"红马扎""传声筒"等特色宣讲团队，用亲身经历诠释"莫道桑榆晚，为霞尚满天"。暖心食堂升级成为接地气的"民间课堂"和开展文明实践志愿服务的精神家园，相关工作经验被《人民日报》头版刊发、《新闻联播》特别报道。

（三）延伸文明实践触角，推动乡村产业兴旺

新时代文明实践要想深入人心，除了聚焦思想层面，更要进一步深化拓展，助推农村产业发展，活化乡村多种业态，鼓起农民的"钱袋子"。荣成市推动文明实践志愿服务与信用建设融合发展，多渠道提升农民素质，提供金融信贷支撑，拓宽农产品销售渠道，提供合作社用工人员，为解决乡村产业发展中遇到的技术、资金、市场、人才等瓶颈问题提供了有力支撑。2021年2月，荣成市新时代文明实践指导中心被党中央、国务院授予"全国脱贫攻坚先进集体"。

（1）开展"扶智、扶技"培训活动，提升农民创业致富技能。一方面注重培训的针对性和实用性。按照"缺什么补什么、需要什么学什么"原则，围绕现代农业发展，依托农业农机局成立"情系'三农'志愿服务队"，组织专业技术人员到田间地头开展优质高效农业、林果无公害高产栽培技术等专题培训，培育新型职业农民帮助困难家庭增产增收；围绕农村新兴经济发展，举办农村电商、民宿旅游等专业技能培训，引导转型发展；结合留守群众现实需求，开展家政服务、来料加工、民俗手工艺等实用技能培训，例如"小雅织趣"手工编织志愿服务队，深入村居开展编织技能培训，带动1200余名农村妇女月均增收2000元以上；引航爱心志愿者协会开展"助爱工坊"烘焙技能培训，帮助百余名残疾人掌握一技之长，实现再就业；针对农村妇女群体，指导巾帼志愿者协会打造电子商务培训基地，先后开展电商系列培训10余期，特色面点、传统美食、手工编织等培训30期以及本地民俗特色产品直播21期，共培训妇女1.8万多人次。另一方面，注重培训的规模化、常态化。依托村级文明实践讲堂，开办120余家乡村夜校，邀请党员干部、农业专家、致富能人、道德模范等志愿群体，开展政策宣讲、事迹宣传和农业技术培训。农民白天忙农活，晚上走进夜校"充电"，了解党和国家的方针政策，坚定了通过勤劳奋斗致富的信心，提升了果木种植、水产养殖等技能，起到了扶智、扶志、扶技三重效果。

（2）深入推进普惠金融，破解"三农"融资难题。荣成农商银行全面开展"整村授信"工作，向整体诚信度高的村庄颁发诚信示范村奖牌，并对村内的诚信户发放"预授信卡"。2019年，邢家村成为人和镇首个获得"整村授信"的示范村，村民无须抵押和担保，只要本人信用良好，就能获得授信额度，最快当天就可拿到贷款资金，且享受低利率优惠。文明实践与银行信用的联动让老百姓的信用积分可变现，大幅提升了金融支持"三农"的效果，增强了乡村经济发展的活力。

（3）拓宽农产品销售渠道，解决合作社用工问题。一是积极对接市场，帮助农民解决销售难题。荣成结合贫困户实际需求，整合志愿服务资源，帮助劳动力缺乏家庭进行采摘、包装、销售农产品，采取义卖、直播等形式，帮助农民拓宽农产品销售渠道，助力农民致富增收。2020年疫情期间，针对农产品滞销困境，荣成组织400多支志愿服务团队开展"吃荣成苹果，助脱贫攻坚""志愿助力西瓜义卖""志愿助农 爱心传递"等消费助农活动，帮助果农销售滞销农产品20多万斤。二是开展志愿种粮服务，解决合作社用工难题。为进一步解决村级合作社资金不足、劳动力缺乏等问题，荣成大力推行党支部领办合作社规模种粮，以志愿服务全面代替"耕种管收"人员用工，按照志愿服务时长发放信用奖，压缩经营开支，提高种粮收益。人和镇邢家村成立5支志愿服务队，每支80人左右，负责土地的播种、除草、打药、收获、存储等环节，每5小时积1分信用分，每季度根据信用分高低享受福利发放信用表彰等。上庄镇大李家村依托志愿服务开展规模种粮，2021年种植302亩小麦和410亩玉米，实现利润42万元。2021年荣成通过党支部领办合作社489家，流转土地10万多亩，村均增收13万元，252个收入5万元以下的经济薄弱村于2020年全部摘牌，夯实了整个乡村振兴的经济基础。

三、经验启示

荣成市认真贯彻落实习近平总书记"凝聚群众、引导群众，以文化人、成风化俗"重要指示，加强顶层设计，立足特色优势，创新建立志愿信用特色机制，重点解决文明实践"做什么""谁来做""怎么做"

"做多久"的问题，用文明实践为乡村振兴铸魂，在推进过程中形成了一些经验启示。

（1）突出思想铸魂，打通"供需路径"，解决"做什么"的问题。围绕"做什么"的问题，荣成市以"讲、评、帮、乐、庆"为基本形式，整合优势资源，策划实施一批贴近基层实际、符合群众需要、群众乐于参与的特色活动、品牌活动，进一步凝心聚魂、强基固本。一是抓理论筑根基，坚持以习近平新时代中国特色社会主义思想铸魂强基，志愿者深入田间地头、街头巷尾，叫响了"银杏树下话习语"等志愿品牌，用本土化、接地气的语言，让党的创新理论"飞入寻常百姓家"。二是抓典型树新风。对照"文明乡风、良好家风、淳朴民风"的目标，开展诚信示范户、"志愿人家"、好婆媳、文明家庭等评选活动，广播电台每周定时通过"村村响"，播放自办的"新时代文明实践小喇叭"节目，让文明实践的榜样故事春风化雨般浸润寻常百姓家。三是抓培训促振兴。聚焦农民群众需求，在理论宣讲的同时注重策划开展针对性、实用性强的培训活动，推动农村全面振兴。不管是高效农业、栽培技术，还是农村电商、民宿旅游，只要是村民想要学，实践站尽其所能，既"扶智"也"扶志"，有效提高了培训的针对性、实用性。

（2）突出志愿助力，打通"服务路径"，解决"谁来做"的问题。统筹整合全市文明实践资源，探索建立"1+3"志愿服务模式，推动新时代文明实践活动有抓手、见实效。"1"即一个平台抓统筹。在原有"志愿荣成"网站基础上，增版扩容，数字赋能，搭建了荣成市新时代文明实践中心云平台，采取文明实践"全市一张网"的管理模式，设置活动申请、活动公示、活动动态、志愿团队、镇街分中心、活跃指数等六大板块，对全市文明实践活动进行统筹调度、统一管理，镇街实践分中心、村居实践站、志愿服务团队按照"申请—审批—公示—发布"等流程，在云平台发起文明实践活动，从源头把准导向，有效避免文明实践活动形式化、走过场。同时，简化农村文明实践志愿服务活动程序，为农村志愿者制作专属二维码，参与活动时可直接扫码，也可由专管员统一扫码记录，志愿服务时长自动录入云平台后台，与信用奖励挂钩，进一步激发农村群众参与积极性。"3"即三级队伍抓服务。培植起"专家团队、城区专业团队、镇村团队"三级文明实践志愿服务队伍，聚焦农村群众需求，按照"部门专家团队精准服务、城区专业团队下沉服务、镇村团队自我服务"的模式，实行错位服务、全域覆盖。

（3）突出项目引领，打通"创新路径"，解决"怎样做"的问题。荣成市大胆探索，创新推动志愿服务项目化运转，引领文明实践有效开展。一是聚焦重点工作设计项目。围绕政策理论宣讲、"清洁家园·美丽乡村"、扶贫帮困、文明劝导、助医助学、移风易俗、拥军优属等20项重点领域工作，精心设计"永怀事迹宣讲"等有特色、有影响的志愿服务项目。二是尊重群众首创推广项目。及时总结推广"暖心食堂""暖心饭盒"等基层开展文明实践活动的好经验好做法，引导新时代文明实践工作深入开展。三是强化资金保障扶持项目。采取"政府资金引导、爱心企业冠名赞助、志愿服务团队具体实施"的运作模式，把文明实践中心（分中心、站）及各类志愿服务活动，设计成接地气、聚人气的志愿服务项目，发动企业向志愿服务团队和农村信用基金注资，形成了政府搭台、企业唱戏、群众受益的良好局面。

（4）突出信用保障，打通"长效路径"，解决"做多久"的问题。坚持以基金投入为保障，建立完善"全覆盖、全积分、全激励"的志愿信用机制，将文明实践志愿服务纳入城乡信用体系进行管理考核，根据积分进行相应的奖惩，推动文明实践活动常态长效。在市级层面，荣成市每年设立1000万元的新时代文明实践专项资金，支持基层硬件提升和活动开展，全市22个镇街、910个村居，全部高标准建设了新时代文明实践所（站）。在镇村层面，整合农村群众福利待遇，在每个村设立不少于1万元的文明实践信用基金，总规模达到3000万元。各镇街、村居每季度召开一次表彰大会，对主动参与文明实践、志愿服务的群众，大张旗鼓进行表彰，通过福利变信用奖励，让好人好事有人奖、有人夸。在社会层面，建立"政府设立服务项目、爱心企业冠名赞助、志愿团队具体实施"的机制,每年开展"文明实践公益典礼"等活动,发布文明实践志愿服务项目,发动社会认领。信用奖励持续激活群众参与文明实践的内生动力,"信用有价、志愿光荣"的理念在百姓间形成了共识。

【思考题】

1. 如何看待文明实践与乡村振兴之间的关系?
2. 荣成在推进新时代文明实践工作过程中有哪些特色和亮点?
3. 请结合本案例,谈谈如何做到以文明实践激发乡村发展活力。

打造陵阳"三大文化"产业助推乡村振兴发展*

——莒县陵阳街村文化培育发展新优势的实践探索

【摘要】 2023年政府工作报告指出,要"立足特色资源发展乡村产业,促进农民就业创业增收"。陵阳街村在全面推进乡村振兴战略的形势下,面对产业水平不高、社会发展不全面、人才匮乏、村民经济收入后劲乏力等问题,选择发展本地特色乡村文化这一方向,从而带动乡村旅游,提出并实施了"文化旅游,惠民共富"的发展思路,把陵阳的"三大文化",即"大汶口文化、汉文化、桂花文化"有效地融为一体,立足特色资源发展乡村产业,促进农民就业创业增收,为打造乡村振兴的"齐鲁样本"提供了经验启示。

【关键词】 文化产业　乡村振兴　共同富裕

一、背景情况

山东省莒县陵阳街村依托历史传承的自然文化禀赋,充分发挥本地文化资源优势,以古扬文,以文化产业为引擎,推动农文旅融合,实现多元化发展,打造陵阳"三大文化"产业,助推乡村振兴发展。陵阳街村坐落于莒县陵阳街道驻地,是我国大汶口文化陵阳河遗址核心区,出土了我国最早的图像文字。陵阳街村因位于西汉城阳王刘章陵南侧而得名,村名最早见于明代嘉靖《青州府志·乡社》(1545年),清代康熙

---

* 本案例由中共山东省委党校(山东行政学院)校刊编辑部副教授刘宁撰写。

《莒州志》（1676年）记载为"莒地名村"。陵阳街村距离县城中心5千米，东距日照港仅60千米，地理位置优越，交通便利。改革开放几十年来，陵阳街村不断加强党的建设，紧跟时代步伐，克服重重困难，走出了一条建设社会主义新农村的成功路子。近几年，陵阳街村先后获得了"中国最美休闲乡村""国家森林乡村""山东省宜居村庄"等称号，2020年在中国名村影响力排行榜（300佳）位居第76位。该村主要的特点有以下几个方面。

（一）自然资源丰富

陵阳街村植被覆盖率达75%以上，其桂树资源丰富，是日照最大的桂树植被集群，目前该村拥有树龄在20年以上的桂花树一万余株，北方桂花的所有代表性品种在园内均有栽植。村内有百年老桂花树10余株，拥有观赏价值和收藏价值极高的金桂王、丹桂王的桂树品种，建设拥有准AAA级景区"富桂园"，该园区现为山东省科普教育基地。2021年，陵阳街村被国家林业和草原局评为"国家森林乡村"，陵阳街村举办的"中国陵阳桂花节"已连续举办过十届，被评为"最具乡村振兴提升力示范节庆"称号。

（二）历史文化底蕴深厚

陵阳街村内的陵阳河遗址是我国大汶口文化最集中、最典型的地区之一，属于省级文物保护单位，该地区出土了3000余件珍贵文物，其中国家一级文物11件，大口尊、褐陶牛角号等入藏国家博物馆与山东省博物馆，褐陶牛角号可吹出洪亮的声音，且音调可变，是目前我国新石器时代唯一的一件陶牛角号。陵阳河遗址出土了我国最早的图像文字——陶文。陶文距今约4500多年，比殷墟时代的甲骨文还早了1000多年，该发现蜚声海内外，已入选历史教材。陵阳街村有省级文物保护单位城阳王刘章墓的二王墓，刘章为刘邦之孙，汉初诛灭吕氏的首功之臣，先封朱虚侯、后封城阳王，因此称之为"二王"。依托其深厚的文化底蕴，陵阳街村与中国社会科学院考古研究所合作，成立"鲁东南古代文明研究中心暨陵阳河文化博物馆"，这是国内唯一与国家最高文物考古科研机构合作建立的村级博物馆。同时，莒县文化馆分馆也坐落于此，随之带来沂蒙画院等文化机构的入驻。陵阳街村以自身丰富的历史文化为基础建设"乡村记忆馆"，该馆占地1500平方米，其中建筑面积1000平方米，室外展览场地500平方米，收藏各类物件约2000件，分别在农业生产类、生活类、家具类、民间工艺品类等不同展区陈列，也是世界非遗——莒县过门笺的传承基地。

（三）文化基础设施建设齐全

陵阳街村规划建设了陵阳河文化公园、游客服务中心、鲁东南古代文明研究中心、陵阳街乡村记忆馆、村民培训中心、美术活动室、桂花园、葡萄采摘园等文化旅游基础设施。陵阳街村文化基础设施的建设统一由该村进行管理运营，该村充分运用已建的文化旅游基础设施积极组织开展学术类活动、节庆类活动、旅游类活动、文艺类活动等，例如有"中国陵阳桂花节""陵阳食品节""农民丰收节""陵阳河文化系列学术会议"等。为进一步开展文化旅游活动，陵阳街村新建的游客服务中心，达AAAA级标准，每年的"三大文化"接待团体达千余次，同时桂花公园已实现升级发展，达AAA级标准，为接待更多的游客打造良好的游览环境。陵阳街村乡村民宿游正式启动，现有的食宿设施可一次性接待用餐住宿500余人。陵阳街村还建成了文化商城，入驻的文化业户达100余户。

（四）乡村文化生态良好

陵阳街村一直以来非常重视传统文化遗产保护性开发工作。陵阳街周边文物遗址主要有三处，即陵阳河大汶口文化遗址、杭头遗址、刘章墓，该村对遗产现场保护措施完备、保护制度健全、经费投入有保障、记录和档案资料齐全，全年对外开放。该村与中国社会科学院合作建设的"陵阳河文化博物馆",可满足文物收藏及考古研究的需求。由此衍生出的常设旅游活动项目有陵阳河文化博物馆文化游、陵阳街乡村记忆馆文化游、陵阳河文化公园购物游和千亩桂花观赏体验游,已形成了良好的乡村文化生态环境。

(五)群众文化活动开展丰富多彩

陵阳街村重视人文环境的建设,开展了丰富多彩的群众文化生活,文化成果由人民群众共享。目前,该村已配套建设辐射周边7个村庄的综合服务大楼、社区服务大厅、超市、医院、景区、幼儿园等配套设施,聚力打造幸福美好生活。通过每年在陵阳河文化公园开展文化类活动,极大丰富了群众的文化生活。除了举办展览活动、举行节庆活动外,陵阳街村还举办了颇具该村特色的文化活动,诸如莒县非遗评审会、舞龙舞狮表演、庄户剧团技能展演、周姑戏展演、省吕剧院下乡演出、日照市歌剧院演出等,不仅展示了当地优秀的传统文化,也体现了群众文化活动的品位和鲜明的时代特征。广场舞、腰鼓、老年舞等已成为村里的日常活动,尤其是2023年成立的"陵阳街俏夕阳舞蹈队"多次受邀对外参演,受到广泛好评。陵阳街村的非遗展厅常年对外开放,随时让村民、游客感受非遗的魅力。

(六)文旅融合新发展

陵阳街村坚持创新发展,以村内景区、精品民宿、采摘园等为载体,通过观光旅游、历史文化宣传、民俗文化展演、乡村民宿、特色美食、节庆活动等形式,实现了经济效益与社会效益的有机统一。利用"中国陵阳桂花节"这一品牌,扩大文化旅游的活动内容,每届桂花节同步举办盆景工艺品展、美术展。陵阳街村与县文化馆联合,在陵阳街举办民间艺术开发活动,其中布老虎、民间剪纸、条柳编、周姑戏等较有影响。通过乡村民宿、特色美食节等活动形式,将生态美食园的"东莒望海"烤鱼、杜家全羊、李氏石磨煎饼、马氏全猪宴等做进一步推广。陵阳街村通过坚持发展、不断创新，走出一条文旅融合新发展的路子。

（七）党组织引领文化发展

在发展乡村文化的过程中，陵阳街村十分重视发挥党组织的作用，鲜明地提出了"党建引领、文化铸魂"的发展理念。目前全村党务活动室、党建长廊、党员活动场所完备，党员活动制度等规范化，这离不开基层党组织发挥的积极作用，陵阳街村充分发挥党组织在乡村振兴中的经验被人民网概括总结为"乡村振兴路上的陵阳街"。

党的十八大以来，陵阳街村在建设社会主义新农村和实施乡村振兴战略的过程中，坚定不移地走实现共同富裕的路子。党组织有效引领文化发展，巧妙和科学地提出并实施了"文化兴村、旅游惠民"的新发展思路，成功地解决了过去一度存在的文化产业发展水平不高、社会治理不到位、村民经济收入后劲乏力的问题。在实现农业农村现代化的过程中，把陵阳的"三大文化"，即大汶口文化、汉文化、桂花文化有效地融为一体，作为乡村振兴新的发展亮点，被评价为乡村振兴的"齐鲁样板"。

二、主要做法

（一）挖掘大汶口文化，将乡村振兴的基础建在文化高地上

陵阳河遗址是发现最早的大汶口文化遗址，位于莒城东寺崮山脚下，陵阳河畔的冲积平原上，东西长约 1000 米，南北宽 500 米，总面积达 50 万平方米。1957 年发现，1962 年试掘，1979 年进行大规模发掘，先后发掘面积达 2000 平方米，共计清理墓葬 60 余座，出土文物多达 3000 余件。其中刻有图像文字的灰陶尊、陶质牛角型号、鸟形白陶双錾鬶（pàn guī）等重要文物，弥足珍贵，蜚声中外，堪为国宝。

陵阳街村就位于陵阳河遗址旁，陵阳街经与中国社会科学院考古研

究所合作,成立"鲁东南古代文明研究中心暨陵阳河文化博物馆"。陵阳河文化博物馆建筑面积达 2600 平方米,配套设施齐全,可满足文物标本的陈列展览、收藏保存、科研等方面的需要,现已开放四个展厅,每年接待参观团体逾千个。博物馆所展示的中华文明起源的专题,成为国内外专家所关注的热点,历史科研机构还在此多次召开学术会议、举办历史文化培训活动等。著名考古学家、中国社会科学院学部委员、考古所原所长王巍 5 次来博物馆考察和指导工作。目前博物馆已整理、收藏文物一万余件,在发掘尧王城、薄班台等遗址,系统研究中华文明起源等方面取得多项成果。陵阳街村依托特有的历史文化资源,不断创新发展,将自身打造成为宣传莒文化的重要阵地,把乡村振兴的基础建在文化高地上。

(二)创办"中国陵阳桂花节",为乡村发展搭建平台

莒县陵阳街村创办的"中国陵阳桂花节",已经走过了十余年的发展路程。它由原本一个小村的民俗行为上升为内涵深刻、影响广泛的大型公共文化节庆活动,且知名度越来越高。这个节庆活动的升级发展里凝聚了陵阳街村集体的智慧,汇集了村民共同的力量。

桂花是日照的市花,是陵阳街的一张名片,种养桂花是祖辈留下的传统,把传统项目转化为产业优势是陵阳街所积极探索的乡村振兴路径。从 2013 年开始创办桂花节,进而推动桂花产业的兴起,到 2014 年被省节庆咨询委批准冠以中国陵阳桂花节的名称,且确定了节徽。2016 年中国陵阳桂花节与山东社科论坛同时举办,被授予"创新示范节庆"荣誉称号。2017 年桂花节被授予"最具乡村振兴推动力示范节庆",2018 年成为市政府主办的节庆。在乡村振兴战略的实施中,陵阳街开始了新一轮的桂花产业提升计划。依托千亩桂花园,重点打造"陵阳富桂园"这一集文化、桂花、休闲、观光于一体的田园综合体,将 5000 年来先祖创造的非物质文化遗产融入新的文化景观中,努力将桂花产业园打造成特色突出、景观鲜明、省内一流、全国知名的旅游景区。景区

建设投资3000万元，建筑面积3000平方米，有成品桂花近万株，另有假山奇石、瀑布亭廊等旅游元素，并配套建设了非遗展厅、书画展厅等多个项目，成为远近闻名的城市公园景区。同时，配合陵阳街乡村旅游建设的采摘园、文藏街、游客服务中心、培训中心等，尽快使陵阳街文化旅游形成新的产业优势。

（1）促进了桂花由传统型种养向大产业发展的转变。办节会、建协会、建基地是莒县发展桂花产业的三大举措。十多年来，陵阳街村打响桂花节招牌，用足用活政策，确保技术、土地、资金等要素的顺畅流动。目前全县建成了六大桂花片区，总规模达2万余亩，桂花产业的辐射面达6个省市，实现了桂花由传统种养向大产业发展的转变。

（2）为发展乡村旅游找到快速的切入点。首届桂花节的名称是"莒县陵阳桂花节暨乡村旅游启动仪式"。为办好桂花节，陵阳街村从环境和硬件上下大力气。针对村里环境落后的问题，村"两委"带领群众果断地实施环境绿化、亮化、美化工程，开发建设陵阳河文化公园和桂花公园。将过去分散的农家乐小客房改造扩大为宾馆式住宿，将小餐厅提升为大餐厅。2023年又按四星级标准建设了新的游客服务中心，这样全村具备一次性接待达400人的就餐住宿条件，以及年接待10万人次的能力。2022年陵阳街景区达AAA级标准，并获评"山东省旅游示范村"。陵阳街村把举办桂花节活动作为乡村旅游的切入点，既美化了村居环境，又提升了旅游配套设施。

（3）使乡村振兴有了文化内涵的提升。中国陵阳桂花节创立后，带动了多项工作的跃升。陵阳街村与中国社科院考古研究所合作建立了"鲁东南古代文明研究中心暨陵阳河文化博物馆"；创立了"全国贫困村创业致富带头人（陵阳街）实训基地"（全国仅在四个村设立）；在农业农村部指导下，创立了"全国九村劳模代表合作会议"平台；建立了"日照市基层党员干部教育基地"。通过中国陵阳桂花节活动的开展，该村荣获"国家森林乡村"称号。连续两年获得县委、县政府"乡村振兴领头雁"称号。

(4)带来了招商引资的实惠。"桂花搭台、经济唱戏"是陵阳街村创办桂花节的初衷。近几年,在陵阳街软、硬实力提升的背景下,不少企业纷纷选择陵阳街为投资目的地,寻求合作。其中冷链物流项目累计合作投资达5000万元。光伏发电项目使用外资1亿多元。上海三叶舟食品集团已投资5000余万元,搞食品深加工项目。另有橡胶、塑料、金属加工、商贸等10余家企业在此安家,有100余个文化业主共同经营了"陵阳文藏街",特色鲜明。这些招商引资项目共增加投资近10亿元,年产值增加20多亿元,吸纳就业人员1200余人,使陵阳街年集体经济迈上4000万元台阶,在2020年全国名村影响力排行榜中位列第78位。"中国陵阳桂花节"走出了一条做长做强的路子,对该村产生的效益是全方位的,并且在今后农业农村现代化进程中,将会显现出更广泛的意义。

(三)深化党建引领,为乡村发展铸魂引航

党的十八大以来,陵阳街村不断深化党建统领的认识,为其注入了新时代特征的精神内涵,使其为乡村经济发展铸魂引航。从2016年开始,该村围绕大汶口文化,以创建景区化村庄为总抓手,开展了大规模的环境水平提升行动。针对发展文化旅游业面临的乡村环境落后的状况,村"两委"带领群众果断地向脏、乱、差的环境问题开战,先后关停了5家小企业,清除了20余户养殖场和10余个乱搭建的房舍,迁移了100余座坟墓,开通了2000多米与外界接壤的断头路,复垦出可用于环境建设的土地5万多平方米。在此基础上,陵阳街村以"让乡村更美丽、让城市更向往"为目标,请相关专家对全村环境进行整体规划,按照高端、科学、人文、宜居的标准,对全村按居住、工业、生态、文化的要求划分功能区,开发建设占地5.6万平方米的陵阳河文化公园,建起了博物馆、民俗馆、文化中心、会议中心、游客中心、培训中心等旅游及景观设施,总建筑面积达1.15万平方米。其中正在建设的古商业街和游客中心工程面积约2万平方米,部分设施已在2023年建成启

用。尤其是刚开馆的"建党百年、世纪留声"陵阳党员教育基地，面积达500平方米，投资近200万元，陈列文物1000余件，是日照市仅有的2处党建专题馆之一。陵阳党员教育基地一开馆就吸引了大批专家、学者和党员、群众来参观研学，起到了引领乡村振兴和开发旅游的作用。

三、经验启示

（一）文化振兴是乡村振兴的灵魂

乡村振兴，既要塑形，也要铸魂，要加强党建引领，让文化为乡村经济发展强基铸魂。党的十八大以来，陵阳街村不断深化党建统领的认识，坚持文化兴村、文化铸魂，不断提升文化在乡村发展中的灵魂地位，把大汶口文化、汉文化、桂花文化有效地融为一体，以乡村文化带动乡村旅游，把文化产业发展作为乡村未来发展的主攻方向，规划建设数字农业发展的具体措施，以高端手段建设现代化美丽乡村，打造了中国式现代化的乡村样本。

陵阳街村是我国大汶口文化最集中、最典型的地区，这里出土的3000余件珍贵文物，证明"中华文明的号角率先在这里吹响，中国最早的文字在这里诞生"。中华人类文明首先在陵阳河拉开了序幕，也使陵阳街村最早享有了文明成果和获得文明发展的先机。陵阳街村紧抓这一文化优势，积极探索文化创新发展的新路径。首先，与中国社会科学院考古研究所合作，成立"鲁东南古代文明研究中心暨陵阳河文化博物馆"，为乡村文化、旅游、生态和现代服务业发展提供新思路，进而带动地方相关产业的发展。其次，投资千万元建设的陵阳河古文化市场——文藏街，依托丰厚的文化资源和人文背景的文玩项目，配套农贸市场、宾馆、饭店等服务设施，可进行展览、培训等活动，成为乡村文化传播的重要阵地。最后，在中国共产党建党百年之际，陵阳街村又规划建设了"建党百年、世纪留声"陵阳党员教育基地。该教育基地以习近平总书记关于党史的重要论述为指导，彰显"以人民为中心"的主题，依照人民出版社、中共党史出版社出版的《中国共产党简史》的内容，规范、有序地展出了党的历史发展进程，讴歌红色精神、传播初心使命。这种新型的专题党员教育基地，把党建和现代科技相融合，利用科技手段记录和传播党的声音，为乡村振兴引航铸魂。

（二）积极参加扶贫行动，为乡村振兴增砖添瓦

乡村振兴的目的是提高村民的经济收入和达到共同富裕。陵阳街村创办"全国贫困村创业致富带头人实训基地"，于2020年7月9日获得国务院扶贫办正式批复，于2020年10月正式挂牌开班。在搞好贫困村创业致富带头人培训工作的同时，实训基地多渠道联系，充分发挥自身优势，广泛开展其他项目的扶贫培训工作。目前已与市县组织、人事、妇联、共青团、农业、卫生等多部门达成培训意向。2021年度，共举办各类培训班17期，专业涉及党建、扶贫、妇女、科技、卫生、金融等，培训人员达1992人。另外，为满足扶贫培训需求，陵阳街村对实训基地的现有设施进行了提升改造，投资3600余万元新建了一处服务设施配套齐全、总建筑面积约7000平方米的综合性培训中心。陵阳街村大力推进扶贫工作，努力提高农民收入，为乡村振兴增砖添瓦。

（三）突出地方特色，为乡村振兴不断增创新优势

桂花种植是陵阳街村的传统项目，桂花同时也是陵阳街的一张名片。从2013年开始，通过举办桂花节推动桂花产业的兴起，2014年被山东省节庆咨询委批准冠以"中国陵阳桂花节"的名称且确定了节徽。2016年山东省节庆高峰论坛在陵阳街村举行，更进一步推动了"桂花节"的健康发展。目前桂花节已举办过十届，每次活动都呈现出规模大、档次高、参观人数多、成交量大的特点，在山东省节庆活动评选中名列第四位。在乡村振兴战略的实施中，陵阳街又开始了新一轮的桂花产业提升计划。依托千亩桂花园，重点打造"陵阳富桂园"这一集文

化、休闲、观光于一体的田园综合体，将5000年来先祖创造的非物质文化遗产融入新的文化景观中，努力将桂花产业园打造成特色突出、景观鲜明、省内一流、全国知名的旅游景区。桂花产业园景区工程总规模为7.5万平方米，有成品桂花近万株，另有假山奇石、瀑布亭廊等旅游元素，配套建设了非遗展厅、书画展厅、游客中心等多个项目。同时，配合陵阳街乡村旅游建设的采摘园、文藏街等，可使其尽快形成陵阳街文化旅游新的产业优势。借助这一规划，也可以进一步满足广大人民群众建设宜居宜业和美村庄的美好期盼。陵阳街村坚持规划引领，开展旧村改造，积极推进村容村貌和人居环境整治，创办景区化村庄，全力打造宜居宜业的美丽乡村，走出了一条独具地方特色的未来乡村发展新路。

【思考题】

1. 打造乡村振兴齐鲁样板，推动文化产业发展的创新实践有哪些？

2. 如何在乡村振兴的时代背景下，联系本地实际，以文化创新建设推动经济发展，提高农民收入？

3. 如何进一步将党建工作和乡村文化建设相结合，从而加快推动乡村振兴？

从冬枣产业到冬枣文化的蝶变之路*

——沾化乡村文化振兴的实践探索

【摘要】 党的二十大报告指出，加快建设农业强国，扎实推动乡村产业、人才、文化、生态、组织振兴。乡村振兴，既要塑形，也要铸魂，物质文明和精神文明需要一起抓。2022年4月，《中共中央 国务院关于做好2022年全面推进乡村振兴重点工作的意见》提出"启动实施文化产业赋能乡村振兴计划"。挖掘发展特色文化产业，一方面能以文化产业赋能乡村人文资源和自然资源保护利用，促进一、二、三产业融合发展；另一方面可传承弘扬中华优秀传统文化，培育文明乡风、良好家风、淳朴民风。

沾化冬枣是沾化特有的珍稀种类资源，随着沾化冬枣的声名远播，"冬枣文化"已逐渐成为沾化最具特色的城市名片和文化符号之一。近年来，沾化区委、区政府深入推进乡村振兴战略，谋划实施沾化冬枣"双增双提"工程，加快打造以沾化冬枣节为代表的沾化冬枣文化矩阵，以文化产业赋能冬枣产业，促进一、二、三产业融合发展。冬枣文化日益成为传承发展农耕文明、激发优秀传统乡土文化活力、促进群众增收、扩大对外交流、提升沾化形象的重要窗口。

【关键词】 冬枣文化　文化符号　乡村振兴　形象提升

---

* 本案例由中共滨州市沾化区委党校讲师侯国婷，中共山东省委党校（山东行政学院）公共管理教研部副教授朱晓静撰写。

一、背景情况

山东省滨州市沾化区位于渤海湾南岸，黄河三角洲腹地，历史悠久，为千年古邑，商周时黄河、徒骇河从县境穿过。这里民风淳朴、人文荟萃，被誉为"济北诗书之薮"。沾化古属齐地，境内有姜太公钓台等多处历史文化遗迹，自古即重盐渔业，"杨家古盐业遗址""管子煮盐处"等商业发达的标识遗留至今。沾化境内北宋时置招安县，金代取"海滨之民，复沾圣化"之意始更名为沾化县。明清时期，这里文化世家崛起，人才辈出，先后有40人登进士第，"一科四进士"被传为佳话，"父子二鼎甲"延誉四方，并出现了以李呈祥为代表的一批文学巨匠。这里民间文化资源丰富多彩，有渔鼓戏、东路梆子、渤海大鼓等独具特色的文化遗产。在这片由黄河冲积形成的土地上，遍植着一种神奇的果树——冬枣。

在1998年以前，沾化在山东全省108个县里的经济排名是倒数第一，这主要是因为沾化特殊的盐碱地限制了粮食的生产量，沾化县的整体发展落后。从1984年发现冬枣，到随后几年的时间，冬枣种植开始走进了普通老百姓的生活，经过40年深耕发展，沾化冬枣种植面积30万亩，行销国内34个省级行政区，形成了集生产、销售、研发、储藏、物流、加工和旅游于一体的产业集群。目前冬枣产量稳定在6亿斤左右，品牌价值56.11亿元，在中国品牌价值评价中位列地理标志产品第57名，枣类第1名，枣农人均冬枣纯收入过万元，冬枣已成为滨州市乃至黄河三角洲的一张亮丽的名片。沾化冬枣是习近平总书记视察山东时提到的13种优势特色农产品之一，冬枣产业已经成为滨州市沾化区富民强区的支柱产业。近年来，沾化区以发展路径创新为突破，以科技研发创新为引领，以产业生态创新为抓手，以扶持政策创新为保障，大力实施冬枣产业"二次创业"，全力实施"双增双提"工程，沾化冬枣产业驶入高质量发展快车道。沾化冬枣为沾化带来了许多荣光：荣获第二十届中国绿色食品博览会金奖、第十四届亚洲果蔬产业博览会金奖、受市场欢迎果品区域公用品牌100强、中华人民共和国农产品地理标志……2022年3月，沾化冬枣作为滨州市唯一的农产品品牌成功入选首批"好品山东"品牌名单。

党的二十大报告提出，"加快建设农业强国，扎实推动乡村产业、人才、文化、生态、组织振兴"。乡村振兴，既要塑形，也要铸魂，物质文明和精神文明需要一起抓。在全面推进乡村振兴新起点上，培育文明乡风，建设美丽宜人、业兴人和的社会主义新农村，文化产业正发挥着越来越大的赋能作用。早在2022年4月，为全面贯彻乡村振兴战略，落实《中共中央 国务院关于做好2022年全面推进乡村振兴重点工作的意见》提出的"启动实施文化产业赋能乡村振兴计划"，文化和旅游部、教育部、自然资源部、农业农村部、国家乡村振兴局、国家开发银行联合印发《关于推动文化产业赋能乡村振兴的意见》。在这样的背景下，如何将冬枣产业发展为冬枣文化产业，如何立足冬枣文化挖掘，使乡村振兴更多更好惠及农民，满足农民的美好生活需要，走出一条人无我有、科学发展、符合市场规律的道路，成为沾化冬枣发展过程中亟须探索的一个问题。

二、主要做法

（一）突出"沾化冬枣"特色品牌打造

1. 围绕沾化冬枣进行二次创业

自2003年开始，沾化冬枣的产量在短时间内快速上升，冬枣产量膨胀问题更加严峻，冬枣集中大量上市这段时间，价格相对于前几年出现了明显的下滑，冬枣价格一度下降到3～4元/斤，但是枣农们盲目地认为，只要产量大，价格只要不是太低，还是有利润。这段时期，沾化冬枣产业渐渐走向了畸形发展的道路，质量下降严重，加上有些不良媒体的炒作给沾化冬枣产生了严重的影响。这时候就出现了一个问题：冬枣产业发展怎么办？沾化县委、县政府高度重视沾化冬枣产业面临的问题，2010年1月，开始推出沾化冬枣二次创业方案。这一年，先后召开多次会议，推行标准化生产。为推动沾化冬枣产业可持续健康发展，做好质量控制，推出了一系列措施，例如：亩产限量2000斤，提高产品质量，限制农药滥用，加强冬枣产品检查检测等，才使得沾化冬枣产业慢慢回到了发展的正轨。这期间也解决了生产乱象，沾化冬枣走上了更高端的餐桌。2015年9月25日，沾化冬枣以其良好的品质成功登上深圳航空公司配餐，成为航空配餐的"明星水果"。"'二次创业'挽救了咱们沾化的冬枣产业"，老百姓逐渐意识到质量的重要性，普遍认可政府的做法，纷纷按照要求开展标准化种植。

2. 集中精力培育推广"沾冬二号"

在品种培育上，政府真金白银地投入，事无巨细地服务，培育出了"沾冬二号"。为了让农民尽快接受新品种，政府在种植环境、种植技术等方面的改良上也不断为农民发放补贴、传授技术经验。如今，沾化还设有冬枣研究院，在全区培育了很多枣农示范户，通过示范户传帮带，沾化的枣农也个个成了专家型农民。

3. 强化沾化冬枣的品牌培育

沾化区注重突出品牌打造和维系，特别是上市后收获好评的"沾冬二号"横扫市场，品牌知名度在不断提升。为让农民一代枣改良为沾冬二号，沾化对枣农每亩补贴2000元到一万元。二代枣成熟后怕遇雨，沾化鼓励农户建防雨棚，一亩最高补贴一万元，贷款有两年的贴息。为了让冬枣提前或者延后成熟，延长冬枣在树上的时间，沾化研制出了五种大棚，分别是普通钢架连体防雨棚，还有棉被式大棚、冬暖式反季节棚。沾化的枣农也有很强的品牌培育意识，下洼镇名叫赵文元的农民说："冬枣开花后坐果，一个码子结十个枣，要去掉九个，把亩产由4000斤降到1000斤，这样甜度能达到35。水果甜度达到20个就很甜，35个甜度的冬枣吃了会很难忘吧。你别看产量少了，但收入高了，因为普通枣一两块钱一斤，提质增效后的沾冬二号可以达到15元一斤。"

可以说，在品牌培育上，政府与农民是双向奔赴的。

4. 创新设计沾化冬枣品牌新形象——"一枣一世界"

一颗成熟的冬枣，放眼望去，就像一个缩小版的地球，冬枣表面的红晕就像地球上的陆地板块，黄色部分就像海洋板块，在太阳下折射出黄色的暖光。"沾化冬枣——一枣一世界"的创意就由此而来。从设计上来说，Logo的形状取自一颗真实的"沾冬二号"冬枣。远看是一颗成熟度很高、脆甜喷香的冬枣；近看，枣上藏着一个完整的世界地图，上面还挂着金秋清晨晶莹剔透的露珠。从理念上来说，"一枣一世界"，寄托着沾化冬枣在让更多食客尝到脆甜可口的美味的同时，还能收获更多对世界、对人生、对幸福的感悟，也表达着沾化对冬枣"二次创业"的期望，以及让这枚代表山东品质和精神的"优质农产品"走出国门、走向世界的决心。

沾化区依托国家地理标志农产品保护工程项目，聘请专业品牌宣传团队，制定品牌宣传方案，推出不同风格包装10余款，在北京、上海、重庆、郑州等重点城市进行宣传推介，冬枣品牌影响力全面提升。同时在沾化区进行"一枣一世界"符号的全面推广和应用。走进冬枣研究所，走进沾化很多角落，都能看到"一枣一世界"的Logo，由中国艺术研究院中国书法院院长管峻题写的五个大字，熠熠生辉。"一枣一世界"成为滨州最具代表性的地域文化符号之一。

（二）加强文旅融合创新发展

沾化区以打造"冬枣之乡、魅力沾化"文化旅游品牌为抓手，着力在农文旅融合上下功夫，沾化区因地制宜赋能"休闲农业＋"，深挖文化内涵，做好乡村旅游文章，形成形式多样、各具特色的乡村旅游发展模式，推动乡村休闲旅游与农业产业交叉融合，全面激活乡村振兴新动能。

1. 全域旅游促发展

沾化区构建完成"一心两带四廊六区"全域旅游发展框架。打造

"冬枣之乡"乡村旅游、徒骇河生态旅游、大高低空旅游等特色旅游品牌。依托沾化冬枣原产地和50万亩沾化冬枣园的独特优势，沾化冬枣采摘园每年可接待游客180多万人次。以构建滨州近郊乡村旅游圈为目标，实施休闲农业和乡村旅游精品培育工程，建设黄升堤圈复圣文化和旅游项目、大高薛家九牛农牧庄园、大高千亩冬枣示范园等一批农家乐园。开发建设徒骇河国家城市湿地公园和徒骇河上游旅游慢道，以海天大道和徒骇河上游23千米旅游慢道为依托，将沿线黄升堤圈、大高薛家等村庄串点成线，形成一条以生态观光、果蔬采摘、民俗体验为主要内容的精品旅游线路。全区现有国家AAAA级旅游景区1家、AAA级旅游景区2家。获评国家、省级工农业旅游示范点13家，省级旅游强乡镇3个，省级旅游特色村17个，省级精品采摘园、星级餐馆、星级农家乐、自驾游示范点等23处。建设完成全区旅游标识系统，新建、改造旅游交通指示牌22处。深入开展"厕所革命"，改造提升旅游厕所50余处。

2. 文旅融合新驱动

沾化区以开展文化和旅游公共服务机构功能融合试点为契机，以传统文化、民俗文化、盐业文化为重点，完善文化馆、图书馆、博物馆等文化场所的旅游功能，与周边市民广场、徒骇河国家城市湿地公园等旅游景点串联成线，打造精品研学旅游线路。依托沾化冬枣、河海盐田等特色资源，策划打造"中国冬枣庄园""渤海盐湖"两个国家AAAAA级旅游景区，规划建设渤海老区红色教育基地，创建全域旅游示范区，积极探索文化和旅游融合发展的新路径，以丰富多元的方式诠释文化和旅游公共服务融合新气象。

紧抓品牌带动效应，连续举办25届的沾化冬枣节成为山东省乃至全国国庆期间最具影响力的旅游节庆活动之一，被评为山东省重点乡村旅游节庆活动和"好客山东休闲汇"最佳休闲主题周；山东省低空旅游发展大会暨旅游装备博览会，在全省乃至全国范围内打响了沾化通用航空旅游品牌；2020年沾化冬枣节期间，沾化区共接待游客209.87万人次，实现旅游收入8.1亿元。

3. 保护传承两手抓　非遗传承精品化

沾化区现有文物保护单位21处，其中全国重点文物保护单位1处，省级重点文物保护单位3处，市级10处，县级7处。普查登记革命遗址5处，其中2处被列入市级革命类文物保护单位，1处被列入市级革命遗址遗迹保护单位。沾化博物馆2016年正式开馆，以诗书文化、海盐文化和老渤海革命精神为主题重点设计历史文化展厅、红色文化展厅、古代盐业展厅、非遗展厅，藏品数量302件，其中三级以上国家级文物33件。

开展非物质文化遗产普查，普查项目184项，编纂《沾化非物质文化遗产普查资料汇编》。全区被列入各级保护名录的非物质文化遗产项目共计46项，市级以上非物质文化遗产代表性项目代表性传承人7人。依托国家级非物质文化遗产——沾化渔鼓戏这一地方文化特色，精心打造文艺精品，新编渔鼓戏《审衙役》《追龙缸》《打板桥》《老邪上任》等剧目连续7次参加"中国戏剧奖·小戏小品奖"决赛，荣获一等奖并稳居榜首，实现了地方小戏参加国家级大赛的"七连冠"；《老邪上任》荣获全国群众文化艺术领域政府最高奖"群星奖"，填补了自全国文艺性评奖制度改革以来山东省在此类奖项上的空白。

4. 文旅服务全方位　惠民利民入基层

总投资4.2亿元的沾化区市民活动中心全面建成并对外开放，年累计接待读者、参观人员30多万人次。全区11处乡镇全部设立文化站，均达到三级文化站标准。建成文化馆分馆4处、图书馆分馆8处，全区438个行政村全部建立村级综合性文化服务中心。沾化区文化馆成为全国文化和旅游公共服务机构功能融合试点单位，获评2019年度山东省文化和旅游系统先进集体。出台《基层综合性文化服务中心管理工作经费使用管理办法》，落实文化管理员经费保障，经验在全省推广。沾化大剧院正式投用，成为山东首批19家省市县三级联合购买文化惠民演出试点剧场之一，剧场以优惠票价向群众提供公益性演出。

深入实施免费送戏下乡和农村公益电影放映工程，年平均送戏300余场次、放映电影4000余场次。大力开展各类文化艺术培训活动，依托图书馆、文化馆、博物馆，针对成人和儿童开展国学、朗诵、音乐、书法、剪纸等各类培训班，年累计参训人数5000余人次。

（三）挖掘冬枣文化最美内涵及冬枣文化最佳表现形式

2023年以来，沾化区委宣传部、区文联深度挖掘沾化冬枣文化符号的引领作用，精心组织、推陈出新、全面推广，借助文艺的力量深刻阐发和解读冬枣文化的精神内核，激发乡村振兴的内生动力，在新时代新征程上有效延展黄河文化的"域"值。

1. 溯本正源，寻找沾化文化的最美内涵

沾化区以"迎新年 枣乡新韵 翰墨鲁北"五级书画家作品联展为契机，在全省率先启动"寻找美术符号 助力乡村振兴"主题活动，多次组织召开专题研讨会，提炼最具本土特色的艺术符号。

枣自古代开始便蕴含着丰富的内涵。《黄帝内经》记载："五谷为养，五果为助。"枣便是"五果"之一。早在7000多年前，黄河流域先民便开始采集利用枣果，将其作为食材，枣子有"铁杆庄稼""木本粮食"之誉。《战国策》载，苏秦对燕文侯说："北有枣栗之利，民虽不由田作，枣栗之实，足食于民矣。"《韩非子》也记载了秦国民众用枣栗度过饥荒的故事。枣更有医药价值，《药性赋》等古籍对此均有论述。《本草纲目》称大枣有"主心腹邪气，安中，养脾胃，平胃气"的功效，"久服轻身延年"。枣不仅是经济作物，还被古往今来的文人墨客赋予了浪漫的诗意。唐朝诗人李颀吟咏"四月南风大麦黄，枣花未落桐阴长"，北宋诗人张耒描述"枣径瓜畦经雨凉，白衫乌帽野人装"，与枣有关的乡间景象呼之欲出，引人思绪起伏。前几年，一曲《九儿》"身边的那片田野，手边的枣花香"红遍大江南北，很多人都能哼上几句……沾化冬枣的文化底蕴正是源于此。

放眼沾化，冬枣以独具特色的艺术魅力进入美术家的眼中。冬枣耐盐碱和干旱，冬枣花是优质的蜜源，冬枣每年要遭受一次环剥之苦才能迎来繁花满枝和硕果累累，这种树木外形美观，枝干苍劲虬曲，粗犷嶙峋，充满阳刚之气，非常适合入画。冬枣的树干材质坚硬、纹理细腻，可用来制作各种生活用具和雕刻成不同形式的民间美术作品。黄河精神——团结、务实、开拓、拼搏、奉献，是中华民族核心价值观的重要体现，冬枣文化的精神内涵与黄河精神同质同源，是组成黄河文化的一个重要区域性分支。此外，沾化冬枣成熟期果满枝头，生命力顽强且长盛不衰，又有着"多子、长寿"等多重民俗吉祥寓意。沾化冬枣丰富了老百姓的物质生活，在特定的语境中其文化属性逐渐充实着人们新时代精神层面的审美需求。经过反复探讨和深入思考，沾化区提炼出沾化冬枣作为艺术符号的最本质特征：坚韧包容、不屈不挠、无私奉献。

2. 精确提炼，寻找沾化文化的最佳艺术表现形式

美术是最直观形象的一种艺术形式。为了更好地从沾化冬枣中提炼出崭新的美术符号，从2023年3月开始，沾化区率先组织了春季"冬枣写生与创作"主题活动，邀请20余名书画家在沾化冬枣古园里，提炼冬枣入画，丰富了当代美术的创作题材，引起社会各界的强烈反响。4月16日，山东省新时代文明实践文艺志愿服务首场"寻找山东美术符号　助力乡村文化振兴"作品展——沾化冬枣写生作品展在滨州市沾化区美术馆举办，拉开了全省美术界"寻找美术符号　助力乡村振兴"主题活动的序幕。7月、10月，沾化区组织骨干画家进行冬枣夏季和冬季写生创作，并举办了作品展，进一步丰富和强化了沾化冬枣这一美术符号，沾化冬枣的美术艺术形象逐渐丰满起来。

除了借助"寻找美术符号　助力乡村振兴"主题活动，沾化文艺界还对拓展冬枣文化的其他艺术表达形式进行了探索和尝试。

在文学方面，围绕沾化冬枣题材，区作家协会举办了多次征文、征联比赛活动，作家们创作了大量对联、古典诗词、散文、小说等文学作品。其中沾化籍作家刘洪鹏出版了首部反映沾化枣农创业史的长篇小说《枣儿香枣儿圆》，小说深刻展示出沾化社会主义新农村建设的巨大成

就，歌颂了新时代沾化农民勤劳、智慧、勇敢、担当的可贵品质。2021年10月4日至6日，第23届中国滨州沾化冬枣节系列活动之"中国作家乡村振兴沾化行"成功举办。40余名国内知名作家赴沾化区冬枣研究所、下洼镇生态采摘园等地采访参观，了解冬枣的种植、农民的收入、乡村的变化，感受沾化丰厚的历史和独具特色的人文风物，并通过召开座谈会，交流思想，传承中华优秀传统文化。作家们被沾化文艺助力乡村振兴的成果所吸引，流连忘返。中国作协副主席白庚胜给予了高度评价，欣然题词：沾化创伟业，中华更辉煌。

在音乐方面，沾化区音乐家协会以冬枣为题材，创作了《心动沾化》《人间最美是家乡》等原创歌曲，部分冬枣主产区乡镇还创作了镇歌。沾化籍词作家路兴华受沾化渔鼓戏剧目《老邪上任》启发，创作了表现乡村振兴题材的歌词《村长外号叫"老邪"》。这首词角度新、接地气、有特色、以小见大，被列为山东省音乐家协会2021年建党百年重点扶持创作项目之一。这首歌结合音乐创作的现代技法，保留了"渔鼓戏"高亢、明快的独特韵味，极富感染力，得到了著名歌唱家阎维文的赞赏并亲自演唱，中国艺术研究院中国书法院院长管峻特意为该作品题写了歌名。

在戏剧和电影等方面，沾化区深入实施优秀民俗文化保护工程，抢救性整理挖掘沾化渔鼓戏，先后创作推出《审衙役》《追龙缸》《打板桥》《村里有个烂筐子》《老邪上任》《闹婚》《墙角》等近20部优秀剧目，在"中国戏剧奖 小戏小品奖"、全国优秀小戏和小品展演大赛中连续七次获奖。2021年9月26日，沾化区非物质文化遗产保护传承中心（沾化渔鼓戏剧团）和山东演艺集团联合打造的大型渔鼓戏《郑板桥》举行首场演出，该剧浓墨重彩地反映了郑板桥的民本思想和清廉品格，将加入山东剧场院线，在全省院线平台进行巡演，并通过省演艺集团的剧院、媒体资源推向全国，提升了沾化渔鼓戏的知名度和影响力，全力打响"一部小戏走全国"的文化品牌。9月27日，沾化区组织创作的中国首部渔鼓戏电影《枣乡喜事》成功首映，该片讲述了两对农村青年男女一波三折、富有喜剧色彩的故事，再现了农村移风易俗、树文明倡新风的新气象，通过电影艺术的有机嫁接，使沾化渔鼓戏这一国家级非物质文化遗产项目的传承与发展焕发了青春。

3. 艺尽其用，积极创建展示沾化文化符号的平台

为强化沾化冬枣文化符号的推广和运用，沾化区制定了《沾化文化符号应用方案》，把助力乡村振兴作为落脚点。在美术符号应用方面，对沾化区的历史文化、自然风光、国家地理标志物产等方面的题材重点挖掘，精选全区骨干画家认领创作任务。在调研的基础上，根据不同乡镇、村居的自然条件，区美协设计出各具特色的创作草稿，在创作手法上采用多种表现形式，对于适合大型墙体画创作的乡镇村居，在与当地政府村居协商后实施创作，与建筑和园林景观相结合，进行村居环境综合改造提升，把乡村文化广场打造成乡村旅游观光点、打卡地。2023年8月，第一阶段墙体彩绘在大高镇薛家村、黄升镇堤圈村等村庄启动，共绘制大型墙体彩绘100余幅，总面积达5000平方米，把这些美术作品展示在百姓的家门口，拓展了展示空间，用美术作品培育文明乡风，提升乡村艺术品位，把广大乡村打造成没有围墙的展厅，为青山绿水中的美丽乡村增光添彩。

沾化区还将冬枣文化符号应用拓展到沙盐画领域。2021年5月23日，在第八个中国文艺志愿者服务日之际，2021山东文艺志愿服务主题活动"永远跟党走　祖国万岁"大型沙盐画广场演绎大赏启动仪式在沾化举办。来自北京和山东省九市的沙画文艺工作者精心绘出"永远跟党走　祖国万岁"巨幅沙盐画。沾化的地标建筑魁星楼、渔盐文化、新能源、渔鼓戏、冬枣、母亲河徒骇河等元素进入画面，场景十分壮观。

沾化区还充分利用快闪、短视频、微信公众号、美篇、微博等现代媒介，打造老百姓看得见、听得着的立体形象；把文学作品普遍制成了有声广播，把形象转化为声音；把音乐戏曲曲艺作品，制作成MV作品，投放到国内知名院线滚动播放。沾化冬枣艺术符号变成了"形可见、声可闻、意可感"的立体形象，拉近了与广大受众的审美距离，满

足了他们的审美需求，提高了老百姓的满意度。

4. 行稳致远，明确沾化最美文艺符号的时代价值

选择沾化冬枣作为文艺符号进行提炼和创作，是沾化区贯彻"两创"方针，用文艺助力乡村振兴的最佳结合点和突破口。通过沾化冬枣艺术符号的提炼和产生过程，进一步扩大了沾化冬枣产业的影响，树立了沾化区良好的文化形象，优化了沾化的文化发展环境。2023年11月28日，在山东省文联"寻找美术符号 助力乡村振兴"首届成果展中，沾化区报送的作品《沾化冬枣红了》《枣之韵》两幅作品入展，沾化区文联、区美协被省文联、省美协评为全省十佳组织工作先进单位之一，沾化区打造冬枣文化符号、延展黄河文化"域"值的典型经验通过山东文联微信公众号在全省推广。沾化借助"沾化冬枣节"等有影响力的活动，充分发挥"两新"组织和新时代文明实践志愿服务中心作用，贯彻"三个走在前"，实施"四单"化操作项目化管理，分别利用发布会、研讨会、座谈会等多种方式，对沾化冬枣艺术符号进行全方位包装、立体化宣传，形成了沾化冬枣文化符号遍地开花的现象，为黄河精神注入了大量鲜活的时代元素。随着黄河流域生态保护和高质量发展历史时期的到来，这种饱含新时代文艺符号的黄河文化将以更加昂扬的姿态走向全国，从而有效延展黄河文化的"域"值，为黄河文化的传播与发展提供鲜明的沾化个案。

（四）举办特色节庆活动助力乡村文化振兴

沾化冬枣是沾化独有的珍稀果品，也是沾化最具特色的优势品牌。为进一步提高知名度，沾化聚焦枣花节和冬枣节两个特色节庆活动，以节为媒，促进群众增收、助力产业发展、扩大对外交流、提升沾化形象，全力助力乡村文化振兴。

1999年沾化县第十三届人民代表大会第四次会议通过决议，把冬枣树定为县树、10月3日定为冬枣节。截至2023年，沾化冬枣节已经成功举办25届。这是集中展示冬枣文化的最大平台，是文旅融合发展

的很好方式。在这个大的品牌之下，沾化区结合实际情况，设计不同的节会分项组成部分。

沾化冬枣的原产地与主产区——下洼镇，是以"品尝沾化冬枣，体验农家风情，享受自然休闲"为主题，以冬枣密植采摘园景点为主体，辅以周围特色性自然与人文景观，以"一线"（平于水库公园——冬枣研究所——张王河汉公园——50里冬枣密植长廊——思源湖）、"二场"（东西两大冬枣交易市场）、"三林"（明星林、博士林、作家林）、"四园"（观光园、休闲园、市场园、采摘园）为中心的生态农业观光型旅游景区。景点丰富，纵横交错，曲折回旋，集游、学、赏、玩、摘、息于一体。重点开发建设的沾化冬枣生态旅游区和沾化冬枣旅游示范区是生态旅游区的采摘区。景区以枣农人家休闲、游憩，参与体验采摘，赏果为主要功能，园中建设枣园游道及游赏果园、农家乐小区、枣林凉亭、观枣台等场景。

2023年冬枣节上，还举办了以"促进产销对接，叫响农业品牌，助力乡村振兴"为宗旨的展览，在开幕式主会场布置了12个乡村振兴成果展，分别由8个冬枣特色展区、1个畜牧特色展区、2个渔业特色展区和沾化供销社展区组成，展示了近年来全区的乡村振兴成果。外围设置了"食域滨州"区域公用品牌展区，遴选了全市74家农业企业和预制菜企业参与展销。在场馆的中心位置，设置了农产品企业购销对接洽谈区，方便参展企业和采购商进行对接洽谈。同时，为丰富节日气氛，在展馆的东、南两侧外围道路区域设置了"丰收夜市"环节，规划了80余个美食、小吃展位，在丰收节期间与场内展馆同时对外开放。

同时，山东省滨州市2023年中国农民丰收节暨第25届沾化冬枣节期间，还陆续举办"双招双引"推介会、高端专家论坛、沾化冬枣系列评选、沾化冬枣"走进城市品牌宣传""一枣一世界"立冬公益直播季、系列新闻宣传与融媒直播、"冬枣之约"乡村旅游、全省食品精深加工（技术）高质量发展现场会暨食品工业企业诚信管理体系国家标准贯标培训班等活动。

三、经验启示

近年来,沾化区委、区政府深入打造以沾化冬枣节为代表的沾化冬枣文化矩阵,以冬枣文化赋能冬枣产业,推动乡村文化振兴向纵深迈进,探索形成了一些经验。

(一)寻找文艺符号,开辟乡村文化振兴新路径

乡村文化是乡村发展过程中各种物质财富和精神财富的总和,乡村文化最终是以各种文化符号的形式表现出来,乡村文化符号是地方区域文化的文脉所在。因此在乡村文化振兴的过程中,文艺符号的寻找和确立极为重要。2021年3月沾化区在全省组织开展"寻找美术符号 助力乡村振兴"主题活动,从沾化冬枣中提炼出崭新的美术符号,以此为基础,深挖当地文化资源,形成地域文艺符号矩阵,产出了大量诗词、散文、小说等文学作品,同时区音乐家协会以冬枣为题材,创作一系列原创歌曲。其经验分别被市作家协会和省音乐家协会借鉴推广,"沾化旋律"被省农业农村厅确定为全省乡村特色文化艺术典型案例。为增强文化品牌影响力、传播力、渗透力,沾化区充分利用抖音、快闪、短视频等现代媒介,将沾化文艺符号变成"形可见、声可闻、意可感"的立体形象,拉近了与广大受众的审美距离。

(二)实施清单管理,塑造乡村文化振兴新风尚

乡村文化振兴具有明确的问题导向性,沾化在螺旋式上升进程中不断发现问题解决问题。通过了解基层群众所思所想所盼,有关部门形成了文艺精品创作、文化惠民活动、文化体制改革等问题清单,实行销号管理,打通文化为民服务"最后一公里"。自2021年以来,全区12个乡镇(街道)均建立基层文联。2022年全区实施"自下而上、以需定供"的互动式、菜单式服务方式,完成免费送戏下乡538场次、公益电

影放映 4900 场次。2020 年 10 月，以沾化区农民为原型，组织创作中国首部渔鼓戏电影《枣乡喜事》，获得"中央宣传部电影数字节目管理中心推荐影片"，第五届中国农民电影节"2022 年乡村振兴主题电影推荐影片"，第五届中国戏曲电影展"优秀戏曲电影"三项殊荣。像《枣乡喜事》一样，沾化区许多文艺作品都直面农村现实问题，汲取源头活水，完成了基层经验的升华，凝聚起乡村振兴的磅礴力量。

（三）坚持以人为本，树立乡村文化振兴新模式

乡村文化振兴关键是做好人的工作，沾化探索实行了乡村文化振兴"人才＋机制＋服务"的新模式。近年来，区委、区政府高度重视人才工作，大力实施"人才兴文"战略，出台文艺人才培育专项规划和配套扶持激励措施，形成文化强区建设的中坚力量。9 名中国戏曲学院、山东艺术学院的专业毕业生被招入沾化渔鼓戏剧团，4 名文艺人才调整充实到区文联等专业岗位，让专业人干专业事。为优化文化资源配置，将渔鼓戏剧团整建制转为非物质文化遗产保护传承中心，保留沾化渔鼓戏剧团牌子，由差额事业单位转为全额事业单位，让剧团重新焕发生机。沾化区成立理论政策宣讲、文化文艺服务等 17 支区级志愿服务队，累计开展理论政策和培育主流价值宣讲、法治宣传、文艺志愿服务等4500 余场次，惠及群众 20 余万人。近年来分别承办全省农村"一村一年一场戏"免费送戏工程现场会、第九届山东省戏剧红梅大赛（京剧专场）、2023 年秋季村晚暨农民文化艺术季等多个省级现场会，会上沾化均作典型发言。

（四）弘扬传统文化，铸就乡村文化振兴新辉煌

乡村文化振兴具有历史的持续性，是动态发展的实践过程，沾化注重继承弘扬中华优秀传统文化，做好历史与现实的结合文章。沾化历史悠久，曾被誉为"济北诗书之薮"，沾化人民铸就了勤劳淳朴、坚韧顽强、忠诚担当、乐观奉献的精神特质。为传承弘扬这种精神特质，沾化

区建立了沿渤海文化体验廊道，举办了中国滨州沾化冬枣节等大型节会，目前已开展至第 25 届。同时，充分挖掘境内红色资源，搭建载体，先后建成于慎德烈士纪念馆、徐万粮歼灭战纪念馆、"枣乡长歌"党性教育基地等平台。2021 年沾化区被授予"全国四史宣传教育基地"称号并获赠一面建党百年庆典红旗。

【思考题】

1. 在乡村文化振兴中，如何深入挖掘特色文化？
2. 在乡村文化振兴中，特色文化如何赋能特色产业？
3. 如何寻找文艺符号，开辟乡村文化振兴新路径？

以"文化先行",赋能乡村治理,促进乡村振兴*

——齐河县乡村文化振兴的实践探索

【摘要】 党的十九大报告指出,农业农村农民问题是关系国计民生的根本性问题,必须始终把解决好"三农"问题作为全党工作的重中之重,实施乡村振兴战略。具体而言,乡村振兴战略包含了五大方面,分别是产业振兴、人才振兴、文化振兴、生态振兴、组织振兴。乡村振兴,既要塑形,也要铸魂。没有乡村文化的高度自信,没有乡村文化的繁荣发展,就难以实现乡村振兴的伟大使命。乡村振兴,文化先行。山东省德州市齐河县针对文化振兴重点发力,引入社会力量、聘请专业人员、深挖地域文化……齐河县委宣传部创新实施"文化先行官"项目,通过引入社会力量、聘请专业人员、深挖地域文化,走出一条"政府主导、社会参与、激活阵地、群众受益"的乡村文化振兴之路。

【关键词】 乡村振兴 文化先行 实践探索 赋能乡村治理

一、背景情况

近年来,为推进城乡公共文化服务均等化,加快农村基层阵地建设,各地实现了新时代文明实践阵地全覆盖。然而,在具体运行中,出现了"有阵地、缺人气""有底蕴、缺挖掘""有资源、缺人才"等问

---

* 本案例由中共山东省委党校(山东行政学院)政治和法律教研部讲师崔杰、杜晓娜,中共齐河县委党校总支部委员、高级讲师孙德奎,中共齐河县委党校助理讲师宋杰撰写。

题，场馆利用率普遍不高、缺少专业文化人才、实践服务缺少吸引力等。几年前，文明实践所（站）除了有村民闲暇时下下棋、聊聊天外，几乎没有文化及文明实践活动，基层阵地面临"有锅无米"的尴尬、乡村文化面临"造血"能力不足的困境、手工技艺面临"人去艺绝"的窘况，基层公共文化阵地效能发挥不足，文化供给与需求不匹配。

阵地要建好，更要用好、用活！为实现新时代文明实践中心（所、站）"门常开、人常来、有事干、还想来"，齐河探索找到了引入社会力量激活一池春水、助力乡村振兴的有效路径。2020年，齐河立足实际，充分发挥社会力量独特优势，创新实施"文化先行官"项目，实现文化振兴、文明实践工作实体化运行、项目化推进。

二、主要做法

（一）激活三个主体，形成政府、企业、村民的闭环联动

1. 政府，从"办文化"向"促文化"转变

过去，办好文化活动，促进文化繁荣一直是基层政府的一项短板，实际工作中往往面临两个难题：一方面，人员不足，基层政府往往更加重视经济建设与政治建设，而在文化建设方面人员配备不足。华店镇党委副书记刘亚楠表示："长期以来，华店镇一直高度重视文化建设，尤其是近年来不断提升阵地建设，但基层文化人才队伍总量不足，尤其是文化辅导和管理人员更是缺乏，活动吸引力不够，严重制约了基层文化事业的繁荣发展。"另一方面，相关人员缺乏相应的业务能力，对于从事专业性的文化活动往往有心无力。

为了解决这样的困境，齐河县大胆创新，引入社会力量负责文化活动的策划与组织、场馆运营与管理、本土特色文化活动品牌打造等一揽子新时代文明实践志愿服务，盘活用足文明实践阵地资源，提升设施利用率，突破了从"缺不缺、够不够"到"用不用、好不好"的瓶颈，变"群众在哪里，新时代文明实践活动就延伸到哪里"，逐渐打通了利用文

化资源教育群众、关心群众、服务群众的"最后一公里"。并进一步培养村民的兴趣和能力，让农民逐渐成为文化活动的主角，通过这样的方式，政府从具体的文化活动中抽离出来，不再以文化主办者的身份出现，而是以协助者的身份为村民提供必要的政策与物质条件，从"领着农民走"到"陪着农民走"再到"跟着农民走"，政府减轻了工作压力，既有设施得到了更充分的利用，自从"文化先行官"项目开展以来，华店镇文明实践所工作日有效开放时间达到8小时，每天的人流量能到200多人。同时也赢得了群众广泛的认同与良好的口碑。

2. 企业，从"不接地气"向"打成一片"转变

文化与艺术作为一个社会精神成果的高度凝练，往往掌握在少数精英手中，文化从业者走的往往是"上层路线"，文化公司做的往往是高端的文化项目，相应的一些文化与艺术类的学生，往往也行走在文化前沿与社会上层，对于普通村民而言，嘹亮的歌声、优美的舞姿、精巧的手工往往只能在电视机里看到，距离自己的生活很遥远，村民对于专业的文化演出往往见都见不到，更不敢奢望能接受专业的文化培训，高昂的费用是农民们无法承受的。

齐河县一改之前的公共文化服务思路，农民们负担不起高昂的费用，就由政府买单，引入专业文化公司，专门为全县群众提供专业的文化服务，这一方面让村民们接触到了专业优质的文化资源，大大提升了村民们的文化活动质量，另一方面，让"不接地气"的文化公司与村民们"打成一片"。

他山之石，可以攻玉，文化先行官的主体从一开始全是外地人，后来变为本地人，这一举措让本地艺术类毕业的学生有了新的就业方向，让本地人服务于本地，是齐河文化先行官项目的重要理念。在与村民们的良性互动中，他们也更好地实现了人生价值，获得了强烈的归属感、认同感与幸福感。

云廷臻是位"90后"，播音主持专业，齐河本地人，作为祝阿镇文化先行官项目工作人员之一，主要负责课程、活动的安排、召集队伍、

联系老师等。他说:"我们都是学艺术出身,有的擅长舞蹈,有的擅长唱歌,文化先行官为我们提供了很好的平台,以前不知道我们的特长可以帮助到这么多人,可以实现这么大的价值,我们现在很受鼓舞。"

3. 村民,从"冷眼旁观"向"积极融入"转变

之前,政府为村民们提供的文化服务,由专业的歌舞团、文工团以及放映队负责,到乡村为村民们表演,对于村民们而言,这种文化供给方式距离自己比较遥远。首先,表演的人是政府派来的,村民们不认识,村民们也没有参与进去的机会,只能坐在板凳上观看;其次,表演的节目往往脱离村民们的实际需求,村民们只能演什么看什么,没办法看到自己感兴趣的内容,这使得村民们对于观看文艺演出的兴趣打了折扣。

齐河县采用"文化先行官"模式后,村民们被充分发动起来,组建了大量的社团,文艺表演不再是专业人士的特权,而是成为普通人的爱好,大量的村民走上了舞台,村民们从被动观看别人表演,变成了自己主动演给乡亲们看,熟人之间的表演,互动性更强了,话题感更足了,村民们的获得感更浓了。村民从"旁观者"向"参与者"再向"组织者"的梯次身份转变,真正带动了乡村文化发展的内生动力,文化振兴不再是政府干着急的外在发力,转而成为村民真正积极的内生需求。

(二)构筑三级平台,实现县、镇、村的组织覆盖与供需协调

1. 县级,统筹协调,需求侧"双管齐下"

齐河县积极探索文化与治理、文化与乡村振兴的深度融合,打造以县域为单元、以文化为切入口的乡村振兴模式。

在县级层面,积极探索出了致力于整体推进全县乡村文化振兴的"文化先行官"模式,目前已为全县15个乡镇提供了专业的文化策划、组织、培育等服务,从县级层面,提供了完善的组织基础。依托覆盖全县的专业文化公司力量,对村民们的文化需求进行了大规模的调查问卷访谈,系统梳理了村民们的需求,变以往提供文化服务的有什么演什么

为如今的村民需要什么就提供什么。

齐河县充分挖掘既有治理资源，当好"无品芝麻官"，搭平台、重服务、聚人心。依托"1＋8＋N""大义齐河"宣讲队伍，结合12345市民热线关切问题，常态化开展精准"热线"宣讲，创造性地成立了"热线宣访"。"热线宣访"抓住热线和热点两个关键，在全县乡村数字智慧平台基础上开发"市民热线"板块，与12345市民热线建立信息互通互联机制，对群众反映的问题根据热度进行"绿黄橙红"四色管理，同步整合辖区座谈走访、社情民意等多渠道上报的热点事件，经分析研判后绘制宣讲"菜单"，进行有针对性的宣讲。通过数据智能分析，按需定制宣讲内容，讲老百姓爱听的、需要的。

"前段时间村里搞土地托管，不少村民打电话咨询，我就趁着下班时间在村广场上给大伙讲讲土地托管是咋回事。"华店镇12345热线宣讲队成员李攀说。

注重发挥基层群众的主体作用，齐河积极吸纳政治素质好、群众基础深、宣讲能力强的道德模范、最美人物、致富能手、草根名嘴、文艺骨干、教师医生等打造一支群众身边的"草根"宣讲队伍，截至目前已有700余人加入。从惠民政策到农田管理，"宣讲接地气，内容和生活息息相关，俺们老百姓听得进、记得牢，田间地头成了学习课堂。"村民郑连忠说。"热线宣访"宣讲员质朴的语言、接地气的宣讲，受到群众欢迎。

"这阵子我们跟老百姓讲的是80岁以上老人以及二孩三孩的补贴政策，我们社区网格员就是宣讲员，在社区里碰到都是老百姓主动让我们讲讲'最近有啥新鲜事'。"晏城街道永嘉社区党委书记郝阳阳介绍，他们针对不同人群，采取"案例＋宣讲＋谈心"方式与群众互动，扩大了宣讲覆盖面，提高了质效，使宣讲内容更加生动、更加入脑入心。

在他们的努力下，不少群众也加入宣讲队伍。中央城小区居民杨安玉是个热心人，虽然已经退休了，在社区宣讲下，他积极参加社区组织的各种志愿服务活动，前不久还用小楷书写了党的二十大报告全文送给社区展览。用杨安玉的话来说："饮水思源，是党的好政策带来了好日子，我们始终不能忘记这一点。"

"宣传工作归根结底是做人的工作。对于我们而言，在基层开展宣传工作时更要注重方式方法，要用心了解群众需要什么，热爱什么……聚焦大家关注点，宣传群众智慧，我们要在街头巷尾和房前屋后与群众面对面地宣讲，把枯燥的说教变成走心的唠嗑，拉近与群众的距离，让基层宣传有温度，成为群众信任的知心人。"晏城街道党工委宣传委员刘键说，他们注重在宣讲中惠民，创新推行"365"协商议事工作法，设立"红色帮办"志愿服务站点等，为群众纾难解困，把党的好政策好理论落实在群众心坎里。

2. 镇级，搭建平台，供需之间"承上启下"

在县级政府统筹规划，引入专业公司，多渠道了解村民需求之后，镇级政府通过新时代文明实践所（站）搭建起承上启下落实的平台，为政策目标的落地提供组织与载体的功能，既致力于县乡村的联动，更侧重于县乡村的打通。

在组织层面，全县15个乡镇（街道）立足镇情民意建起"三团三社"180余个，服务群众超过60万人次。在全县培育了8000余名基层文艺骨干，变"送文化"为"种文化"。让公共文化嵌入村庄、贴近群众、融入生活，真正激发了参与积极性，增强了文化认同感。为了达成更高层级的文化服务目标，通过各种社团承接和落地文化服务项目，农民们的各种需求也通过社团活动来实现，"三团三社"成为齐河乡村振兴中承上启下的中坚力量。

在基础设施层面，乡镇实现了新时代文明实践阵地设施与文化先行官的有机融合。一项基于老百姓参与度的对比研究发现，自从有了文化先行官，老百姓不仅有了参与的热情，还找到了参与的渠道和表演的舞台。物质层面，在乡镇成立文明实践所的基础上，各村也都建设了本村的文明实践站。以焦庙镇为例，一方面，在乡镇层面，建设了3600多平方米、拥有十多个功能室的新时代文明实践所，可以满足周边村民对于各种文化学习的需求，此外，还建设有一万多平方米的新时代文明实践广场，这些基础设施为满足村民们的文化需求提供了基础保障。另一方面，乡镇也为各个社团的活动提供必要的保障与帮助，比如为民乐团提供乐器、为书画社提供场地和纸笔等，依托乡镇层面的保障与引导，县里的政策真正抵达了村民身边，村民们也终于有了安稳优质的文化活动场所。

3. 村级，积极参与，供给侧"精准施策"

文化公共服务的对象是村民，乡村文化振兴最终依靠的也是村民，村庄的文化繁荣、村民们的积极参与与有效回应是衡量文化工作质量的标尺，也是文化工作追求的目标。

在组织层面，各村成立了自己的文艺社团，形式上根据各村的文化禀赋不同，各有不同。对于书画爱好者较多的村庄成立书画社，对于乐器爱好者较多的村庄成立民乐社，在各村成立最多的是舞蹈社。村民们自发推选出各种社团的带头人，在带头人的组织下制定各自的规章与活动方式，自发组织活动，社团已经成为村民们文化生活中必不可少的一种实现形式。

在物质层面，各村也都建设了本村的文明实践站，为村民们进行文化活动提供基础的设施保障。文明实践站的建设根据各村实际情况，存在着不同的差异，人多的村庄可以大些，人少的村庄可以小些，集体经济强的村庄可以功能更完善些，集体经济较弱的村庄可以逐步发展。

在活动层面，在县乡两级政府部门的规划协调下，在专业文化公司的积极培育下，村民的热情逐渐高涨，越来越多的村民自发参与到各种社团的各项活动中，逐渐成为文化活动的主角，乡村文化、传统文化等受众基础好的文化形式在齐河各地的乡村遍地开花。

(三) 完善三个过程，实现村民意愿、能力、舞台的有机结合

1. "引"，吸引村民兴趣

在做好顶层规划之后，如何有效地将村民聚集起来，吸引村民的积

极参与是文化先行创新模式的关键所在,为此,齐河县推出了吸引村民参与的"四化"模式。以华店镇为例,文化先行官们在大规模问卷调查,了解村民文化需求之后,便可以有针对性地为村民们提供优质的文化供给,主要表现为以下"四化":

一是文化供给专业化。以往,村民们对于文化活动兴趣较低的一个重要原因在于文化供给质量不高,而文化先行官大多都有专业特长,他们依托自己的专业能力,并且进一步聘请相关的专业老师,为村民们开办专业的培训课程,这大大激发了村民们的参与热情。

二是文化供给公益化。各种专业课程与培训采用全免费的方式向村民们无差别公开,村民们不需要承担任何费用就可以享受到专业的培训与辅导,产生的费用,以政府购买服务的方式与文化公司之间结算。

三是文化供给人性化。针对村民们白天要上班,没时间参与的问题,文化先行官灵活调整活动时间,将活动时间改为早上5:30到晚上10:30,文化先行官柏杨说:"老百姓什么时候有时间,我们就什么时候提供服务。"针对暑期孩子们在家无人看管的问题,文化先行官在华店、祝阿、焦庙、赵官、马集等乡镇主动推出了"彩虹课堂"服务项目,负责孩子们全天候的照管与艺术培训,村民纷纷表示:"彩虹课堂不仅帮我们解决了困难,而且课程质量很高,我都给孩子在幼儿园请假,让他去参加彩虹课堂。"

四是文化供给特色化。文化服务如果千篇一律,则会流于形式,如果不能与本地传统相结合,则会失去根脉。文化先行官结合本地的传统文化与特色文化,将公共文化服务与传统文化的传承有机结合,为村民们提供专业的具有齐河特色的传统技艺培训。例如,聘请了省级非物质文化传承人为村民们提供"扎刻"技艺的培训,每周一到两次,免费提供场所与所需的材料,这进一步促进了文化的繁荣,也大大激发了村民们参与的兴趣。

通过这样精心的策划与组织,越来越多的村民积极参与到各种文化活动中来。

2."育",培育队伍

所谓"培育队伍",就是让群众参与文化建设,成为乡村文化的主体。在专业老师和专业场地的吸引下,越来越多的村民参与到了文化活动中来。政府与文化先行官们乘势进一步提高村民们进行文化活动的能力。

能力的提升,主要体现在两个方面:一是专业能力的提升。村民们过去只是对某一方面感兴趣,有些爱好,喜欢自己哼唱两句,自己玩玩乐器,但是缺乏专业的培训与引导。在文化先行官和其他聘请的专业老师的指导下,村民们的专业能力得到了实质性的提升,逐渐从爱好向特长发展,这也进一步提升了村民们的兴趣。合唱团的张姨表示:"我以前就是凭感觉自己随便唱唱,现在有了专业老师的指导,我发音更标准了,唱起来更容易了,也更喜欢唱了。"二是组织能力的提升。文化活动要长久有效地进行下去,离不开团结有力的组织。在提升村民们个人专业能力的基础上,文化先行官们也注重培育社团带头人的组织能力、协调能力。帮助各个社团搭建了自己的组织体系,制定了各自的规章制度,找到了自己的发展方向,使得各个文化社团能够高效地运转,稳定地组织活动。

到目前为止,齐河县已经为村民们提供精品培训课程 8000 课时,服务群众超过 60 万人次,覆盖 1000 余个行政村。今年 73 岁的焦庙镇彭庄村村民彭成金是镇艺术团团员,他和妻子贾俊英老两口爱好文艺,擅长表演小戏小剧,精通唢呐、电子琴等乐器,还创作了《老两口歌唱新农村》《逛新城》等作品。但是就是这样的能人,为了过小戏小剧的瘾,前两年都是自己呼朋唤友地"走游击",如今村里的新时代文明站成为他们的主阵地。彭成金说:"这里有老师,有正规培训课程,吸引了更多爱好者,和以前自学不一样了,在这儿更有感觉,能力也得到了提升。"

3."促",提供展示舞台

在激发群众参与热情,培育村民文化活动能力之后,县乡政府通过组织各类活动，为村民们提供展示的舞台，让村民们学有所成、学有所乐。政府提供的舞台主要有三类：一是普惠性的"一村一年一场戏"，实现了全县所有村庄的文化供给全覆盖，部分演出节目由各个社团提供，表演者也全部是当地村民，这为村民们提供了日常性的展示平台。二是举办各类喜闻乐见的活动。常态化举办广场舞大赛、青年歌手大赛、少儿才艺表演比赛、乒乓球比赛、书画摄影赛、朗诵比赛等，丰富群众精神文化生活。三是组织大型的文艺汇演，逐步打造本地的"村晚"品牌，由村民们自编自导自演的村晚愈发受到群众们的欢迎，有村民表示："我觉得我们的村晚比春晚都好看。"

三、经验启示

齐河的文化先行官模式受到了群众的广泛好评，取得了良好的实践效果，参与其中的政府、企业、村民各有所获，在此基础上，进一步促进了优秀文化的传承与发展，促进了乡村治理的以文化人、以文止争、以文铸魂，实现了多方共赢的效果。

（一）文化先行官模式实现多方共赢

1. 政府购买服务，事半功倍

通过政府购买服务的方式，让具有专业素养的文化从业人员成为乡村文化发展的"辅导员"，大大弥补了政府人员紧缺、相关能力不足的问题，政府从直接的文化操办者，变为间接的监督者，只需要了解群众的文化需求，然后向企业派发需求清单，最后监督企业实施。为了保障文化活动的质量，县乡政府制定了一系列的监督措施，对于每一场文化活动，政府都有专人在场监督活动效果，了解群众的满意度，一旦质量不佳、群众不满意，政府监督人员可以拒绝为活动的完成签字，那么企业将无法获得相关的费用。"让专业的人干专业的事，将优质师资文化资源下沉到村，通过了解百姓需求，量身定制服务内容，深受群众欢迎。"大黄乡文明实践所工作人员滕聪坦言，他们大多都是行政岗，既没有那么多的人，也不是那么专业。文化先行官的到来，弥补了这些方面的不足。通过这样的功能转变，县乡政府的压力大大减轻，而服务质量得到了有效的提升，群众们的热情日益高涨，对于政府文化服务的满意度也与日俱增。

2. 社会力量深度参与，实现价值

在齐河的文化先行官模式下，文化公司作为第三方企业深度参与了乡村的文化发展与振兴，由此实现了企业及其从业人员的多向价值。

企业的社会价值尤其是公益价值得以实现。中国是一个社会主义国家，无论个人还是企业，都负有自己的社会责任，实现自身的社会价值同样是企业重要的价值追求。在齐河县文化先行官模式下，参与其中的文化公司通过公益性的文化活动服务了群众、传承了传统文化、弘扬了正能量，促进了乡风文明、社会和谐，企业自身的社会价值得以有效实现。

企业员工的人生价值得以实现。作为深度参与其中的文化先行官，他们一方面是企业的员工，另一方面是政府的"文化大使"，通过他们的努力，村庄里的笑脸越来越多，笑声越来越响亮，看着孩子们浸润在传统文化中不能自拔，老人们回味着祖辈传承下来的戏曲津津有味，幸福与和谐洋溢在村庄内外，文化先行官们也在一次次感动中升华着自己内心的追求，实现着自己的人生价值。

3. 村民热情高涨，幸福感增强

在优质资源的培育下，村民们不分男女，不论老少，文化热情都得到了充分的激发和有效的释放，村民们兴趣高涨地学习，热情洋溢地演出，从外来人演给村民看，变成了"群众演给群众看"，从演出的"崇洋媚外化"转向了"传统化与本土化"，很大程度上解决了老年人晚年生活空虚、乏味的问题，村民们的精神生活愈发丰富，心情越来越好，好心情带来的是好身体，老人们的归属感、幸福感越来越强。

（二）传承优秀传统文化，赋能乡村治理

1. 传承优秀传统文化

文化的功能不仅仅在于娱乐，更在于精神世界的塑造、民族文化的延续，齐河县的文化先行官模式不仅仅停留在组织村民们唱唱歌、跳跳舞，放松下身心，更是深度结合本地特有的黑陶、扎刻、麦秆画、虎头鞋等文化禀赋，大力传承与发展了本地的传统文化，使得原本"小众""日渐凋零"的传统技艺变得日益"大众"与"引领潮流"。

在山东省始终把文化"两创"作为重大政治任务的前提下，齐河县当好"产业联络官"，挖资源、助"两创"、聚财气。强化非物质文化遗产保护传承，梳理县级以上非遗项目60余个，将其纳入手造项目库并实行动态管理，引入市场化运作模式开发非遗资源，让虎头鞋、黑陶、扎刻、面塑等在所（站）文化活动中进行传承培训，制作完成的产品通过文化先行官项目的服务方搭建渠道销往江浙等地，不仅让"老手艺"焕发"新生机"、"指尖技艺"变"指尖经济"，而且实现引进文化先行官项目，输出齐河非遗文化。

2. 赋能乡村治理

在齐河县，文化的繁荣发展与乡村治理深度融合，有力地促进了乡村治理的和谐善治，取得了良好的社会效果，集中体现在两个方面。

一是以文化的方式化解社会矛盾，消除社会隐患。过去，群众工作一直是最让基层干部头疼的一项工作，如果与百姓交流不顺畅，就容易引发上访等行为。齐河县创新性地把文化工作与群众工作结合起来，通过宣讲、小品、相声等形式，将社会热点问题、百姓们关心的难点问题绘声绘色地讲给村民听、演给村民看，让高高在上的政策文件，变成村民们看得懂的生活演绎，将社会矛盾化解在田间地头，取得了以文化柔和性化解社会硬矛盾的"四两拨千斤"的效果，实现了社会治理中的以文化人、以文止争。

二是以文化的方式弘扬正能量，塑造和谐新风。齐河县积极引导村

民们将对美好生活的向往和对发展成就的认同创造成为老百姓看得懂的文艺作品，组织乡村文艺能人，聚焦"幼有善育""老有颐养""弱有众扶"，创作相声、小品等文艺节目70个。华店镇就创作了《村官回家》《逛新城》《赞华店》等多部表达对幸福生活赞扬的作品，通过老百姓喜闻乐见的方式，在群众中传播社会主义核心价值观，弘扬社会正能量，不仅加强了群众对于党和政府的认同，也提高了群众们的道德修养。文化，成为连接政府与百姓、理想与现实的重要纽带，文化对于人们精神的塑造与价值的引领作用得到了充分的发挥，实现了以文铸魂的社会治理效果。

（三）处理好乡村振兴中的三对关系

1. 厘清政府与群众的主导关系

齐河县文化先行官模式回答的第一个问题是，在乡村文化振兴中，政府与群众谁是主体的问题。在过去，政府作为文化服务的提供主体，过度包揽了文化振兴的责任，导致群众参与感低、认同感不足。通过模式的转变，群众们自发组织自发传承，真正使村民们成为乡村文化振兴的主角，乡村成为村民们传承文化、愉悦精神的场所，而非政策上的"扶助对象"、商业资本的"角力场"，村民们在乡村文化的繁荣中获得了归属感与幸福感，乡村在文化的促进下实现了发展与振兴。只有以农民为主体、以内生文化为主要内容的文化振兴才能真正长久有效地发展下去。

2. 处理好传统文化与社会主义文化的衔接关系

齐河县文化先行官模式回答的第二个问题是，在乡村文化振兴中，振兴什么文化的问题。随着网络的发达，全球化程度的日益加深，现在的群众很容易了解到世界各国的文化。在这一过程中，西方文化、"哈韩"、"哈日"等风潮轮番登场，并且俘获了相当一部分群众，尤其是青少年的"芳心"。那么在乡村文化振兴建设中，采用什么样的形式、振兴什么样的文化成为一个不得不回答的问题。在这个问题上，齐河县坚定地选择了传承与弘扬具有本土特色的传统文化和具有先进性的社会主义文化，这是齐河县文化振兴取得良好效果的内在动因。

不仅如此，齐河县进一步回答了如何处理好传统文化与社会主义文化关系的问题，通过传统文化的形式，创作弘扬社会主义核心价值观的作品，实现了传统文化与社会主义文化的有机结合，受到了群众们的广泛好评，实现了中华优秀传统文化的创造性转化与创新性发展。

3. 发挥好文化与治理的互动关系

齐河县文化先行官模式回答的第三个问题是，在乡村文化振兴中，如何将文化与社会治理有机结合，从而最大程度发挥文化功能的问题。文化的功能不仅仅停留在娱乐方面，更是体现在社会治理中的浸润性。通过群众们乐于接受的文化形式，将党和政府的政策讲给百姓听，将群众不解的问题演给百姓看，将政府想要传递的社会价值无声无息地送进百姓心里，以文化赋能基层治理，又以治理促进文化发展，齐河县实现了文化与治理的良性互动，实现了以文化撬动社会治理、以社会善治促进乡村振兴的良好效果。

中华文化源远流长，充分挖掘好各地的文化禀赋，充分激活各地的文化资源，激发群众的参与热情，让文化与社会治理紧密结合、与社会价值有效衔接，以文化带动产业发展、社会善治，乡村文化振兴事业方能找准方向、历久弥坚。

【思考题】

1. 齐河县文化先行官模式为什么会获得广泛好评？请以自己的分管工作为例，谈谈从中获得的启示。

2. 请参照德州市齐河县文化先行官的做法，结合本地实际，思考如何在文化层面带动乡村振兴。

铸牢中华民族共同体意识与乡村文化振兴同频共振[*]

——莘县张鲁回族镇乡村文化振兴的实践探索

【摘要】 党的十九大报告指出,农业农村农民问题是关系国计民生的根本性问题,必须始终把解决好"三农"问题作为全党工作的重中之重,实施乡村振兴战略。莘县张鲁回族镇是聊城市唯一的回族镇,也是山东省唯一的回族中心镇。2022年以来,莘县以推动乡村文化振兴为主线,将张鲁回族镇作为推动"民族团结+乡村振兴"的"试验田",创新工作模式,积极探索新时代民族小镇文化振兴有效路径。坚持聚焦一个主题,汇聚文化繁荣合力,依托三个载体,培育文化振兴动能,突出三个要素,提升文化服务水平。不断凝聚各民族团结进步、文化繁荣发展的强大合力。

【关键词】 张鲁回族镇 民族团结 乡村文化振兴

一、背景情况

莘县张鲁回族镇地处河北、河南和山东省交界处,是聊城市唯一的回族镇,也是山东省唯一的回族中心镇。相传明朝永乐年间,张姓和鲁姓在此定居,从此孕育出回汉两族和睦共处的土壤。张鲁镇辖51个行政村,现居住人口共5.9万人左右,其中民族村7个,回族群众6700

---

[*] 本案例由中共山东省委党校(山东行政学院)文史教研部讲师王庆婷、政治和法律教研部讲师杜晓娜,中共聊城市委党校(聊城行政学院)理论研究室主任、教授李万坤撰写。

名左右。

张鲁镇的主要产业由农业、工业、养殖业构成,由于该地光照充足,土地肥沃,气候条件适宜,所以农业比较发达。当地政府在国家的号召下发展了规模化的农产品产业园,其中该地特有的"一品翠"高富硒苹果因营养价值高,适口性好得到了广泛认可。工业上,发展了张鲁回族镇工业园以及一些地方民营企业。在养殖业方面,该镇被指定为山东小尾寒羊、波尔山羊的繁育调拨基地,镇内经济收入稳定,具有较大的发展潜力。

文化振兴是乡村振兴的灵魂,缺失文化底蕴的乡村将难以实现全面振兴。习近平总书记指出:"乡村振兴,既要塑形,也要铸魂。没有乡村文化的高度自信,没有乡村文化的繁荣发展,就难以实现振兴的伟大使命。"2022年以来,莘县以推动乡村文化振兴为主线,依托地域特色、文化资源激活内生发展动力,提升公共文化建设能力,将张鲁回族镇作为推动"民族团结+文化振兴"的"试验田",创新工作模式,积极探索新时代民族小镇文化振兴的有效路径,以推动乡村文化振兴的蓬勃发展,进而引领乡村振兴全面发展。

二、主要做法

(一)党建引擎驱动乡村振兴

莘县张鲁回族镇坚持把党建工作贯穿乡村振兴全过程,大力实施头雁工程、党支部领办合作社、重点人才培养等系列举措,积极探索党支部、书记、党员"三维"新模式,以党建引擎驱动乡村振兴提质增效。

注重基层党支部书记素质能力提升。重点从致富能人、退役军人、回乡创业人员等群体中,选拔出43名政治素质高、致富本领强、群众基础好的优秀人才配强党支部"主心骨",实施"定点帮带"计划,每名科级干部定点联系1名村党支部书记,夯实基层党组织战斗堡垒。

推进党支部领办合作社壮大集体经济。按照党支部主导、群众参与、盘活资产、集体增收的原则成立合作社。通过规范合作运营、拓展实体化路径，全镇共领办合作社51家，吸收有文化、懂技术、会经营的新型职业农民126名。经营范围覆盖果蔬种植、养殖、育苗、种植技术服务等领域，探索出"党支部＋合作社＋超市＋农户"产销新模式。

实施"党建＋创业致富带头人"培育工程。充分利用镇党校、电大、"灯塔大课堂"等载体，着力培养农村致富带头人，提升党员"双带"能力，举办电商培训班、新型农民培训班、实用人才培训班10余次，培训达700余人次，真正实现了"支部有作为、集体有收益、群众得实惠"。

（二）聚焦民族团结进步主题，以铸牢中华民族共同体意识为主线开展文化工作

乡村文化的政治文化功能与铸牢中华民族共同体意识相耦合。作为回族镇，张鲁镇党委和政府在开展乡村文化振兴工作中，注意将乡村文化振兴与铸牢中华民族共同体意识积极同构，聚焦民族团结进步主题，以铸牢中华民族共同体意识为主线开展文化工作。

习近平总书记强调，"要像爱护自己的眼睛一样爱护民族团结，像珍视自己的生命一样珍视民族团结，像石榴籽那样紧紧抱在一起"。张鲁镇在公共文化建设中突出"石榴"元素，让民族团结的理念时刻出现在人民群众的视野中，以润物细无声的方式影响人民群众，扎根于群众思想深处。一是将原本要命名为"本斋文化广场"的地方命名为"最美红石榴人民广场"，为全镇群众创造了一个集民族团结宣传、休闲、娱乐、健身等多种功能的活动场所。二是将张鲁回族镇中心小学建设为"红石榴学校"。

1. 着力实施民族团结进校园工作

张鲁回族镇中心小学将石榴籽精神概括为"千子如一，千房同膜，同心同德，以诚相待"，各民族之间应该"互相尊重、互相信任、互相帮助、共同发展"。

整个校园从内而外都彰显着民族团结的氛围。进入校园，右手边就是一座红石榴雕塑，底座刻着"教育引导青少年牢固树立正确的中华民族历史观，铸牢中国心、中华魂，构筑中华民族共有精神家园"。环绕学校花园，竖立了4个标示牌，每个上面都印有"共同团结奋斗　共同繁荣发展"，并有民族团结的小故事供师生阅读。在教学楼外栏上也设计了与民族团结相关的内容，包括对56个民族的介绍、石榴籽精神内涵、习近平总书记有关民族政策的重要论述、少数民族杰出人物、民族团结的"五个认同"、中国各民族对中华文化的贡献等，以小学生可以接受的内容和形式建设民族团结校园。

进入教学楼活动室，"习近平新时代民族团结进步教育　铸牢中华民族共同体意识"的字样映入眼帘，环顾四周，墙上的设计字样都是这一主题，桌子上摆放着学生们的手抄报、五谷画作品，作品的主题都是"民族团结"与"铸牢中华民族共同体意识"。

2. 组织开展以民族团结进步为主题的群众性文化活动

围绕民族团结进步的主题，张鲁镇组织开展了一系列群众性文化活动，包括"我们一起过节""民族团结颂党恩"等，以群众喜闻乐见的方式宣传党的民族政策、民族团结进步模范典型事迹。

豫剧团由张鲁回族镇戏曲爱好者组成，常年为辖区内群众进行义演，极大丰富了群众的精神文化生活，通过厚植文化基因，助力乡村振兴。

（三）夯实文化服务阵地，激发乡村文化创造活力

推动乡村文化振兴，关键在人。农民是乡村振兴的主体，也是乡村文化创造和实践的主体。张鲁镇党委和政府不断探索助力乡村振兴的新模式，提升乡村公共文化建设能力，夯实文化服务阵地，为群众提供多样的文化活动场所，为民间艺术团做好服务保障工作，充分激发乡村文化创造活力。

1. 打造基层文化阵地

乡村文化阵地是实施乡村振兴的主要平台，因此必须提升乡村文化

基础设施建设水平，夯实培育文明乡风的物质基础。在乡村振兴战略指引下，张鲁镇聚焦群众文化需求，切实加大对乡村文化设施建设的投入力度。全镇以红石榴人民广场为中心，完善镇、村两级公共文化服务网络，建成村史馆、村级文化广场43个，复兴少年宫3个，农家书屋51个，实现了村级文化广场和农家书屋全覆盖，打造"一元多核"复合型基层文化阵地，打通宣传、教育、服务群众的"最后一公里"，建设起村民的精神"家园"。

在此过程中，张鲁镇积极探索实施"3＋N"模式，升级改造村级综合性文化服务中心，提升基层公共文化服务水平，优化公共文化服务供给。"3"即引导各行政村综合性文化服务中心升级1个农家书屋、配套1套文化活动器材、配置1名专职文化管理员；"N"即依托各行政村综合性文化服务中心丰富乡村文化内涵，比如，编写一本村史志、培育群众文化品牌、搭建百姓文化舞台、制作一个文化宣传片等。

对于已经建立起来的文化阵地，张鲁镇积极组织和引导文化活动的开展，组织乡村文化人士，带动群众开展相关的文化活动，教育引导广大村民参与其中，不断增强他们的主观能动性。

2. 充分发挥民间艺术团的文化创造活力

张鲁镇有两个民间艺术团，"本斋艺术团"和"夕阳红艺术团"，两个艺术团都是群众自发组织的。以"夕阳红艺术团"为例，该团由团长赵现军组织成立，成立时，团员仅4人，此后每年都吸收新的成员，现在已经发展成为一个50多人的艺术团体。"夕阳红艺术团"每周一、四、六在各个村庄的新时代文明实践广场演出，表演形式包括豫剧、快板、三句半、柳琴调等。除了表演传统的豫剧曲目之外，团长赵现军原创了许多节目，比如柳琴调《祖国颂》、快板《中华多娇》《安全大如天》、三句半《我们都是志愿者》等，党委和政府也都给予支持，请专家给予指导，使节目更加完善。这些作品结合社会实际和群众接受程度，以群众喜闻乐见的形式表演出来，深受观众欢迎。

（四）深挖红色文化，激发群众爱国热情

抗日战争时期，华北平原上活跃着一支回民支队，这支队伍被八路军冀中军区誉为"无攻不克，无坚不摧，打不垮，拖不烂的铁军"，被毛泽东称为"百战百胜的回民支队"。马本斋就是这支队伍的司令员。2009年9月，马本斋被中央宣传部、中央组织部等11个部门评选为"100位为新中国作出突出贡献的英雄模范人物"。1942年马本斋率领回民支队进驻张鲁，回汉群众统一战线，共御外侮，在张鲁镇生活战斗了两年，这两年，正是马本斋军事才能完全成熟的时期。1944年他不幸病逝，根据马本斋临终遗愿，葬于张鲁镇，张鲁群众捐献15亩地，作为马本斋的墓地。张鲁镇红色文化的核心精神便是本斋精神，这是回民支队在革命斗争实践中形成的宝贵的精神财富。本斋精神影响了一代又一代人，其中包括他的守墓人蔡恩坤。蔡恩坤说："我是从小听着马本斋的故事长大的，对他特别爱戴、崇拜……在他的影响下当了几年兵，想学他。"

张鲁镇充分利用这一红色文化资源，在马本斋墓地基础上建有面积6670平方米的"马本斋烈士陵园"。马本斋烈士陵园用砖墙围合，主体由大门、碑亭、烈士墓和纪念堂四部分组成，纪念堂内放着烈士的半身汉白玉雕像，两侧悬挂着毛泽东、周恩来和朱德等人的挽联，在传承红色基因、激发爱国热情、凝聚团结力量等方面具有重要作用。如今马本斋烈士陵园已获评为山东省爱国主义教育基地，每年来参观的人员数不胜数，尤其是在清明节之际，社会各界人士会来到陵园开展祭扫活动。另外，为弘扬"传承本斋精神、争做强国少年"等特色教学活动，依托本斋小学、本斋中学等教育阵地，在红石榴人民广场上设有马本斋的雕像，打造具有民族特色的红色文化书香校园。

（五）传承特色非遗，赋能乡村文化振兴

在乡村文化发展的历史进程中，作为乡村文化重要组成部分的非物

质文化遗产，被赋予了新的历史价值。在乡村文化振兴的背景下，非遗显得特别活跃，非遗在乡村文化振兴中的作用也日益凸显。查拳是中华传统武术中的优秀拳种之一，素有"南拳北腿山东查"之说。张鲁查拳历史悠久，人才辈出，传承谱系清晰，是查拳重要发源地之一。张鲁查拳传承人郭连成，系统掌握查拳套路和精髓，建立查拳传习馆，成立莘县查拳协会。2016年，莘县张鲁查拳入选省级非物质文化遗产名录。2018年，郭连成被山东省文化厅评为省级查拳非物质文化遗产代表性传承人。平日里，郭连成在张鲁查拳传习馆教授孩子们学习，张鲁镇党委和政府也给予一定的支持，举办与查拳相关的活动，为保护、发展传承传统体育文化提供保障。

三、经验启示

（一）占领意识形态领域高地

习近平总书记指出："意识形态工作是一项极端重要的工作。"乡村文化振兴是加强政治建设的重要力量。同大多数乡村地区一样，张鲁镇也有一些信教群众，如果不大力弘扬我们自己的优秀文化优秀传统，不大力宣传我们党和国家的好政策，意识形态领域很容易出现问题。正如张鲁镇宣传主任所说："我们的阵地不去占领，等着让别人去占据吗？""我们的台子不唱戏，他们就会跑到咱台子上去传教。"因此，张鲁镇充分发挥新时代文明实践站的作用，支持民间艺术团的活动。其中"夕阳红艺术团"在传统的豫剧节目之外，自编自导自演节目宣传党的好政策，以春风化雨，润物细无声的方式让老百姓感受到党和国家的伟大，感受到社会的发展进步，真切体会生活的幸福感。

（二）春风化雨般移风易俗

乡村文化振兴对推动乡村社会治理有潜移默化的作用。张鲁镇通过举办各种形式的群众文化活动，结合镇里的工作，推动了移风易俗的工作。张鲁镇宣传主任说："通过给孩子、老人、群众宣讲、送演出等文化活动，直接参与到乡村治理上，这种比我们在大喇叭里喊强制大家不要随地吐痰、不能乱扔垃圾的方式柔和许多，群众接受度高，慢慢地时间长了，从思想上改变习惯。通过文化建设转化培育老百姓的文明新风，在全镇范围内形成崇德向善的氛围，真正发挥文化的作用。将移风易俗化大为小，植入群众日常生活，树新风扬正气，不断凝聚各民族团结进步、文化繁荣发展的强大合力。"

张鲁镇将文化惠民工程与推进乡村治理有机结合，以文化建设引领乡村建设，充分发挥镇级新时代文明实践所和村级新时代文明实践站作用，成立镇村两级志愿服务队128支，招募志愿者1562名，积极参与环境提升和文明城市创建活动，美化村容村貌，培育文明新风。同时，成立镇村两级"红色品牌调解室"，先后推出菜园村"公众评判庭"、纸坊村"都来评评理"、申官目村"百姓议事厅"等特色矛盾纠纷调解品牌，为群众搭建公平对话、评析法理的平台，提升基层矛盾纠纷化解的速度和效率，构建起"小事不出村，大事不出镇，矛盾不上交"的工作格局。

（三）丰富乡村群众文化生活

张鲁回族镇党委、政府指导各村认真贯彻落实上级有关要求，按照"节约用地、因地制宜、合理规划、功能齐全"的目标，充分考虑各村的实力，在广泛征求群众意见的基础上，合理布局，不搞"一刀切"，利用村内空地、闲置场地等进行完善提升和规划设计，突出"一村一品、一村一韵、一村一景"，建设符合各村实际的文化广场。全镇51个自然村共建成村级文化广场38个，剩余村庄的文化广场均在建设中，张鲁回族镇将进一步加大建设力度，倒排工期、挂图作战，如期实现全镇村级文化广场的全覆盖，让辖区群众共享文明发展的实惠，使村级文化广场真正成为农村精神文明建设的重要阵地。

65岁以上老年人口数量达9800人左右，占总人口数的16.7%，这表明张鲁镇已经处于老龄化城镇水平,不仅如此,在已经统计在册的所有人中,存在部分青壮年劳动力在外地租房打工很少回来,平时只有老年人与孩子独自在家的情况。因此,如何丰富老年人和儿童的文化生活是乡村文化振兴的重要内容。

通过调研,我们了解到没有艺术团的演出和各种文体活动,老年人经常在家无事可做,甚至老两口在家容易吵架,有了各项活动之后,大家都积极参与进来,家庭矛盾减少了,生活更加丰富多彩了。

张鲁镇的乡村文化振兴工作也对丰富孩子的假期生活起到了积极作用。张鲁镇宣传主任跟我们说:"国庆期间,我去莘县一个小饭馆吃饭,隔壁有一桌说也不知道带孩子去哪里好,说也不知道张鲁的马本斋烈士陵园开门吗,开门的话咱可以领着孩子去学学,让孩子学学这些先烈精神。"

山东省社科联派驻莘县张鲁回族镇东街村第一书记表示,乡村振兴,既要塑形,也要铸魂,要积极推进乡村文化振兴。驻村以来,先后投入 60 万元资金,新建一处高标准冬暖式大棚;争取到 100 多万元,用于村庄主干道修建工程,一条高标准崭新的中兴街大道华丽亮相,彻底解决了多年来困扰乡亲们出行"晴天一身土、雨天一身泥"的历史,有力促进了村庄环境提升;积极争取协调,市、县组织部门批复 120 万元,建设东街村党群活动中心和村庄文化活动广场。在基础设施和村容村貌不断改善提高,乡村产业不断发展壮大的同时,积极振兴乡村文化,培育文明乡风,开展"喜迎党的二十大、奋进新征程"教育活动,为党员群众讲党课,邀请社科专家、宣讲团开展宣讲,以歌舞、快板等创新形式开展宣讲;建设最美红石榴人民广场,开展"感党恩、听党话、跟党走"教育活动,发展壮大东街村舞蹈队和秧歌队,开展文化活动 30 多场,组建新时代文明实践志愿服务队,省演讲学会、山东广播电视台来村开展文化活动;争取科普资金 12 万元,村庄先后获评聊城市和山东省社会科学普及示范村,开展科普讲座 10 余次,参与群众达 1300 余人次,向中小学生发送 230 个爱心书包,开展了爱国主义教育,让孩子们扣好人生第一粒扣子，为农村书屋新增书籍 300 多册，为全面推进乡村振兴提供强大智力支持和精神力量。

（四）不断创新，讲好新时代奋斗故事

戏剧"搭台"，理论"唱戏"。不断创新理论宣讲工作模式，将党的创新理论搬到了戏曲舞台上，将"大主题"转化为"小切口"，用更加鲜活的形式开展政策理论宣讲，为村民群众表演精彩节目的同时也普及了社科理论，受到农村群众的热烈欢迎。"唱得好，内容也好，唱的就是俺们身边的事"，于楼村的老党员于泽辉乐呵呵地说道。

"形式多样，灵活多变，融合戏曲、快板、武术、广场舞、讲故事、唱大戏等多种样式，都是群众喜闻乐见的形式。"莘县县委宣传部的张如昊说，在今后的宣传工作中，我们也要学习这种宣传方式，深入基层一线，"用老百姓喜欢的方式宣传理论，以'小切口'展示'大主题'，以'小故事'阐释'大道理'，以'分众化'推进'大众化'，不断推进党的创新理论通俗化、大众化"。

讲好新时代奋斗故事，助力乡村文化振兴，用"沾泥土、带露珠、冒热气"的语言和老百姓喜闻乐见的艺术表达形式，向群众讲述身边的故事，让党的创新理论"飞入寻常百姓家"。"文化下乡，惠民演出"既为群众带去了文化享受，也通过文艺演出的形式寓教于乐，让百姓在观看中体会党的关怀，在潜移默化中提高了文明素质和文化修养，高质量、高品质的演出更是营造浓厚的节日氛围，真正将党的文化惠民政策落到实处。围绕抓党建促乡村振兴目标，聚焦抓班子、带队伍，强产业、促增收，办实事、解难题，兴文化、促和谐的工作职责，推动基层党建、产业发展、民生保障、文化建设、乡村治理等各项工作落实，有力促进乡村全面振兴。

【思考题】

1. 请参照本案例，结合本地区实际，谈谈聊城市张鲁镇通过文化振兴促进民族团结的做法对您的启示有哪些。

2. 谈谈如何在乡村振兴的背景下,讲好新时代奋斗故事,促进文化创新。

乡村文化振兴的代村实践*

——兰陵县代村党建引领乡村文化振兴的实践探索

【摘要】 2018年3月,习近平总书记在参加十三届全国人大一次会议山东代表团审议时指出:"要推动乡村文化振兴,加强农村思想道德建设和公共文化建设,以社会主义核心价值观为引领,深入挖掘优秀传统农耕文化蕴含的思想观念、人文精神、道德规范,培育挖掘乡土文化人才,弘扬主旋律和社会正气,培育文明乡风、良好家风、淳朴民风,改善农民精神风貌,提高乡村社会文明程度,焕发乡村文明新气象。"

1999年以来,代村主动适应美丽乡村的要求,坚持党建引领,在"治乱""治穷"的基础上,顺应新时代的要求,让社会主义核心价值观在乡村深深扎根,不断提高农村群众在文化成果上的获得感以及在精神文化生活上的幸福感。大力发展文化旅游产业,让"绿水青山"变成"金山银山",将传承优秀传统文化,厚重的红色文化融入乡村旅游之中,注重发挥好先进文化的引领作用,既推动乡村文化振兴,又带动乡村产业振兴。代村由弱到强的蜕变发展是新时代乡村文化振兴实践的缩影,为构建乡村振兴完整的认识论和方法论,提供了具有代表性的实践支撑。

【关键词】 党建引领　乡村文化振兴　代村实践

---

* 本案例由中共临沂市委党校(临沂行政学院)管理学教研部副主任、讲师宋佳栋,中共山东省委党校(山东行政学院)公共管理教研部讲师郭太永撰写。

一、背景情况

兰陵县卞庄街道代村地处兰陵县城西南隅,是典型的城郊村,全村现有1200余户、3800多人,村域面积3.6平方千米。20世纪90年代,代村没能跟上市场经济发展形势,土地分配严重不均,社会治安状况较差,信访矛盾十分突出,村集体负债380多万元,成了远近闻名的穷村乱村。

1999年4月,王传喜当选为代村党支部书记、村委会主任。临危受命接手"烂摊子"后,他团结带领村"两委"班子成员,充分发挥村党组织战斗堡垒作用和党员先锋模范作用,着力破解代村发展难题。经过20余年发展,代村从负债累累的"脏乱穷差"村蜕变成远近闻名的小康村,成为全村各业总产值38亿元、集体经营性收入1.6亿元、村民人均年收入7.2万元的乡村振兴示范村,实现了产业、人才、文化、生态和组织的全面振兴。代村相继荣获"全国文明村镇""全国民主法治示范村""全国乡村治理示范村""全国乡村旅游重点村""中国美丽乡村""山东省先进基层党组织""平安山东建设先进单位"等荣誉称号。2018年3月8日,习近平总书记在参加十三届全国人大一次会议山东代表团审议时对代村推动乡村振兴的实践给予充分肯定。

二、主要做法

乡风文明建设是乡村振兴的重要内容,它是乡村振兴的推动剂,反映乡村振兴的软实力。代村村"两委"班子在王传喜的带领下,发挥党支部的模范带头作用,以党风带民风,大力弘扬沂蒙精神,围绕农民急难愁盼问题入手,不断提升村容村貌,不断提升农民素质和乡风文明程度,推动乡村文化振兴。

（一）以党风促民风，让乡村焕发新气象

1998年，代村集体负债380多万元，成了全县出了名的乱村、穷村、老大难村。穷，穷到什么样？穷到村里欠债380万元，不到半年的时间，就收到法院传票126张。因交不起水电费，全村连续被停水6个多月、夏天停电一个多月。乱，乱到什么样？乱到村民经常上访，村里治安很差，打架斗殴、赌博偷盗、邻里不和等现象时有发生。村子陷入了崩溃的边缘。大家吵着要分村，"大队资产要分，连场院、学校也要分"。

怎么办？要"治乱"。要带领村庄发展，新村"两委"班子就必须先让村庄稳定下来，获得村民的信任。王传喜决定从村民最关心的问题入手。他带领村干部走村串户，调查研究，认真听取党员、村民意见，分析"穷、脏、乱"的原因，统一村"两委"成员思想。

村"两委"先从最容易改变的居住环境入手。当时村里乱搭乱建现象严重，街道高低不平、杂草丛生、污水横流。针对这一状况，村"两委"首先从"三清五化"开始进行治理。"三清"即清理乱搭乱建房屋、清理三大堆（粪土堆、乱石堆、垃圾柴草堆）、清理街道等；"五化"即绿化、亮化、美化、硬化、净化。其次积极实施"生态家园富民行动"，户户院内建沼气池、栽植葡萄，葡萄架下发展养殖，实现了人畜粪便垃圾进池、沼气照明做饭、沼渣沼液施肥的良性循环，形成了独具特色的"葡萄＋沼气＋养殖"立体生态庭院经济模式。村内"脏乱差"的局面得到了根本改善。

为了彻底整治村里"乱"象，村"两委"制定了"户户参与，持牌上岗，群防群治，综合治理"的制度。当时，村里一户老人的牛被偷了，着急的老人凌晨四点敲开了王传喜的大门，面对着焦急、怨恨和无助的老人，王传喜心中暗暗发誓，要不能把这事解决好，实在是愧对乡亲和党组织的信任。随后，王传喜召集"两委"班子成员开会，要以解决偷抢问题为切入点，彻底解决村庄治安问题。经过充分征求村民意

见，把全村划成 45 个治安小组，每 10~20 户有一个人站岗，每天晚上全村都有 45 个人站岗，村"两委"成员夜间带头站岗巡逻，白天值班，这些制度一直坚持至今。通过综合整治，彻底扭转了村庄混乱的局面。村风正了，民心顺了，新的村"两委"班子在村民中也有了威信。

"治穷"。1999 年 4 月 13 日，王传喜当选为村委主任上任的第一天，没有"传喜"，却有"传票"。在大半年的时间里，共收到法院传票 126 张，王传喜和村"两委"成员共出庭 100 余场次。由于交不起水电费，全村连续被停水 6 个月、三伏天停电一个多月。

面对集体所欠巨额债务，村"两委"多次研究破解方案，有的提出，变卖村里的土地还账；有的提出，人均分摊。王传喜坚定地说：村里的土地一分一厘也不能动，更不能让本来就很穷的群众负担。

王传喜说，对待债务问题，只要账目上有这个账，我们就认。随后，村"两委"对村集体债务进行了梳理、盘点，制订了周密的还款计划。在村民的监督下，将原有的加油站、冷库、养殖场等土地招租，成立村建筑队对本村旧村改造，全部收益归村集体。王传喜也把自己的积蓄拿出来偿还集体债务，村"两委"班子成员和部分党员也纷纷筹钱偿还集体债务，并且制订了分期分批还款计划，加上诚恳的态度，再注意一些工作方法，一年下来，矛盾总算是缓解了，对外也树立了代村诚信的一面。

通过这几件事，让王传喜深刻感受到，不论遇到什么困难，只要干部挑头、党员带头、群众参与、公正公开，就没有过不去的坎、没有办不成的事。随后几年，代村将有开拓精神的农村优秀人才吸纳到村干部队伍中来，努力建设精干型村干部队伍，现在村"两委"干部中都是致富带头户。同时，根据无职党员的特长和岗位需要，设立"社会治安岗""文明新风岗""诚信经营岗""旧村改造岗"等，每名党员根据自身的从业特点和专业专长，进行"岗位认领"，大小事都让全体党员参与进来，给他们分任务、压担子，让党员都有事可干，不仅调动了全体党员参与村级事务的积极性，也有效推动了全村各项工作的开展。

如今，代村党员已经是群众心中的一面旗帜，党员组织生活的参会率都能达到90%以上。2012年5月，代村在全市率先成立了第一个农村社区纪委，选聘了30名廉政监督员，对村里的重大决策和党员干部实行"零距离"监督。19年来，村"两委"班子经历过六次换届选举，除正常退休外，没有一人因非正常原因落选。村干部经手的钱物上亿元，没有一人因此栽跟头。

"一花独放不是春，百花齐放春满园"，富起来的代村与周边11个村联动发展，通过向经济基础薄弱的邻村派驻"第一书记"，通过项目带动，产业对接，基础设施的互联互通，实现共建共享、抱团发展。12个村庄的土地、人才、资本"三整合"，一盘棋布局。总投资50亿元的农企园项目建成后，新农人培训中心、农产品加工区等五大功能板块的产业链条将带动这12个村协同发展。

(二)"三线结合"，点燃乡村旅游梦

随着村庄逐步稳定下来，村"两委"一班人开始考虑发展问题，当时，不发展不行，村里人均收入才1000多元，一些家庭连基本温饱都解决不了。但是，摆在面前最大的问题是发展的出路在哪里、拿什么发展，没有资源、没有区位、没有产业，想发展谈何容易。

这时如果说机遇的话，最大机遇就是代村不卖地。代村地处县城近郊，很多人看上这片土地！一些城里人纷纷到村里想购买宅基地建房——如果对外出卖宅基地，村里380万元的外债能够很快还上，村干部们还能广交"朋友"，也可能得到一些"好处"，但农民把土地当作自己的命根子，卖地会破坏村民刚刚建立起来的信任，影响村庄的发展。如果不出卖宅基地，会得罪很多城里人和老朋友，影响自己以后的发展，孰轻孰重？王传喜和村"两委"通过慎重研究，出台了保护土地"三不"政策：不占用一寸耕地建房子、不向任何个人出让一分土地、不上一个污染项目。有一次送礼的人扛来200万元，想要在这块地上建一个污染项目，王传喜让人家把钱扛走。各种关系打来招呼，想买块地

开发房地产，并许诺一定的好处，王传喜仍不为所动。但是南水北调工程，需要代村的 70 亩地建污水处理厂，王传喜二话没说，马上答应："这是国家工程，要服从大局。"

土地虽然守住了，环境也好了，可是当时的村民并不满意，因为土地分配不均，有的户人均两三亩，有的家庭人均不到四分。干群矛盾、邻里纠纷重重叠叠，无不根源于此。2000 年春节期间，村"两委"反复研究制定了"全村人均每户 2 块地"的土地调整方案。新方案出来后，村民议论纷纷，有人为了阻扰调地，甚至将石头扔到他家里，恐吓信也接连而至。面对种种阻力，王传喜一边走法律程序，一边耐心地做群众思想工作。几个月里，村干部和村民小组成员吃住在地里，打下上万个地桩，最终顺利完成了土地调整。土地问题解决了，村"两委"班子不仅得到了群众的认可，也更加团结了。

随着各项工作逐渐步入正轨，这时候，摆在王传喜和村"两委"一班人面前最大的问题是，发展的出路在哪里、拿什么发展？还得从土地上做文章。代村人多地少，并不能让村民因此致富，村民因此外出打工、做生意，一些土地反而闲置了。随后，王传喜带领"两委"班子通过到江苏省华西村、河南省南街村等地学习取经，产生集中土地来搞农业旅游、乡村旅游走绿色发展之路。加之代村地处城乡接合部，市场经济大潮风起云涌，村民却被牢牢地束缚在土地中，高产穷村，靠着"金山"要饭吃。2005 年，适逢中央一号文件出台，文件中提到"承包经营权流转和发展适度规模经营，必须在农户自愿、有偿的前提下依法进行"。村"两委"广泛征求农户意见后，确定实施土地流转由村集体统一经营。自此迈出了集体化道路的第一步。

2005 年，代村着手把全村的土地全部流转到一起搞土地运作项目。当时村民虽然地荒着，但是心里有顾虑。为了彻底解决土地流转后村民的后顾之忧，更好发挥土地集中的效益，代村"两委"推出三项举措：一是出台粮食、副食及生活必需品由村集体统一免费供给政策，并且坚持补助标准只升不降，让村民吃了"放心丸"。二是村民以地入股，年底村集体保证不低于股价进行分红。村民入股后，优先在村里经营的企业就业，村民既是股东又是经营者。"所有权"归集体所有，"承包权"稳定在村民手中，经营权由村集体统一经营，共同抵御市场风险。三是确权不确地。代村3000亩土地，每位村民都享有土地的权利，享有一份土地的股权。只确定土地股权，不确定土地位置，实行动态管理。每年根据婚丧嫁娶、生老病死人口增减情况，调整股权，确保了公平公正，村民每年都有逐步增长的稳定的经济收入。

虽然确定了乡村旅游的发展目标，但是乡村旅游项目是一个漫长的过程，投入大，见效慢，资金压力很大，搞现代农业，搞乡村旅游，这个只能作为长线去培植，前期亏损，只能用其他产业赚的钱去补贴。为此代村成立了集体股份制企业——山东新天地现代农业开发有限公司，开始公司化运作，采取长线、中线、短线"三线结合"的方式发展乡村旅游。

长线。乡村旅游、现代农业前景好，但是投入大、见效慢，资金压力很大，所以搞乡村旅游，这个只能作为长线去培植。2002年实施了"五区一网""五园一带""五场一站"产业规划。五区一网：种植区、养殖区、加工区、商贸区、生态庭院区和绿化林网。五园一带：蔬菜园、花卉园、果品园、药材园、良种展示园和休闲观光带。五场一站：养猪场、奶牛场、养貂场、养鱼场、饲料场和大型沼气站。2007年看到中央一号文件鼓励支持建设现代农业示范园，代村规划在"五区一网、五园一带、五场一站"的基础上，申请建设了现代农业示范园。2012年，又在农业示范园的基础上，积极争取全国第一个"国家农业公园"试点，同年4月，委托山东省旅游规划设计研究院编制完成了《兰陵国家农业公园总体规划及重点项目控制性详细规划》，以兰陵现代农业示范园为基础，发展创新农业，打造田园风韵，围绕完善旅游"六要素"，实现生态农业和现代农业相融合，走兰陵现代农业示范园、兰陵国家农业公园等"多园融合"共建之路。

兰陵国家农业公园规划占地面积2万亩，现已开发建设1万亩，已累计完成投资 8.2 亿元，园区将传统农业与现代农业相结合，同时融入人文历史、农耕文明，生动展示了兰陵"中国蔬菜之乡""山东南菜园"的美丽画卷。"辉煌中国·蔬菜园艺馆"以沂蒙优质蔬菜、瓜果、五谷为材料，凸显了祖国的万里江山繁花似锦，硕果累累，气势恢宏，令人震撼。"幸福家园·中华兰花馆"以习近平总书记"绿水青山就是金山银山"的重要理论为主线，以"幸福兰花"为素材，汇集了世界名品兰花 120 余种、60 余万株。2019 年兰陵国家农业公园接待游客 180 万人。

中线。建设批发市场，投入大，但是见效快，作为中线去发展。2010 年，利用代村位于城乡接合部的优势，借助县城批发市场拆迁的有利时机，规划投资建设了代村商城，发展商贸物流，作为中线支撑。商城设立了 42 家"共产党员经营户"，实现了每个区每条街都有党员，极大地提升了商城形象，提高了百姓对商城和商户的信任度。商城连续 6 年被评为"山东省文明诚信市场"，2018 年被评为"山东省食品安全规范化市场"，并入选"山东省批发市场协会理事单位"。代村商城有商铺 3000 多家，带动就业超过 1.2 万人，集体经济收入 4000 多万元。

短线。通过房地产开发、建筑施工等见效快的行业，作为短线支撑。后又成立了建筑装饰公司服务于园区基础设施建设、住宅建设装饰等，进一步增加了产业融合的广度和深度，形成了又一支柱产业。仅建筑装饰业就吸纳了全村 1/3 的劳动力，成为多数家庭增收的主要渠道。

长线、中线、短线相结合，几个产业互补互促，形成良性循环，实现了可持续发展。这使得代村在城镇化的过程中，没有被城镇化所淹没，反而在城镇化的过程中不断发展壮大，掌握了万亩土地的经营权，实现了小山村的旅游梦。

党的十九大以来，代村在王传喜的带领下开启了再创业的步伐。印象代村完成建设，入驻店铺 400 多家，成为网红打卡地和城市夜经济的新高地；以培养"三农"人才队伍为主要任务的新农人培训中心投入运营；瞄准世界一流、国内领先标准打造的农企园农产品精深加工和农业装备制造项目也完成建设。代村正向着产业更兴旺、生活更富裕、治理更有效、生态更宜居、乡风更文明的发展目标奋力前进。

(三) 用文化振兴凝心聚力,不断提升人民群众获得感、幸福感

习近平总书记指出:"乡村振兴既要塑形,也要铸魂。"代村模式也说明乡村文化振兴要顺应新时代的要求,让社会主义核心价值观在乡村深深扎根,不断提高农村群众在文化成果上的获得感以及在精神文化生活上的幸福感。

让村民腰包鼓起来。让村民过上更加美好的生活,共享发展成果,是代村始终坚持的发展理念和奋斗目标,也是新时代乡村振兴战略的内在要求;让人民有更多的获得感,凝聚最广泛的深化农村改革的共识,就能汇聚广大农民的智慧和力量,实现乡村振兴。代村在发展壮大集体经济的过程中,坚持边发展边惠民,走共同富裕之路,让村民共享代村的发展成果。代村通过土地流转、集中经营,村民从土地中解放出来,生产方式发生了根本改变。村民不种地了干什么?这成为代村"就地城镇化"要重点解决的问题。代村坚持"两手抓",一手保基本民生,一手鼓励村民自主创业就业。一方面,完善保障体系。优先关爱老年人。为了让老年人住上最好的房子,享受最好的待遇,村里建起了2处老年公寓,一室一厅一厨一卫,面积65平方米,还有10平方米的储藏室,水、电、暖、气以及床铺、衣柜、沙发、电视等全部由村集体配置,55周岁以上的老年人拎包就可以免费入住。对跟随子女居家养老的,村集体每年每户发放4000元的补助。同时,从2005年开始,除了国家的新农保外,村里开始给60岁以上老年人发零花钱。实行覆盖全体村民的生活基本保障制度,年满18周岁以上的"户籍村民",个人承担部分由村集体代缴"新农保"。大病救助金在1万元至10万元范围内(包括新农合报销部分)的,报销总额达到70%。另一方面,依托代村商城、兰陵国家农业公园、沂蒙老街等村集体产业,安置有劳动能力的村民就地就业,培训年轻人从事企业管理,引导65岁以下的老年人从事保洁、门卫工作,力所能及、各尽所能。另外,对有创业想法的村民,实行

"商铺优先、价格优惠"政策,支持创业、鼓励创业。通过自主创业就业和村集体二次、三次分配,代村逐步实现了村民收入"橄榄形"结构。2022年村民人均纯收入7.2万元,比20多年前增长了30多倍,群众幸福指数不断攀升。已经80岁高龄的退休村干部李学全经常用一句顺口溜形容自己的幸福生活:"一日三餐饭有米也有面,鸡鱼肉蛋还不断,吃饭讲营养,换着花样办,想办咱就办,不办下饭店。"

让村容村貌美起来。为了改善居住环境,让村民早日住上和城里人一样的楼房,代村"两委"班子在2005年开始谋划旧村改造,经过分组征求意见、开会宣传、调整完善、开会再宣传等多个环节,最后确定了"评估补偿、低价安置、按需分配"的思路,成品房以500元每平方米的低价进行安置,并根据家庭人口分户实际需要分配成品房,而且500元每平方米的价格长期保持不变。为什么是500元每平方米?这个价格是支部通过党员挨家挨户入户丈量、评估测算出来的。按当时的政策,每户旧房子评估后多在8万~10万元间,盖好的成品房以120平方米的为主,按每平方米500元计算,就是6万元左右,每户还剩余2万~4万元。按当时的价格,6万块钱住上楼房跟村民自己盖房子的价格也差不多,并且一些手头不宽裕的家庭,还可以分期付款,提前上楼。当然,这个价格在当时都不够建楼房的成本,但是为了让大部分村民拆了旧房子不仅能住上新房子,而且手中还能剩余一部分旧房子的补偿款,利用一部分拆迁出来的土地搞商业开发,获得盈利,补贴村民住房,十多年累计补贴两个多亿。

代村在建设、分房、选房过程中,全程接受党员群众的监督,坚持做到公平、公开、公正,并号召在同等条件下党员户要让群众优先选房。在这一过程中,代村尊重村民意愿,坚持先安置后拆迁。一部分中老年人,房子面临拆迁,人却不想上楼;而一些年轻人,房子所在区域尚未拆迁,人却想提前上楼,代村采取了独创的"旧房流转"模式。针对想上楼的年轻人,村委以5000~10000元的价格,回收他们的旧房子,然后村委再以同样的价格转让给面临拆迁不想上楼的中老年人,作为过渡安置。这些举措，保证了旧村改造工作的顺利进行。到 2015 年底，代村在没有占用一寸耕地建房的情况下完成了旧村改造，共建起了 65 栋居民楼、170 户小康楼，腾出宅基地 600 多亩，实现了零占地、零违章、零投诉。

让乡村文化兴起来。加强村级文化建设，践行社会主义核心价值观。在发展过程中，代村十分重视文化建设，努力践行社会主义核心价值观，坚持弘扬沂蒙精神，大力培植"爱国爱村、大气谦和、朴实守信、勇于拼搏"的"代村精神"。每年坚持开展以文明为主题的评选活动，如"道德模范""星级文明户""创业之星"和好党员、好村民代表、好婆婆、好媳妇等评选，树立典型，弘扬正气，形成了谦虚厚道、忠诚实在、乐于助人的淳朴民风。通过文化建设，增强了村民的村庄荣誉感、凝聚了群众力量。

丰富村民文化生活，培树乡村文明新风尚。代村为了更好地宣传党的方针政策，提高村民文化生活，2011 年 7 月 1 日正式创办了《新代村》报，成为记录、宣传代村在发展进程中"大事小情"的重要窗口，是全村父老乡亲交流思想、沟通心灵、凝聚智慧、展示才华的平台。代村还建设了"运粮河公园""农耕文化墙""农谚大道""孝文化墙""科普法治文化一条街""农民书屋"和"儿童乐园"等文化阵地，成立秧歌队、腰鼓队、舞狮队、民乐队、门球队、合唱团等文体组织，既丰富了村民的文化生活，也向来自国内外的游客展现了中华民族优秀农耕文化。

建设乡村文化展馆，对外推介优秀的乡村文化。建设了兰陵博物馆、非遗活态馆，增加了非遗传承人与游客的互动项目，集中展现兰陵的传统历史文化。2018 年以知识青年的"爱国情怀"和"奋斗精神"为主旨的"中国知青村"对外开放。它对原山东建设兵团三师独立营营部院内建筑物修复加固后建成，并选择梁家河窑洞、新疆地窝子等全国比较有代表性的知青旧居进行还原和集中展示。"中国知青村"通过博物馆、资料馆、知青旧居等形式，为中国知青历史文化提供一个展示的平台，成为集知青文化研讨、旅游观光、联谊活动为一体的服务基地。2020年，改造修复了1700多年的食盐和粮食的漕运行道，将废弃的小脏河变成休闲健身的运粮河公园。2014年在全县率先建起了代村村史馆，2020年新建代村村史馆，村史馆内的每一件物品、每一张照片都讲述着代村的历史和变迁，展现着代村乡土文化和民俗风情的独特底蕴，展示着"美丽代村"一幅幅蒸蒸日上的奋斗画卷。

三、经验启示

回顾代村20年的发展历程，代村正是在王传喜的带领下，发挥党组织的战斗堡垒作用，以社会主义核心价值观为引领，不断带领群众攻坚克难，破解难题，在发展的过程中，让村民腰包鼓起来，环境美起来，精神富起来，实现乡村文化振兴。

（一）充分发挥基层党组织的战斗堡垒作用

代村能够发展壮大其中一个原因就是充分发挥基层党组织的战斗堡垒作用。首先，要选好"领头雁"，在王传喜身上，我们可以解读出作为"领头雁"所具备的优秀因子：信念坚定的政治品格、干事创业的担当精神、心系群众的为民情怀、以身作则的高尚情操。其次，要建强农村党员干部队伍。一支团结有力、实干担当的党员干部队伍是代村干好工作、村庄发展的基础。只有基层党组织坚强有力，才能号召一村人，凝聚一条心，保证一张蓝图绘到底，带领村庄走向辉煌。再次，基层党组织要善于攻坚克难，解决发展的难题。基层党组织抓住群众关心的热点难点问题，从大处着眼，从小处入手，以短期见效的人居环境、治安环境的改善为切入点，让群众看到村庄的变化，坚定发展的信心；要善于以社会主义核心价值观为引领，凝心聚力，循序渐进推动村庄发展。

（二）用社会主义核心价值观引领农村文化阵地

发挥社会主义核心价值观在乡村文化振兴中的引领作用，既是推动社会主义核心价值观在农村落地生根的需要,也是引领新乡村文化建设,实现乡村振兴的精神动力。一是社会主义核心价值观可以引导乡村风气和凝聚乡民人心。通过弘扬社会主义核心价值观,践行弘扬沂蒙精神,树立优秀典型,建设村史馆,积极发挥乡规民约、道德规范等的约束作用,可以培育文明乡风、良好家风、淳朴民风。二是乡村文化活动可以提升村民的幸福指数。通过整合乡村文化资源,搭建乡村舞台,挖掘文化特长人才,开展各项文化活动,可以有效增进村民的感情、增强村民集体意识,丰富文化生活内容。三是文化创意能够把沉睡的乡村文化资源唤醒,实现经济效益和社会效益的双促进。文化创意与农业融合,比如代村用粮食、蔬菜和兰花打造的"幸福家园""华夏菜园"主题展馆等;与文化旅游乡村建设融合,比如代村打造印象代村项目,集美食文化、古建筑文化于一体,成为城市夜经济的名片;与旅游业融合,比如代村利用建设兵团旧址建设打造的以知青文化为主题的中国知青村等。

(三)生态资源是乡村文化振兴的最大资本

"绿水青山就是金山银山"的理念,揭示了生态环境与生产力之间的辩证统一关系,更蕴含着尊重自然、顺应自然、保护自然,谋求人与自然和谐发展的生态理念和价值追求,更是发展理念的深刻革命。生态资源是农村发展的最大资本,生态资源的科学利用,一方面可以最大化地保护乡村生态资源;另一方面可以实现资源、资本、产业的良性互动,土地可以引来资本,资本可以带动产业,产业可以提升土地的价值。村庄可以把闲置的宅基地、集体建设用地、土地、山林等资源进行整合,通过实施建新拆旧、边拆边建等方式,将生态资源转化成发展资本,这些资源由村级新型集体经济组织,根据村民意愿统一开发或保护,这样既能保护村民的利益,避免单户农民面对工商资本的弱势,又能形成规模效益吸纳更多的工商资本投入村庄的经营发展,还可以借助政府和社会力量破解融资难题,实现资源、资产、资金的聚合,进一步保护和利用生态资源，最终实现乡村文化振兴。

（四）始终坚持以人民为中心的发展理念

群众既是乡村振兴的主体，也是乡村振兴的客体；既通过乡村振兴的伟大实践过上幸福的生活，也通过乡村振兴的伟大实践改造自己，促进自己的全面发展。所以乡村振兴要通过改善村民的生活环境，让群众在感受到人居环境变化的同时，在思想上形成发展共识；通过保障村民的各项权益，共享发展的红利，让村民在利益上有实实在在的保障，增强发展的信心；通过主动公开公示村级事务、问计于民等方式，让居民更广泛参与村庄事务，增强村民参与发展的主动性，凝聚改革发展的合力。

【思考题】

1. 代村的发展对推动乡村文化振兴有哪些启示？
2. 党员干部在乡村文化振兴中起到了什么作用？

荷锄弄丹青　农家翰墨香[*]

——巨野县推进乡村特色文化产业发展的实践探索

【摘要】当前，乡村传统文化、特色文化甚至非遗文化传承出现断层，在很多地方屡见不鲜。如何将农民发动组织起来，推进乡村特色文化产业持续发展，是亟须解决的重大课题。作为全国唯一的中国农民绘画之乡、中国工笔画之乡，近年来菏泽市巨野县紧跟国家战略步伐，深耕绘画文化，以品牌塑造和人才培养为重点，大力发展农民工笔牡丹画产业，将传承弘扬优秀书画文化与乡村产业发展、脱贫攻坚等有机结合起来，推动了优秀传统文化的创造性转化创新性发展，成为中国工笔牡丹画产业的领跑者。这不仅增加了农民经济收入，提升了农民文化素质，而且培养了一大批懂文艺、爱农村的乡村文化人才队伍，激发了乡村发展内生动力，为乡村振兴注入了强劲动能。

【关键词】乡村特色文化　工笔牡丹画　产业化　品牌化

我国农耕文明源远流长、博大精深，是中华优秀传统文化的根。中国乡村由于气候条件、地理环境不同，自然禀赋差异较大，形成了异彩纷呈、丰富多元的特色乡土文化。"一方水土养一方人"，"十里不同天，百里不同风"，乡村文化的生命力就在于各具特色，特色文化是地方特征的标志，是增强区域内整合度和认同感的基础。乡村文化振兴的目标之一，就是要深挖地域文化特色，发展特色文化产业，实现乡村全面发展和文化资源保护传承。2019年6月，国务院出台《关于促进乡村产业振兴的指导意见》，指出"产业兴旺是乡村振兴的重要基础，是解决

---

[*] 本案例由中共山东省委党校（山东行政学院）文史教研部副教授李素英，中共巨野县委党校（巨野行政学校）高级讲师彭卫华撰写。

农村一切问题的前提",要求"充分挖掘农村各类非物质文化遗产资源,保护传统工艺,促进乡村特色文化产业发展"。2022 年 2 月,中共中央、国务院下发《关于做好 2022 年全面推进乡村振兴重点工作的意见》,提出"启动实施文化产业赋能乡村振兴计划"。

作为全国唯一的中国农民绘画之乡、中国工笔画之乡,近年来菏泽市巨野县紧跟国家战略步伐,深耕绘画文化,以品牌塑造和人才培养为重点,聚焦乡村振兴,大力发展农民工笔牡丹画产业,将传承弘扬优秀书画文化与乡村产业发展、脱贫攻坚等有机结合起来,推动了优秀传统文化的创造性转化创新性发展,成为中国工笔牡丹画产业的领跑者。广大农民不仅实现了增收致富,还有了诗画和远方,在家门口过上了现代文明生活。

一、背景情况

巨野县位于菏泽东部,全县辖 15 个镇、2 个街道办事处、1 个省级经济开发区,总面积 1302 平方千米。翻开山东省地图,位于鲁西南大平原腹地的巨野县,文脉流长,底蕴深厚。巨野古称大野,为春秋鲁哀公西狩获麟之地,秦末彭越起兵之所。几千年的历史长河为巨野这片古老的土地积淀了丰厚的文化底蕴和优秀的传统艺术,书画艺术更是久盛不衰。

(一)巨野书画艺术底蕴深厚

巨野的书画艺术可上溯到秦汉时期。近年来当地发掘出土的陶器、玉器、汉画像刻石等文物上,都发现了丰富的纹饰图样,绘画题材涉及人物、花卉、山水等诸多方面,技法娴熟,形象逼真。千百年来,巨野县这片古老的土地还孕育了众多的书画名家。北宋文学家王禹偁、苏门四学士之一的晁补之、清代文学家刘藻等,不仅诗文名世,而且书画兼工,闻名遐迩。南宋高宗绍兴年间,巨野名士王维翰和才女谢天香以书画联姻的爱情故事,被传为书坛佳话。

20世纪70年代,巨野在书画艺术发展方面迈出了新步伐。"彼时,巨野县为出口创汇开办了工艺美术厂,画师在厂里专事出口彩蛋、屏风画、挂扇、玻璃瓶画、牡丹画等工艺美术品的制作,其间组织举办了多期工笔牡丹画培训班。"巨野书画院院长程军伟介绍。越来越多农民经培训上岗,在绘制彩蛋、屏风等过程中,很快地掌握了绘制工笔牡丹画的技能。工艺美术厂解体后,一批骨干画家走向社会,为了生存,逐步开始了家庭作坊式发展的道路。

改革开放后,时代又赋予了巨野书画事业崭新的发展机遇,书画艺术进入发展的快车道。随着社会经济发展和人民生活水平提高,牡丹画成为家居、办公、酒店、会所装饰及礼品交流的首选。牡丹之都画牡丹,巨野画家有着得天独厚的优势,巨野工笔牡丹画也由此得到了长足的发展。这一时期,以黄恩涛等为代表的专业画家,以及刘昌杰、高观凌、姚桂元等从巨野县美术厂走出的职业画师,成为推动巨野工笔牡丹画产业发展的两支基础力量。他们紧扣时代脉搏,创作了大量反映当地风土民情的优秀作品。在他们的辐射带动下,一人带一村,一村带多村,巨野县的书画艺术创作队伍和书画产业规模迅速发展壮大。巨野的农民书画声名鹊起,影响与日俱增。

2000年,"中国农民绘画之乡"在巨野揭牌。2003年,巨野县成立县书画院,建立网站,注册商标,形成了外接市场、内连千家万户的书画产业新格局。2010年,巨野县农民绘画培训基地破土动工。县里拿出专项资金扶持书画产业做大做强,巨野工笔牡丹画在全国迅速形成品牌。2012年,中国工笔画学会将巨野命名为"中国工笔画之乡"。

在长期的书画创作实践中,巨野县的农民书画家继承传统,博采众长,勇于实践,大胆创新,形成了自己独特的创作风格,书画作品呈现出浓郁的地方特色,散发着泥土的芳香。无论是山水、花鸟、人物等不同物象,还是工笔、写意、白描等不同手法,都独具特色。当家画种工笔牡丹以菏泽牡丹为主要创作题材,在做好底稿的基础上,采取勾线、分染、罩染、调整、题款、用印等六大工序，在继承中国传统工笔技法的基础上，糅合现代工艺手段，精工细作而成。它勾勒严谨，工整典雅，色彩绚丽，充分展示了牡丹雍容华贵的特点。在国内各大画店和书画市场出售的手绘工笔牡丹画中，80%以上出自巨野人之手。巨野也由此获得"中国工笔牡丹画之乡"的美誉。

（二）工笔牡丹画让农民吃上了"文化饭"

工笔牡丹画在巨野人的手中不仅是一种艺术，还是一门谋生的手艺。在巨野，镇镇有书画院，村村有书画室，一人带动一家，一家带动一村，靠一支笔发家致富的村民不在少数，其中更有残疾人画师，凭着一手工笔牡丹画找到了自己的道路，实现了新生。

勾线、分染、罩染、点花蕊……在位于巨野县的洪庙农民绘画专业合作社，50岁的洪庙村村民石奇雨正和妻子接力完成一幅绘画作品。从事这一行当近30年来，他见证了当地工笔牡丹画的逐渐兴盛。早些年，当地从事工笔牡丹画的人少，画作规模和产量也比较小，没什么市场，同时效益也比较低。2009年，当地成立了农民绘画专业合作社，夫妻俩便在闲暇时到合作社作画，"不需要担心销路，还能经常受到专业老师的指导培训，绘画技术和作品质量也提升了"。一年下来，石奇雨夫妻俩仅凭绘制工笔牡丹画便能增收逾10万元。而30年前，初中毕业的王玉强无工作、无技术，靠着三亩薄田为生，愁苦之时打听到"古麟书画室"免费招收学员的消息，便去学了画画。从地道农民到专业画师，成为一名"文化人"，王玉强的际遇在巨野县洪庙村屡见不鲜。这里不少村民"忙时种田，闲时作画"。依靠洪庙农民绘画专业合作社，他们零基础学习绘画，由专业画师免费指导，并提供作画工具。目前，洪庙村共有人口400余人，专业从事绘画创作的有50余人，带动周边村民从事绘画创作近百人，每年创作绘画作品近2万幅，年产值800万元。

地道的巨野县洪庙村村民姚桂元，是农民绘画专业合作社的发起人。已逾古稀之年的他，常年免费教学，在他的带动下，无论是下岗工人、无业青年、残疾人还是普通农民，都依靠一支画笔走上了致富之路。2009 年，包括他在内的 6 位农民依托绘画村成立了洪庙农民绘画专业合作社，这是中国首家以绘画项目形成的农民合作社，现有社员 514 人，其中近百人拥有较高的艺术创作水准。

洪庙村画室负责人、村绘画专业合作社理事长姚树昭看似普通，其实身份很多，而且每个来头还都不小：中国美术家协会会员、中国书法家协会会员、中国人民书画艺术研究院和中国文化艺术人才管理中心联合在全国遴选出的八位"德艺双馨人民艺术家"之一等。他告诉我们："很多画师其实都是普通的农民，从拿笔、练线，到调色，之后再到临摹，领悟较快的画师经过两三个月的学习培训就能上手。"合作社采取"经销＋合作社（画院）＋农民画师"的模式。画作一般由合作社按固定价格回收，再统一出售，价格几百元到上千元不等。一般的画师年收入 3 万～5 万元，优秀的画师年收入近 10 万元。目前，洪庙绘画专业合作社累计培训学员 600 多人次，合作社成员 800 多人，带动了超过 5000 人从事绘画工作。合作社 2021 年销售工笔画作品 3 万余幅，全村留守妇女实现了放下锄头拿画笔，端上了稳定的"文化饭碗"。

乡村振兴，产业兴旺是基础。巨野县是农业大县，总人口 109 万人，农村人口 66.7 万余人，富余劳动力较多，每年外出务工人员高达 20 万。巨野县通过县级统筹、跨镇经营、多村联合，以工笔牡丹画产业为基础，推动县、乡、村网格化建设，不仅克服了各个村庄分散发展产业的弊端，如缺乏规模经济效益、难以形成产业配套和吸引高端人才等，而且壮大了农村集体经济，拓宽了农民增收渠道。

10 年前，巨野县从事书画产业的人员仅有 6000 余人，目前已达 2 万余人，其中农民画师 1.1 万余人；年销售书画作品从 20 余万幅增长到 120 余万幅；销售额由 10 年前的 1.5 亿元增长到现在超过 10 亿元，作品远销 40 多个国家和地区。自脱贫攻坚以来，全县 2500 余户贫困户通过一人绘画实现全家脱贫。

二、主要做法

（一）强化品牌塑造，巨野工笔牡丹画领跑行业

"这是菏泽巨野县的农民画的画。"2023年7月1日，央视财经频道《对话》栏目当晚播出的特别节目《打造乡村振兴齐鲁样板》中，菏泽市委书记张伦拿出一幅巨野工笔牡丹画并做介绍。

"我一问，他们说这些都是农民画的，我大吃一惊。"节目现场，望着这幅画，山东省委书记林武谈到此前参加上合组织的一次会议经历，回忆起当时悬挂在宴会厅、会议厅的两幅巨野工笔牡丹画，赞叹不已。

这并非巨野工笔牡丹画第一次站上"大舞台"。2018年以来，以《花开盛世》《锦绣春光》《盛世中华》等为代表的巨野工笔牡丹画，先后亮相上合组织青岛峰会、中国国际进口博览会、中国—东盟博览会、中国林产品交易会、世界牡丹大会等重大活动现场。2020年，《国宝献瑞》入驻国家会议（上海）国礼展厅；2021年《花开盛世》精华版入驻人民大会堂山东厅；2022年，《盛世长虹》亮相美国纽约时代广场，巨野工笔牡丹画走向世界舞台……

1. 高点定位，统筹谋划

巨野书画产业快速发展，工笔牡丹画享誉世界，离不开当地党委政府的有力推动。巨野县委、县政府很早就认识到，书画产业作为文化产业的一个重要组成部分，资源消耗低、环境污染小、附加值高、发展潜力大，市场需求强、消费空间大，开发价值高、投资机会多，具有优结构、扩消费、增就业、促跨越、可持续的独特优势和突出特点，是一个朝阳产业、绿色产业，对促进经济增长、提升经济发展质量、推动经济发展方式转变发挥着重要作用。不过，一个行业，特别是以增加农民收入为前提的产业培育，更偏重经济利益，谁来主持品牌的打造和运营管理？谁来统筹整合相关资源为产业长远发展服务？

于是，巨野县坚持"政府引导、企业搭台、群众参与"，注重以市场

化运营为主要手段，梳理明确各参与主体职能，逐步建立完善"政府＋企业＋农民专业合作社＋非遗工坊＋农户"五级联动的工笔牡丹画产业发展架构，促进企业稳定盈利、百姓显著增收、文化有力传承。

为此，巨野县成立县书画院，使工笔牡丹画有了集创作、培训、展览为一体的综合性产业发展平台；设立书画产业发展专项资金；成立县委书记、县长为双组长的书画产业发展领导小组，研究制定相关政策，及时排解产业发展过程中出现的问题困难，制订年度计划、倒排工期、挂图作战，建立齐抓共管、协同推进的工作机制；制定下发《巨野县书画产业发展领导小组工作职责及方案》《巨野工笔牡丹画宣传推广实施方案》，确定县内外书画氛围营造、品牌打造、书画人才培训培养、基层画院建设以及全国工笔牡丹画交易中心和书画产业一条街筹建等发展举措，并明确提出不同阶段的书画产业综合产值发展目标；高标准编制《巨野工笔画产业战略发展规划》，擘画巨野工笔牡丹画产业发展蓝图……

现在，巨野县每年拿出300万元专项财政扶持资金，一方面利用遍布乡村的基层书画院和各类书画培训机构，大力培养书画后备人才，培育壮大书画产业规模，让更多的基层群众靠作画发家致富；另一方面大力推进书画产业全产业链配套建设，积极引导农民在镇村建立书画创作室、装裱室、展览馆、购销网点等，协调推进产业创新、领军人才、领军企业、基层书画院、名家工作室、非遗大师工作室、美术类培训学校、画廊、装裱、篆刻、文创开发及物流配套发展。

截至2023年5月底，当地政府为鼓励基层书画院建设共投资7800万元，撬动社会资本1.7亿元，依托基层书画院，高标准打造牡丹画专业镇村基地，引导农民成立镇村书画创作室600余家，装裱店300余家，购销网点1000余家，构建起镇村牡丹画创作、装裱、展览、销售全产业链条。

目前，巨野县拥有国家级书画家62人、省级书画家154人，拥有1个县级农民书画培训基地（县书画院）、8个绘画专业镇、50个专业村、

49家基层画院、160余家书画培训机构，从事创作、销售、装裱等书画产业人员达2万余人。在全国建立了600多个销售网点，2022年创作绘画作品120余万幅，2023年底书画产业年综合产值超20亿元。

2. 打造精品，提升品牌

创新、创造是产业发展的不竭动力，也是书画作品保持艺术活力、提升艺术价值的重要途径。为提升巨野工笔牡丹画在全国的影响力和品牌价值，巨野积极组织书画家参加国家级展览展会活动，行业工笔画论坛活动，持续提高工笔牡丹画国内外品牌知名度。2018年以来，巨野县书画院组织全县书画家创作各类精品600余幅，在中美协、中书协举办的各类书画展中获奖作品40余幅，入选作品80余幅；7幅作品入选第十三届全国美展山东作品展，姚树昭绘画作品《盛世收藏》入选全国第十三届美术作品展；李锐书法作品入选全国第十二届书法篆刻展，四次斩获中国书法最高奖"兰亭奖"；在第二届菏泽市"李荣海艺术基金会美术奖书法奖"中，美术类金银铜奖及书法类金奖和铜奖花落巨野……

2018年1月，巨野县书画院受邀为上海合作组织青岛峰会创作了世界上最大的工笔牡丹画《花开盛世》，该作品放置在上海合作组织青岛峰会宴会厅迎宾大厅，是6月9日国家主席习近平欢迎出席上海合作组织青岛峰会外方领导人的背景，并在当晚灯光秀板块精彩亮相。2018年7月，巨野县书画院再次受邀为首届中国国际进口博览会创作了巨幅工笔牡丹画《锦绣春光》，该作品放置在国家会展中心（上海）共享大厅，是11月5日国家主席习近平会见参加首届中国国际进口博览会外国企业家代表的合影背景。2019年9月19日，巨野巨幅工笔牡丹画《冠艳群芳》又亮相第十六届中国林产品交易会主场馆迎宾大厅。根据上合青岛峰会《花开盛世》1∶1比例制作的展示墙，献礼第八届山东国际文化产业博览交易会。另外，巨野县书画院还受邀为中国—东盟博览会创作了《香风清韵》等大型工笔牡丹画……各种精品力作，彻底打响巨野工笔牡丹画品牌。

巨野工笔牡丹画是县委、县政府统筹规划，县委宣传部、县文联、县文旅局全力指导，有关部门通力合作，县书画院历时多年倾力打造的一个地方品牌。但目前存在滥用、冒用、以次充好、以假乱真等现象，严重影响到品牌的信誉度和生命力。为此，巨野批准成立了国花牡丹创新发展（山东）有限公司，致力于巨野工笔牡丹画的研发、销售、展览及艺术品全产业链品牌打造、运营。同时积极引导企业加强商标注册、版权保护，引领企业做大做强。

3. 搭建平台，领跑行业

品牌做起来了，如何更好发挥品牌效应？巨野县决定，不仅要把书画产业做成一个富民产业，更要打造中国工笔牡丹画的"巨野高地"。

持续举办中国工笔牡丹画产业发展论坛。借助世界牡丹大会的影响力，已成功举办2021年和2023年世界牡丹大会中国工笔牡丹画产业发展论坛。该论坛联合中央美院、中国美院、中国美协、中国工笔画学会、山东美协、山东工笔画学会、中国建筑装修协会、山东工艺美术学院、山东艺术学院等专业机构，为政府、企业及专家学者提供了一个共商工笔牡丹画创作、设计、营销、发展研究的高端对话平台。它为提升中国牡丹之都的影响力，打响菏泽牡丹和巨野工笔牡丹画品牌，尤其是为巨野工笔牡丹画成为中国工笔牡丹画产业的领跑者做好了智力支持、助力和铺垫。

成立中国工笔牡丹画产业研究院。2022年，与中国工笔画学会合作，巨野挂牌成立了中国工笔牡丹画产业研究院。该院面向全国聘任中国工笔画研究员，从事重大主题工笔牡丹画作品创作，持续组织开展全国层面的展览、交流、研讨等系列活动，积极助力巨野工笔牡丹画提档升级和长远发展。2023年，巨野就借助这一平台，联合中国工笔画学会面向全国举办了花开菏泽·翰墨麟州——中国（全国）工笔牡丹画作品展和全国百位画家菏泽牡丹主题写生等活动，进一步提升了菏泽牡丹和巨野工笔牡丹画在全国的知名度和影响力。

成立中国工笔牡丹画研究院。这使得巨野不仅可以站在中国工笔牡丹画研究的制高点，还可以在全国率先建立中国工笔牡丹画的菏泽标准。中国工笔牡丹画研究院成立后，高水平画家可以在全国各地建立分院，并组建教学团队、营销团队、宣传团队等，菏泽牡丹文化和巨野工笔牡丹画及相关牡丹产品将借机走进千家万户。

设立巨野工笔牡丹画创意设计中心。借助中国文联副主席、中国民间文艺家协会主席潘鲁生和山东工艺美术学院在全国的影响力和人才资源优势，联合设立了巨野工笔牡丹画创意设计中心，定期组织校内或驻济各高校共同参加的工笔牡丹画主题创意大赛、衍生品开发设计大赛等，编制工笔牡丹画教材教学视频、开发文创产品等，进一步弥补巨野农民画家理论基础差、创新创意能力不足、市场视野不够开阔等方面的问题，多维度树立巨野作为中国工笔牡丹画产业发展高地的权威。

文化是一个城市的名片。巨野农民工笔画突出菏泽牡丹文化元素，重点发展以牡丹为题材的工笔牡丹画并在技法上形成了自己的特色。新华社、人民日报社、中央电视台、光明日报社、中国艺术报社、大公报社、环球日报社、联合日报社、大众日报社、齐鲁晚报社、山东电视台各频道以及人民网、新华网等国内知名网站，都对巨野农民工笔牡丹画进行了宣传报道。特别是2018年上合青岛峰会《花开盛世》、首届中国国际进口博览会《锦绣春光》展示后，不仅向世界展示中国工笔牡丹画的艺术魅力，全面提升了巨野工笔画的品牌价值，还大大提高了菏泽作为中国牡丹之都和世界牡丹大会主办地的知名度、美誉度和对外影响力。

（二）重视人才培养，巨野工笔牡丹画后劲有力

在巨野县，走进任意一家乡村画室，这些平日里并不显眼的农民画师个个身怀绝技，练就了一身"炉火纯青"的绘画本领。起稿、勾线、上色……画笔在他们手中如行云流水般勾勒、延伸。随便找一个画师聊聊，他们都和你说得头头是道。"着色笔和水笔各有用途，前者上色，后者润色，两支笔轮换交替，作出的画才富有层次感。"程月菊是巨野

县的一名普通农民画师，和笔者交谈间，只见两支画笔在她手中交替使用，一笔一画、一丝不苟，很快一朵风姿绰约的牡丹跃然纸上，栩栩如生。

1. 积极开展农民画师培育工程

农民是乡村文化的创造者、习得者和传承者，是乡村文化的主体，也是乡村文化振兴的内生动力。正是认识到了这一点，近年来，为让"画经济"惠及更多群众，巨野县积极开展农民画师培育工程。通过"陪伴花开"新时代文明实践书画志愿服务队义务服务，依托49家基层画院、160余家书画培训机构，积极开展农民画师免费培训课程，重点面向留守妇女、留守儿童、贫困家庭，助力农户增收；组织专家编撰巨野工笔牡丹画基础教材，确保农民看得懂、学得会、画得好。

多年的书画院工作经验积淀，让县书画院院长程军伟深刻地认识到：产业发展的关键是人才，职业画师、创作型画家、创意设计人员、全产业链人才的数量和能力，决定着巨野工笔牡丹画产业发展的高度。为此，依托县委、县政府设立的300万元书画产业发展资金，巨野县书画院持续举办普及班、基础班、提升班、骨干班、写生班等公益培训活动，每年培训基础画师3000～5000人，争取5年内产业从业人员达到5万人左右。据悉，2022年已举办线下公益普及培训3期、骨干培训1期，基础提升1期，轮训职业中专在校学生500人，共计800余人；通过抖音、快手直播平台开展巨野工笔牡丹画线上培训2万余人次。

同时，巨野县采取"政府引导＋社会投资"模式，以乡村名画师、能人为抓手，积极建设乡村基层画院，免费教授周边农民绘画技艺、免费提供笔墨纸张。真正做到想学画有人教、想画画有地去、想卖画有人收，推动农民增收、乡村富裕。仅洪庙农民绘画专业合作社一家，就培训留守妇女、残疾画师、贫困画师200余人；累计推荐引导优秀画师外出深造学习100余人次，30人先后成功加入山东省美协、省工笔画学会、省农民书画研究会、中国美协、中国农民书画研究会；每年创作优秀作品200余幅。

徐凤春是巨野县董官屯镇后徐村的一位农民，在巨野鲁西书画院公益培训班经过三个月的学习培训，现在已可以独立完成一幅画作。忙完家务后，她来到离家几十米远的鲁西书画院的画室，作画已然成为她的职业。徐凤春告诉笔者："现在画一幅工笔牡丹画，市场售价1000元左右，一周的时间就可完成。"徐凤春是巨野县上万名农民画家之一，像她一样参加过公益培训的每年都有2000多人。鲁西书画院院长徐凤秋告诉笔者，仅巨野鲁西书画院就免费培养了3000多名书画人才，创造就业岗位400余个。

2. "请进来＋走出去"，持续提升画师艺术素养

画画的人多了，艺术素养的提升也同样受到重视。为此，巨野县制定了"请进来＋走出去"画师提升机制，以每年定期召开的世界牡丹大会、花开菏泽·翰墨麟州——中国（全国）工笔牡丹画作品展、花开盛世全国百位画家写生等活动为契机，邀请国内工笔画领域顶尖名家名师前来巨野县授课指导，年培训指导本地画师6000余人。据巨野县书画院院长程军伟介绍，近年来中国文联副主席、山东省文联主席潘鲁生，中国工笔画学会会长陈孟昕，中国农民书画研究会会长毕铭鑫等20余名书画专家，曾先后受聘来到巨野授课。

同时，巨野县还积极选送优秀画师赴外进修，每年选派300余位画师到中国工笔画学会、山东工艺美院等高级研修班学习，大大提升了本地画师的技艺水平。

3. 开展工笔牡丹画进校园活动

农村传统文化、特色文化甚至非遗文化传承出现断层，在很多地方屡见不鲜。培养好青少年，才能让乡村特色文化产业得以持续发展。巨野县书画院与县职业中专战略合作，设立工艺美术专业，每年招生1～3个班，培养工笔牡丹画专业人才。同时，县书画院还与县教育局联合开发工笔牡丹画特色课程，每年全县打造3家以上工笔牡丹画或书画特色学校。目前，巨野县书画院开展的非遗进校园、工笔牡丹画进课堂以及青少年书画艺术节，深受广大学生、青少年的欢迎。2022年县书画

院与县职业中专联合设立的工艺美术专业，3个专业班的学生已爆满，新生的书画后备力量正在崛起。

4.积极创造条件，留住人才

在全面实现乡村振兴中，为留得住青山绿水、记得住乡愁，推动乡村特色文化产业、乡村经济社会更高质量、更可持续发展，不仅需要培养好人才，更要留得住人才。为此，巨野县加大对乡村基础设施投入，提升文化、教育、医疗等公共服务质量，为各类人才提供宜居生活环境，舒适优雅的社会环境和良好的干事创业基地，不断增强他们的获得感、安全感、幸福感。巨野县以49家基层画院为载体，大力实施乡村建设行动，开展人居环境综合整治、基础设施建设等5大专项行动。60余名书画名家走进各村街头巷尾，以书画为媒介，用墙绘的方式装点、美化乡村环境，让原本单调的墙面有了灵气和生机，独具特点的手绘作品也成为乡村最亮丽的"风景线"。截至2022年底，完成488个村新一轮绿化、41个村饮水工程改造、58个村生活污水治理。新建"美丽庭院"2.5万户，省级美丽乡村示范村5个，美丽乡村数量达到196个，全县624个行政村全部达到干净整洁标准。

基层书画院内，画师们正能量书画内容，有效引导了广大群众对真善美的追求，进一步激发了爱国爱党爱家爱社会的热情。而县书画院与基层书画院定期开展的送春联、公益墙绘、留守儿童公益书画培训课、讲座、青少年书画展等公益活动，更是搭建了一个全社会传承和弘扬中华优秀传统文化的平台。画师们发现美、欣赏美、追求美、展示美、歌颂美的良好习惯，有效改善了夫妻关系、婆媳关系、邻里关系等，带动了全县乡村社会关系持续向好向上发展。

三、经验启示

依托"工笔牡丹画"这个文化品牌，巨野县在书画产业上不断延链、补链、强链，增加了农民经济收入，提升了农民文化素质，改变了农民生活，更重要的是培养了一大批懂文艺、爱农村的乡村文化人才队伍，激发了乡村发展内生动力，成为引领乡村文明风尚的重要载体，为乡村振兴注入了强劲动能。巨野县的做法，为推动乡村特色文化产业发展提供了鲜活样本，也带来诸多经验启示。

启示一：提高农民认识、增加农民获得感，为乡村特色文化产业发展提供内生动力。农民是乡村文化的创造者、习得者和传承者，是乡村文化的主体，也是乡村文化振兴的内生动力。当乡村的生活和生产方式经历由传统向现代的转型，在城市化和工业化的双重冲击下，农民会以"是否有用"来衡量那些被称为文化的物质或非物质要素。在农民的生活观念中，某种文化的存留并非刻意之举，业已毁损的文化也不是有意而为，一切都与实用有关，有用的自然延续下来，无用的就会逐渐被生活所抛弃。农民如果没有切实感受到无形文化的有形价值，就没有办法认识到文化是乡村振兴的重要力量，也就难以从乡村文化中产生获得感。因此，乡村文化内生动力的生发，以对文化的认知为前提，需要让农民从文化上有获得感，能够切身感受到地方特色文化的价值。

启示二：加大乡村文化建设扶持力度，为乡村特色文化产业壮大提供坚强的政府支持。农民和村庄基层组织对文化的价值认知及获得感的取得需借助外力实现，乡村特色文化产业的推进也离不开外力的作用和推动，这其中来自政府的支持就显得尤为重要。政府要加大对乡村特色文化产业的"硬件建设"、"软件供给"和资金投入；要创新乡村特色文化产业发展工作思路和工作机制；要健全完善相关工作机制，加强工作考核。只有以政策供给破解内生动力的生成困局，以政策、体制和机制的改革与创新消解实践难题，才能为内生动力提供可持续的发展保障。

启示三：健全乡村人才培育发展体制机制，凝聚乡村特色文化产业持续发展的主体力量。乡村文化振兴、乡村特色文化产业发展重点是人，乡村人才培养和引进格外重要，实现以人带人、以人带农，亟须建立人才培育发展体制机制，以凝聚乡村文化振兴主体力量。要重"用"乡村文化干部和外"引"人才入乡，为乡村综合发展提供强大动力；采用多方聚才的方式，引导鼓励各界人才投身乡村；要大力挖掘传统手工艺人、能工巧匠、非遗传承者等各类实用人才，优化职业农民培育工程，建立机制、核定标准，形成多元的教育培训体系，促进职业农民和各类经营主体间的融合发展，加快构建文化振兴、文化产业发展生力军。

【思考题】

1. 巨野县推动乡村特色文化产业发展的实践探索有哪些创新之处？有哪些不足？全国各地乡村的特色文化差异较大，其他地区是否可以复制巨野县的经验做法？

2. 在我国，部分农村地区经济发展相对落后，当地不仅文化经费比较短缺，文化队伍建设也比较滞后，专门的文化人才十分缺乏。由于乡村特色文化产业的发展多处于低端水平，人才匮乏又限制了产业的升级提效，在这种情况下，如何破解乡村文化队伍"外来人才引不进、本土人才留不住"的困境？